张 瑜 著

国家监察体制改革及法治研究

外语教学与研究出版社
FOREIGN LANGUAGE TEACHING AND RESEARCH PRESS
北京 BEIJING

图书在版编目（CIP）数据

国家监察体制改革及法治研究／张瑜著．－－北京：外语教学
与研究出版社，2020.6
ISBN 978-7-5213-1830-2

Ⅰ．①国… Ⅱ．①张… Ⅲ．①监察－体制改革－研究－中国
Ⅳ．①D630.9

中国版本图书馆 CIP 数据核字 (2020) 第 104702 号

出 版 人　徐建忠
责任编辑　王默寒
责任校对　刘　迪
封面设计　曾新雷
出版发行　外语教学与研究出版社
社　　址　北京市西三环北路 19 号（100089）
网　　址　http://www.fltrp.com
印　　刷　北京盛通印刷股份有限公司
开　　本　880×1230　1/32
印　　张　13
版　　次　2020 年 6 月第 1 版 2020 年 6 月第 1 次印刷
书　　号　ISBN 978-7-5213-1830-2
定　　价　58.00 元

购书咨询：（010）88819926　电子邮箱：club@fltrp.com
外研书店：https://waiyants.tmall.com
凡印刷、装订质量问题，请联系我社印制部
联系电话：（010）61207896　电子邮箱：zhijian@fltrp.com
凡侵权、盗版书籍线索，请联系我社法律事务部
举报电话：（010）88817519　电子邮箱：banquan@fltrp.com
物料号：318300001

记载人类文明
沟通世界文化
www.fltrp.com

序

　　2016 年 7 月 14 日《学习时报》刊登了我与张瑜共同撰写的《通过修法完善国家监察体制》一文，针对《行政监察法》实施中的问题和党的十八大以来全面从严治党和全面依法治国需要，我们提出将《行政监察法》修改为《国家监察法》（以下简称《监察法》）。该文被中央纪委微信公众号推送，国家发改委《改革内参》、中国法学会《要报》等智库专刊也予以转载，在学界产生了一定影响。以此为开端，张瑜开启了国家监察体制改革及监察法治研究的学术历程。

　　国家监察体制改革是事关党和国家全局的重大政治改革，具有重大的政治意义和理论意义。2016 年 11 月中央《关于在北京市、山西省、浙江省开展国家监察体制改革试点方案》发布（以下简称《改革试点方案》），要求从体制机制和制度建设方面先行先试、积极探索，为国家监察体制改革在全国推开积累经验。随着国家监察体制改革实践的不断深入，相关领域理论研究的需求也不断增长。

正是在这样的背景下，张瑜开始撰写其博士论文。本书就是在其博士论文的基础上修改而成的。张瑜非常幸运。一方面，她对监察制度有浓厚的兴趣并且也有一定的积累。另一方面，她先后在西南交通大学、中央纪委驻教育部纪检组、教育部直属机关党委、中央纪委党风政风监督室等实务部门工作，这段工作经历为其研究积累了很多实践素材。

作者选择国家监察体制改革和监察法治为题撰写论文，可谓挑战与机遇并存。因为改革前的研究成果多以行政监察法为主，国家监察方面的参考材料较为匮乏，这是挑战。同时，刚刚拉开大幕的监察体制改革及监察立法又为作者提供了难得的机遇。作者紧密结合纪检监察工作实际，对国家监察体制改革中涉及的重大理论和现实问题进行探索，提出了国家监察立法的诸多建议，如国家监察概念范畴、监察权与其他相关权力的关系、集中统一的国家监察模式、纪检监察一体化建设、构建中国特色社会主义监察法治体系等，这些建议和设想具有一定的创新性，对国家监察体制改革及立法具有一定的借鉴意义。

监察体制改革的特点之一就是改革与法治并行。改革后在国家权力结构中新增了监察权，这对国家权力横向和纵向的配置将产生深刻和广泛的影响，这种影响必然引起相关法律的立、改、废、释。宪法修正案明确了监察委员会的宪法地位及监察委员会作为国家监察专责机关的职能定位。2018年3月全国人大制定的《中华人民共和国监察法》（以下简称《监察法》）在反腐败立法史上具有划时代意义，标志着监察体制改革取得了重要的立法成果，意味着腐败治理从治标到治本迈出了重要一步，是构建中国特色国家监察体制的一次重大自我完善与系统升级。

国家监察体制改革并不会因为《监察法》的出台划上句号，仍需按照"建立集中统一、权威高效的监察体系""建立党统一领导下的国家反腐败工作机构"的目标方向深化和发展。作者针对不断出现的新问题，在博士论文研究的基础上，进行了深入式、跟进式、系统化研究，形成了《国家监察体制改革及法治研究》一书。总体看来，本书有以下特点：

一是坚持继承与借鉴相结合。采用何种监察模式是此次改革的核心问题。各国采取何种国家监察模式主要取决于本国的国家政治体制，还受监察制度传统及腐败治理思想的影响，这导致了不同国家的监察制度架构及组织形态不尽一致。立足当代监察法治的发展，本书既摒弃"唯西方主义"的思维定式，以我国各历史时期监察思想、监察制度为基础，在几千年中华监察制度建设的历史长河中厘清发展脉络和走向，积极寻求智慧和启迪；也摒弃"绝对民族中心主义"的闭关思想，在全球化和信息化的背景下对域外有益经验进行借鉴，处理好继承与借鉴的关系。

二是坚持问题导向。作者认为，在改革初期，应当抓住国家监察体制改革的契机，针对反腐倡廉中的问题，提出现实可行、支撑配套的方案，通过加强立法增强反腐败成效，通过法治建设引领国家监察体制的升级蜕变。在《监察法》实施后，应加强对监察法组织、监察官、政务处分、反腐败刑事立法、监察程序法治等问题的研究，构建起较为完备的监察法律体系。

三是关注前沿问题。当前，建立健全以行业性公权力为主体的公职人员为监察对象的体制机制，已成为深入推进国家监察体制改革的重点和难点。作者以直属高校纪检监察体制改革模式为例，从双重领导机制的演变与发展趋势入手，提出借鉴法国行业派驻监察团的制度设置，深化"派驻""两为主"垂直领导和行业管理，改部委派驻为行业派驻，构建科学的纪检监察合署机制和与干部管理权限协调一致的监察领导体制。

理论研究是实践经验的系统总结，也是指导实践深入推进的依据，从这个意义上讲，国家监察体制改革及监察法治研究必定还有很长的路要走。希望作者以"永远在路上"的决心和毅力，持续关注国家监察体制改革和监察法治问题，在相关理论研究方面作出更大的贡献。

中国政法大学校长
中国法学会行政法学研究会会长
2019 年 6 月 30 日

前言

　　《监察法》贯彻习近平新时代中国特色社会主义思想和党的十九大精神，确立了党统一领导、全面覆盖、权威高效的国家监察体制，是我国法治建设的重大成果，贯彻落实党中央关于深化国家监察体制改革决策部署，使党的主张通过法定程序成为国家意志，体现全面深化改革、全面依法治国、全面从严治党的有机统一，对于创新和完善国家监察制度，实现立法与改革相衔接，用法治思维和法治方式惩治腐败，意义重大、影响深远。2018年12月，习近平总书记主持中共中央政治局第十一次集体学习时强调要持续深化国家监察体制改革，推进反腐败工作法治化规范化。《监察法》出台并非国家监察体制改革和监察法治建设的终点，随着实践的深入，新的问题将不断出现，有待于在国家监察立法中予以回应，从某种意义上讲，本书集中回答了几个问题：

　　一是国家监察体制改革是否是"历史必然"的问题。深化国家监察体制改革和制定监察法是以习近平同志为核心的党中央作出的重大决策部署，是贯彻党的十九大精神、健全党的国家监督体系的重要政治举措。对于全面深化改革、完善和发展中国特色社会主义制度、推进国家治理体系和治理能力现代化、全面依法治国、建设法治国家、依宪执政和确保中国共产党长期执政等目标都具有广泛深远的历史意义和决定性的战略意义。自 2012 年11 月中国共产党第十八次全国代表大会召开以来，新一届执政党领导集体及国家行政机关领导人对反腐的重视程度空前，把反腐败和廉政建设提到前所未有的高度，加强部署、示范和引领，坚持"老虎""苍蝇"一起打，治标力度持续加大的同时，深入推进纪检监察体制改革，制度建设"治本"措施也不断跟进，国家监察体制改革正是在此背景下酝酿、启动并推进的。治标与治本的同步推进，推动了党风廉政建设与反腐败斗争不断取得新成效，反腐败从"严峻复杂"到十八届中央纪委五次全会的"腐败和反腐败呈胶着状态"，到十八届中央纪委六次全会的"反腐败斗争压倒性态势正在形成"，最后到十九届中央纪委三次全会的"巩固发展反腐败斗争压倒性胜利"，历史性成就彰显了党中央推进国家监察体制改革决策的正确性和实效性。

二是中国特色国家监察体制的"特"特在哪里的问题。在国家监察体制改革试点过程中，中央决策层一方面加快推进监察法律制度建设，另一方面大胆尝试，创新性地建构中国监察话语体系。以此为引领，形成具有中国特色的专责反腐的监察权设置模式，即于人大制度之下设独立行使国家监察权的监察委员会。随着修宪和《监察法》的实施，使国家层面不同性质的法定监督权的整合有了法律依据，司法权、行政权的部分监督职能转由新升级成立的国家监察机关行使，形成"一府两院一委"的新格局，意义重大，影响深远。这也决定了国家监察体制改革后建立的国家监察模式是一种全新的模式，是一种中国特色的模式，既借鉴又有别于古今中外任何一种模式，这种模式与我国人民代表大会制度政体兼容配套，既扎根我国源远流长的监察制度文化，又适应我国当前党风廉政建设和反腐败工作的形势任务，体现了党领导下的反腐败理念创新、组织创新、制度创新、文化创新的重要成果，也正是践行中国特色社会主义道路自信、理论自信、制度自信、文化自信的生动写照。

三是设置国家监察权的初衷及其基本属性的问题。国家监察权究竟是什么性质的权力？国家监察权是行政权，司法权，还是第四权？这些问题的回答涉及国家监察法治体系构建中的核心问题，由此决定了法纪衔接、法法衔接、监察法治深化的方向和具体制度安排。本书以"监察""监察权"的概念和内涵为基点，从人民主权理论入手，沿着其产生发展沿革的时间轴，介绍了苏联的党政监督理论、毛泽东的民主监督思想、邓小平的民主政治及制度反腐思想和习近平总书记关于深化国家监察体制改革的重要论述，深入分析了我国人民监察理论的理论基础及沿革发展。国家监察权为一种全新的综合性权力，既博采古今中外反腐监察制度的"众长"，又具有鲜明的中国特色和时代特征。在监察理论的基础上，借鉴域外监察制度的有益经验，深入分析监察权与纪检权、行政权、检察权等其他权力之间的关系和异同。在此基础上塑造的改革后的国家监察权具有政治性、监督性及行政性三大属性。我国的民主集中制政体与西方权力分立型政体有着本质区别，改革构建的国家监察体制是中国特色社会主义重要制度之一，处于我国特定政治及法治语境下的国家监察权，具有较强的政治属性；同时，监察权具有巩固国家政体的重要功能，作为"治权""治吏"之权，纪检监察合署使其政治性特征较其他国家权力而言更为明显。独特的政治属性彰显中国特色，监督属性决定了监察权的法定职能定位，行政属性是其重要特征，三者有机统一不可分割。

四是改革后国家监察机关与其他国家机关的关系定位问题。随着监察权的性质和定位的明确，必定涉及监察权与行政权、司法权等国家权力关系的深度调整和协调配合的问题。监察权与行政权关系的调整主要体现在由目前的组成部门和内部部门转变为与行政部门平行的部门和外部部门，由此引起"同体监督"到"异体监督""内部行政行为"到"外部监察行为"的转变；与司法权关系的调整主要体现在职务犯罪调查权并入国家监察权后，在国家监察法的基础上，针对立法层面及操作层面新出现的和尚需解决的问题应作相应调整和进一步细化，以保障监察权与司法权的有效衔接。这对国家监察法治的研究对象、研究方法等也将产生重大影响，监察权权能的拓展决定了国家监察法治的研究视野也应当在行政法治的基础上进行相应联动式扩展，从监察客体来讲，从行政监察权以行政权为监察对象扩展到国家监察权以所有公权力为监察对象，从传统行政法规范对象范围延展到"行使公权力的公职人员"，从这个意义上讲，监察法属于"广义行政法""大行政法"范畴，行政法学或者说公法学的一些基本原理仍然可以适用到监察法治中。

五是下一步监察立法的方向和重点的问题。如何强化监察委员会的监督能力，化解监督职责虚化、空化、弱化的风险，便成为"后监察法时代"需重点关注的问题。监察立法依然"永远在路上"，在监察主体方面应提出加强监察人员力量整合及配置监察官的履职保障的具体措施；提出以"公共契约""公权力行使"为标准，确立与我国市场经济体制改革及廉政建设实践相适应的对象范围；通过将人事任免、政务公开、官员财产申报公开、权力清单等领域纳入法定监察范围以加强廉政风险防控，增强日常监督职责和预防腐败的职能。监察法治深化中还涉及监察法与其他法律衔接即"法法"衔接这一重要问题，"法法衔接"涉及监察法与多部法律的衔接，首要解决的是检察院的职务犯罪侦查权整合到国家监察调查权之后涉及的与反腐败刑事法的衔接问题。二者的衔接也关系到国家监察权与司法权的协调和衔接。监察法应对预防组织、预防措施、预防程序、保障制度等作出具体规定，诸如巡视制度、权力清单、财产申报制度、裸官制度等已有预防制度也应随着国家监察体制改革进程的推进，循序渐进纳入立法计划。

目录

第一章
国家监察体制改革

《改革试点方案》强调，国家监察体制改革是事关全局的重大政治改革，是国家监察制度的顶层设计。《改革试点方案》定位了改革的总体目标：一是"建立集中统一、权威高效的监察体系"，这涉及对监察权的功能进行重新定位及监督性权力整合升级；二是"建立党统一领导下的国家反腐败工作机构"，这涉及改革需遵循的基本原则。以监察权重塑为核心的改革语境下，国家监察体制改革的具体目标可理解为将分散的国家监督权整合、提升、塑造为集中统一的国家反腐败权，并且通过系列制度改革，以保障这种权力的集中统一的组织架构及权威高效的运行机制。

第一节
国家监察体制改革与国家监察模式

一、国家监察体制概述

（一）统筹有序推进

第一阶段，党中央决策形成。这阶段党中央高度关注监督制度建设，酝酿改革，不断释放改革信号。2015 年 1 月，全国人大常委会党组明确提出"抓紧做好行政监察法修改工作，为形成全面覆盖国家机关及其公务员的国家监察体系提供法律保障"。在最初研究深化国家监察体制改革方案的时候即同时考虑将行政监察法修改提升为国家监察法的命题。2016 年 1 月，习近平总书记在十八届中央纪委六次全会上指出："要完善监督制度，做好监督体系顶层设计，既加强党的自我监督，又加强对国家机器的监督。"2016 年 10 月，党的十八届六中全会公报中提出，"各级党委应当支持和保证同级人大、政府、监察机关、司法机关等对国家机关及公职人员依法进行监督"，首次将监察机关与人大、政府、司法机关并列，将监察机关位于司法机关之前。

第二阶段，三省市改革试点。2016 年 11 月，中共中央办公厅印发《关于在北京市、山西省、浙江省开展国家监察体制改革试点方案》，部署三省市试点改革。通过改革试点，可减少改革风险和失误，从体制机制、制度建设上先行先试、探索实践，为在全国推开积累经验，提供实践基础。2016 年 12 月，第十二届全国人民代表大会常务委员会第二十五次会议通过《全国人民代表大会常务委员会关于在北京市、山西省、浙江省开展国家监察体制改革试点工作的决定（草案）》（以下简称《改革试点决定》）。

第三阶段，全国推开改革试点。这阶段国家监察体制改革试点在三地实施一年之后，正式在全国范围内推开推行。2017 年 10 月，习近平总书记在十九大报告中更加清晰地描绘了国家监察体制改革的宏伟蓝图，对国家监察体制改革进行了进一步部署："深化国家监察体制改革，将试点工作在全国推开，组建国家、省、市、县监察委员会，同党的纪律检查机关合署办公，实现对所有行使公权力的公职人员监察全覆盖。"2017 年 10 月，中共中央办公厅印发《关于在全国各地推开国家监察体制改革试点方案》的通知，明确在 2017 年底 2018 年初召开的省、市、县人民代表大会上产生三级监察委员会。试点省（自治区、直辖市）党委对试点工作负总责，成立深化监察体制改革试点工作小组，由党委书记担任组长。2017 年 11 月 4 日，十二届全国人大常委会第三十次会议审议通过《全国人民代表大会常务委员会关于在全国各地推开国家监察体制改革试点工作的决定》。

第四阶段，修宪及监察法出台。在总结前期监察试点改革的基础上，为整合反腐资源，建立集中统一、权威高效的反腐主体，通过修宪、国家立法为国家监察体制改革奠定法律基础。2018 年 3 月 11 日，第十三届全国人大通过《中华人民共和国宪法修正案》，并于 3 月 20 日通过《中华人民共和国监察法》。《监察法》的通过和国家监察委员会的设立标志着监察体制改革和监察法治建设取得阶段性成果。随后，国家监察法治建设随着改革深入踏上了不断系统化、科学化、规范化的过程。

（二）影响深远的改革

1. 深入推进全面依法治国监督体系建设的需要。十八大以来，党中央高度重视依法治国，并把全面依法治国纳入"四个全面"战略布局。全面推进依法治国，总目标是建设中国特色社会主义法治体系，建设社会主义法治国家，形成完备的法律规范体系、高效的法治实施体系、严密的法治监督体系、有力的法治保障体系，形成完善的党内法规体系。就国家法治监督体系而言，虽然改革前政府内部有行政监察和审计，外部有人大监督、司法监督、舆论监督等监督形式，检察院还有专门的反贪污、反渎职、预防职务犯罪等力量，但这些反腐败资源力量过于分散，不够集中，反腐整体效能不够理想。建立国家监察委员会，整合反腐败资源力量，形成集中统一、权威高效的反腐败体制，有利于形成严密的法治监督体系，实现全面推进依法治国的目标。[1]改革将部分审计、监察、侦查等执法权能从行政权和检察权中分离出来，提升整合为国家层面集中统一的监督权。[2]把散布在不同部门的监督力量整合成有效的监督体系。[3]在异体监督基础上形成全面覆盖国家机关及其公务员的国家监察体系。[4]国家监察体制改革改变了监督权的配置模式，整合了不同的监督力量，打破一府两院的宪制结构，形成与国家政治体制配套的"一府一委两院"的国家权力结构体系，通过这种"化学式"整合提高了国家监督权的统一性、权威性、独立性，完善和强化了权力监督体制。

2. 推进依法治国和依规治党有机统一的成功尝试。党的十八大以来，党中央重拳出击、重典治腐，坚持不懈推进反腐败斗争的纵深拓展，在加大反腐败力度的同时，党内法规建设的步伐明显加快，依规治党成为"新常态"并呈体系化发展态势。我们制定和修订了140多部中央党内法规，出台了一批标志性、关键性、基础性的法规制度，涉及廉洁自律规范、违纪处分、问责、党内监督、党内公开等领域，将党内监督、执纪、问责的各权力及各环节都纳入规范化轨道，使党内的反腐工作"有规可

---

1. 参见马怀德：《国家监察体制改革是事关全局的重大政治改革》，载《北京日报》2017年1月23日。
2. 王立峰，吕永祥：《权力监督视角下国家监察体制改革的实践需要与现实意义》，载《南京社会科学》2017年第8期，第109页。
3. 马怀德，庄德水，李成言，任建明：《聚焦国家监察体制改革》，载《浙江人大》2016年第12期，第48页。
4. 参见秦前红：《困境、改革与出路：从"三驾马车"到国家监察——我国监察体系的宪制思考》，载《中国法律评论》2017年第1期，第176—182页。

依",与此相对应的是,《行政监察法》(2010 年修订)因其法律位阶不够、监察对象范围过窄、监察权职责范围有限、监察手段欠缺、程序不够细化等原因,形成党内监督法规与国家监察法治"一快一慢"极不协调的局面。从这个意义上讲,国家监察体制改革的目标之一就是使改革调整后的国家监督法治与党内监督法规衔接一致、步调一致、有机统一,为推进依法治国与依规治党有机统一奠定良好的制度、依据基础。

3.实现治理体系和治理能力现代化的重要抓手。全面深化改革,不仅应指向经济体制领域,更应指向政治体制领域。首先,国家体制改革是政治体制改革牵一发而动全身的重大突破点。反腐专家李永忠表示,研究制度反腐 30 多年,也未能想到中央能以如此宽广度、高强度、大力度来高调推进这一前所未有的"重大政治改革"。[1]"国家监察体制改革已触及中国政治改革的核心,包括政治制度、政治关系和政治观念,随着试点推进以及相应法律规范的建立实施,将会进一步撬动整个政治发展格局。"[2] 2013年 11 月,时任中纪委书记王岐山在湖北主持部分省市纪委书记座谈会上指出:"纪检监察工作是国家治理体系的重要组成部分,要改革反腐败体制机制,逐步实现治理能力现代化。"监察权作用对象为涉及国家治国理政方方面面行使国家公权力的公职人员,通过监察职能的发挥确保公权力在"公共性"轨道上规范行

1. 李永忠:《监察体制改革的"三强三弱"》,载《中国民商》2016 年第 12 期,第 74 页。
2. 庄德水:《国家监察体制改革的行动逻辑与实践方向》,载《中共中央党校学报》2017 年第 4 期,第 83 页。

使。从这个意义上讲，国家监察体制改革间接、全面关涉国家治国理政各项目标能否顺利达成，进而关系到国家和社会方方面面的治理成效。因此，可以说国家监察体制改革关系到国家治理体系及治理能力现代化能否顺利实现。

4. 深化"不能腐"加强制度反腐、法治反腐的重要契机。十八大以来，新一届中共中央领导集体对反腐的重视程度空前，把反腐败和廉政建设提到前所未有的高度，反腐取得了举世瞩目的成绩。2013 年至 2018 年全国纪检监察机关审查调查有关数据显示：立案总数连续五年增长，年增长率分别为 31.4%、46%、25.2%、27.6%、21.1%，2018 年的立案件数比 2013 年增加 46.6 万件；处分人数连续五年增长，年增长率分别为 27.5%、44.8%、23.5%、27%、17.8%，2018 年的处分人数比 2013 年增加 43.9 万人。[1] 十八大以来，中共中央批准立案审查的中管干部 440 人，其中十八届中央委员、候补委员 43 人，中央纪委委员 9 人。全国纪检监察机关共立案 154.5 万件，处分 153.7 万人，其中厅局级干部 8900 余人，县处级干部 6.3 万人。[2]

党的十九大对反腐败斗争形势研判的表述为"反腐败斗争压倒性态势已经形成并巩固发展"，到 2018 年 12 月中共中央政治局会议首次作出"反腐败斗争取得压倒性胜利"的新的论断。这标志着我国腐败治理由"先治标、后治本"到"以强化治标为治

1.《从 6 年 6 组数据看保持惩治腐败高压态势》，载中央纪委国家监委网站，http://www. ccdi.gov.cn/yaowen/201902/t20190221_188965.html。

2. 参见 2017 年 10 月 24 日中国共产党第十九次全国代表大会通过的《十八届中央纪律检查委员会向中国共产党第十九次全国代表大会的工作报告》。

本争取时间"的战略取得重大胜利，也意味着腐败治理正经历由机制性治理到体制性完善的重大调整期。[1]可以预见，"后压倒性胜利时代"的腐败治理将更加突出标本兼治和源头治理。国家监察制度在国家机器的运转过程中处于调节矛盾、制约权力的重要地位，对于保证国家机器的正常运转，维护良好的统治秩序起到不可替代的作用，很大程度决定了反腐败的力度和成效。监察体制改革必然涉及政治、制度、法治方方面面的深刻调整，似巨大的引擎全面带动和促进反腐模式向"治本"阶段迈进。

（三）强烈的目标导向指引

改革的总体目标是，整合反腐败资源力量，加强党对反腐败工作的集中统一领导，构建集中统一、权威高效的中国特色国家监察体制，实现对所有行使公权力的公职人员监察全覆盖。[2]改革要达到的目标是综合的，如果对总体目标进行分解，主要有以下具体目标：

一是实现党内监督与国家监察的有机统一。监督体系既包括政党监督也包括国家的职能监督，习近平总书记指出，要做好监督体系顶层设计，既加强党的自我监督，又加强对国家机器的监督。[3]党内监督与国家监察作为国家监督制度的重要组成部分，虽

---

1. 魏昌东：《〈监察法〉与中国特色腐败治理体制更新的理论逻辑》，载《华东政法大学学报》2018年第3期，第31页。
2. 中共中央纪律检查委员会法规室，中华人民共和国国家监察委员会法规室：《〈中华人民共和国监察法〉释义》，中国方正出版社2018年版，第29页。
3.《习近平在第十八届中央纪律检查委员会第六次全体会议上的讲话》（2016年1月12日）。

然二者在监督主体、监督对象、监督权运行、监督程序、监督依据等方面存在差异，但其职能的运行是不能截然分开的。要在坚持党对反腐败工作的集中统一领导下，实现依规治党与依法治国在监督体系建设和反腐败工作领域的有机统一，达到"集中统一"。同时，以"一体化"发展为原则坚持纪检监察深度合署，实现党内监督与国家监察的全方位衔接，"借力"党内监督的政治引领力和影响力，助力实现"权威高效"。

二是通过国家立法明确监察对象"全覆盖"。此次改革的目标明确，就是建立健全国家监察体制，实现对公权力运行监督的"全覆盖"。"全覆盖"体现了党对腐败"零容忍"的原则，习近平总书记在十八届中央纪委六次全会上强调，"健全国家监察组织架构，形成全面覆盖国家机关及其公务员的国家监察体系"。《改革试点方案》进一步扩大"全覆盖"范围到"行使公权力的公职人员"。这明确了国家监察体制改革的目标之一就是形成对行使公权力的公职人员"全覆盖"的国家监察体系。《监察法》第十五条明确规定了六类公职人员为监察范围，进一步细化"全覆盖"范围，扫除监管盲区，为实现对公权力运行监督"全覆盖"的改革目标提供法律保障。

三是实现反腐模式从职能分散型向集中统一型的转型。《改革试点方案》提出建立党统一领导下的国家反腐败机构，按照《改革试点方案》推进国家监察体制改革试点，检察机关的反贪、预防职务犯罪等职能及相关人员将全部转隶到新成立的国家监察机关，加之原有的政府行政监察职能，实现国家监察职能的集中统一行使，形成国家监察机关负责监督、调查、处置反腐"一条龙"的作战模式，改分散为集中，改惩治震慑为主为预防与惩治并重。

（四）政治主导的改革

国家监察体制改革是一项中央主导的政治工程。学者庄德水认为国家监察体制改革试点是中国试点政治的典型经验，通过中央决策层主导改革试点的顶层设计并整合政治资源，实现中央顶层设计与地方自主创新的统一。[1]

从主导意志和主导力量角度，国家监察体制改革试点的发起力量来自中央决策层，中央政治局会议、中央政治局常委会会议和中央全面深化改革领导小组会议开展专题研究并作出决策，对国家监察体制改革进行顶层设计。2016 年 12 月 28 日中央政治局会议要求深化国家监察体制改革，确定时间表、路线图，试点工作有序展开，确保如期实现改革目标。习近平总书记在党的十八届六中全会和十八届中央纪委五次、六次、七次全会上均提出了明确要求。党的十九大作出部署，要求深化国家监察体制改革，将试点工作在全国推开，组建国家、省、市、县监察委员会，同党的纪律检查机关合署办公，实现对所有行使公权力的公职人员监察全覆盖。

从改革试点的标准和要求来看，以目标为导向的试点模式无疑是中央政治意图的直接表达。试点的核心内容、政治标准、改

---

1. 参见庄德水：《国家监察体制改革试点的实践策略及其应用分析》，载《理论探索》2018 年第 4 期，第 46—53 页。

革的试点目标方向等方面由中央控制和主导，先行三个试点地区没有方案选择权，必须严格按照中央确定的时间表、路线图执行并提供试点经验。试点地区和人员必须在政治上服从中央统一部署和要求，虽然试点地区在不触及顶层设计和整体思路框架的前提下享有一定决策自主权，但这种自主权是有范围的，主要限于具体方法和步骤等机制运行方面，但不能突破顶层设计的方向、目标和框架等主体内容。

从改革顺利推进的保障和支撑的角度来看，改革推进得益于中央权威性资源的保证。各级党组织是整个国家监察体制改革的倡导者、引领者，改革试点地区的党委和纪委主要负责人充当改革试点的"施工队长"角色，对改革试点进行全过程领导和监督。因为只有加强党中央的领导和统筹，才能全方位灵活调配改革试点所需要的各类资源，才能确保各地区各部门按照中央的总体部署，上下联动，有序推进，做到全国一盘棋，一张改革蓝图绘到底。

从破解改革阻力的统筹力的角度来看，改革是一个破旧立新的过程，必然会存在阻力，国家监察体制改革因涉及检察人员的转隶以及监察队伍的整合，必须要解决相关地区和人员在情感、认知和行为方面所产生的改革阻力问题。改革试点的过程也是凝聚和达成社会思想共识、为减少正式改革阻力作好心理准备的过程。党组织在思想政治和组织保障方面具备独特优势，通过强调转隶人员的党员身份特征，强化"进一家门、成一家人、说一家话、干一家事"的观念。目前，已全面完成省、市、县监委组建和人员转隶，共划转编制6.1万个、转隶干部

4.5 万人。[1]《换一种方式续写精彩人生——福建省基层检察院转隶工作走笔》中连城县检察院副检察长江源涌感叹:"人事有代谢,往来成古今!反贪肃贿十五载,一朝转隶监察委。重撸袖子加油干⋯⋯"[2]强化思想教育引导,让整合人员意识到转隶仅仅是反腐战场的转移和反腐职责的深化,以增强整合人员对改革的政治认同和对监察事业的归属感。

二、改革与法治

改革与法治是一对辩证关系。当代中国的立法可以说是在改革背景下和改革进程中的立法。自 1978 年党的十一届三中全会确立"改革"基本方针之后,中国便进入了一个全面改革时期,在此过程中,"立法是与改革同时起步、同步或者交错前行的"[3]。从这个意义上讲,立法所规范的社会关系,实际都是改革过程中的社会关系。

在探索型改革中,"改革"与"法治"存在紧张关系,蕴含先"变革"后"变法"的逻辑,主要表现为改革通常先于立法启动,再以立法确认改革的成果、经验。这种确认类似事后"追

---

1. 赵乐际:《赵乐际:在中国共产党第十九届中央纪律检查委员会第三次全体会议上的工作报告》(2019 年 1 月 11 日),http://cpc.people.com.cn/n1/2019/0221/c64094-30851093.html。
2. 参见张仁平:《换一种方式续写精彩人生———福建省基层检察院转隶工作走笔》,载《检察日报》2018 年 1 月 9,第 1 版。
3. 参见刘松山:《当代中国处理立法与改革关系的策略》,载《法学》2014 年第 1 期,第 74—76 页。

认"，使得法律滞后于改革，即在改革成果为法律确认之前，改革存在突破法律的风险。如此，改革的正当性被削弱的同时法律的权威亦随之削弱，形成"两败俱伤"的局面。改革的基本属性在于变动，而法律则注重社会关系及社会秩序的稳定。因此，在改革进程中妥善处理改革与立法的关系便是关乎改革正当性与国家法律权威的重大问题，这样才能把国家监察体制改革试点纳入法治化轨道。

处理好"变法"与"变革"的辩证关系，意味着改革所涉及的法律法规立改废及试点工作所需法律授权问题，都需要与立法部门主动衔接，相向而行、同步推进。[1] 国家监察体制改革遵循法治原则的基本要求是于法有据，遵循法律授权原则，即国家监察权的设置应该明确通过法律授权，通过特殊的法律授权模式将国家监察权运行的目的、原则、范围、类型及方式予以规定。[2] 国家监察体制改革本身隐含了制定国家相关法律和修改国家宪法的政治意图，对现行的法律体系形成挑战，呼唤形成新的法治秩序。修改宪法和制定新的法律的核心意义在于确立监察委员会的合法性地位，让监察委员会真正运转起来。因此，启动改革试点之时就应开展立法工作，同步进行，边实践边立法，立法寓于试点，试点推动立法，相互推进，相得益彰。

有学者认为，《改革试点决定》赋予了国家监察体制改革试

---

1. 参见习近平：《严把改革方案质量关督察关 确保改革改有所进改有所成》，载《人民日报》2014 年 9 月 30，第 1 版。
2. 王孟嘉：《法治轨道上的国家监察体制改革论思》，载《暨南学报》（哲学社会科学版）2017 年第 11 期，第 81 页。

点的合法性。党的十八届四中全会《中共中央关于全面推进依法治国若干重大问题的决定》强调,"实现立法和改革决策相衔接,做到重大改革于法有据、立法主动适应改革和经济社会发展需要。实践证明行之有效的,要及时上升为法律。实践条件还不成熟、需要先行先试的,要按照法定程序作出授权。对不适应改革要求的法律法规,要及时修改和废止"[1]。也有学者认为,"试点授权"形式的依据为《中华人民共和国立法法》第十三条规定。[2] 这为国家监察体制改革试点突破现行法律规定提供了基本依据,体现了"重大改革于法有据"的要求。

党的十九大提出构建集中统一、权威高效的国家监察体系,把组建国家监察委员会列在深化党中央机构改革方案第一条。改革的同时同步推进了国家监察立法,保障国家监察体制的合法性、正当性,与全面推进依法治国的步调相协调。[3] "在整个改革过程中,都要高度重视运用法治思维和法治方式,发挥法治的引领和推动作用,加强对相关立法工作的协调,确保在法治轨道

1.《改革试点决定》规定,在北京市、山西省、浙江省暂时调整或者暂时停止适用《中华人民共和国行政监察法》,《中华人民共和国刑事诉讼法》第三条、第十八条、第一百四十八条以及第二编第二章第十一节关于检察机关对直接受理的案件进行侦查的有关规定,《中华人民共和国人民检察院组织法》第五条第二项,《中华人民共和国检察官法》第六条第三项,《中华人民共和国地方各级人民代表大会和地方各级人民政府组织法》第五十九条第五项关于县级以上的地方各级人民政府管理本行政区域内的监察工作的规定。其他法律规定由行政监察机关行使的监察职责,一并调整由监察委员会行使。

2.《中华人民共和国立法法》第十三条规定:"全国人民代表大会及其常务委员会可以根据改革发展的需要,决定就行政管理等领域的特定事项授权在一定期限内在部分地方暂时调整或者暂时停止适用法律的部分规定。"

3.参见马怀德:《再论国家监察立法的主要问题》,载《行政法学研究》2018年第1期,第5页。

上推进改革。"[1] 改革的深化要求法治保障，法治的实现离不开改革推动。通过制定监察法，把党的十八大以来在推进党风廉政建设和反腐败斗争中形成的新理念新举措新经验以法律形式固定下来，巩固国家监察体制改革成果，保障反腐败工作在法治轨道上行稳致远。[2] 因此，做到重大改革于法有据，就是通过立法形式将执政党的政策转化为国家意志，发挥法治对涉及重大政治关系调整的导向作用。回溯国家监察体制改革的轨迹，不难发现，整个过程是党中央主导下"改革"与"法治"融合推进的过程。

宪法作为治国安邦的总章程，1999 年九届全国人大通过的宪法修正案，就正式将"实行依法治国，建设法治国家"载入宪法。[3] 国家监察体制改革涉及创设一个宪法性位阶的监察权，为避免改革给国家宪制结构带来过大冲击，保障国家法治统一，在国家监察体制改革试点工作开始后，围绕"是否修宪""修宪幅度""先立法还是先修宪"等问题，学界开展了深入激烈的"修法修宪大研讨"。部分学者提出"先修法说"，主张先根据改革的经验修改《行政监察法》再修宪，部分学者主张"先修宪说"，认为国家监察体制改革合宪性问题要回归宪法常识，从根本上要通过修宪解决。[4] 宪法解释和补充立法并不能从根本上解决改革后

1.《习近平总书记主持中央全面深化改革领导小组第二次会议上的重要讲话》(2014 年 2 月)。

2. 中共中央纪律检查委员会法规室、中华人民共和国国家监察委员会法规室：《〈中华人民共和国监察法〉释义》，中国方正出版社 2018 年版，第 33 页。

3. 许崇德：《中国人民共和国宪法史（下卷）》，福建人民出版社 2005 年版，第 544 页。

4. 参见钱宁峰：《论国家监察体制改革的合宪性依据》，载《江苏社会科学》2018 年第 2 期，第 239 页。

国家监察机关的合宪性难题，唯有修改宪法才能使其取得宪法层面的合法地位。[1]

在宪法规范运行过程中，规范与现实之间的矛盾张力是普遍存在的，且在社会转型和改革时期尤为突出。[2]解决这种张力无非两种方式，一种是宪法解释，另一种是宪法修改，在我国改革开放进程中，形成了重视修宪权运用的传统。[3]即使国家监察体制改革涉及宪法中极小部分条款，也仍需要有宪法上的依据，与宪法保持完全的一致。当此类事项发生变动之时，法律规范也应当作出相应的调整及修改，但是，国家监察体制改革涉及在国家权力机构中新增加一种独特类型的国家机关，而国家机构的权力构成、组织形态及其职权配置又是最根本、最重要的事项之一。从历次修宪的历史经验来看，在党的代表大会后通过宪法修正案也符合一贯以来的政治惯例。因此，以先修宪，再依据宪法关于国家监察的原则性、纲领性规定，制定通过《监察法》，并随之修改相关法律法规的方式循序渐进推进改革，这更符合法治精神和法治逻辑。

实践证明，国家监察体制改革是在党的领导下一次全新的政治、法治、民主实践。民意的支持、民心的拥护、改革发展新形势新任务的内在要求提供了重大改革的合法性依据和正当性追

---

1. 参见马怀德：《再论国家监察立法的主要问题》，载《行政法学研究》2018年第1期，第8页。
2. 参见林来梵：《规范宪法的条件和宪法规范的变动》，载《法学研究》1999年第2期，第42页。
3. 参见韩大元：《认真对待我国宪法文本》，载《清华法学》2012年第6期，第18页。

求。[1] 随着宪法第五次修正案于 2018 年 3 月 11 日第十三届全国人民代表大会第一次会议通过及《中华人民共和国监察法》(以下简称《监察法》) 3 月 20 日的颁布施行,"修法修宪大研讨"终圆满收官。在总共 21 条宪法修正案中,关涉监察体制改革的内容达 11 条之多,超过半数。依据宪法修正案,国家监察机关在组织和职权上都获得了相对独立于其他国家机关的宪法地位。同时,国家监察体制改革也随之正式纳入法治轨道,这项关乎全局的政治体制改革正式由一项重大的政治决策转化为有宪法保障的制度安排。宪法修正案及国家监察法立法实践,证明通过授权立法、边试点边立法这种模式可以很好地处理改革和法治的辩证关系,是一种行之有效的模式,是中国特色社会主义制度优越性的集中体现,充分体现了在党的领导下人民当家做主和依法治国的有机统一、党的主张与人民意志的有机统一。

三、腐败与监察

"腐败"并非一个严谨的法学意义上的概念,而是一个具有特定含义的政治术语,"腐败是公共权力的非公共运用以及易于导致公共权力非公共运用的行为"。[2] 腐败行为是公共管理活动中的权力滥用,是国家治理中的一种病变,泛指依法享有公权力者

---

1. 参见罗亚苍:《国家监察体制改革的实践考察和理论省思》,载《理论与改革》2017 年第 5 期,第 169—180 页。
2. 杨云成:《中国共产党制度治腐问题研究》,博士学位论文,中共中央党校 2016 年 7 月,第 35 页。

利用公权力谋私，并损害公共利益的行为，其本质在于公权私用、以权谋私、以岗谋私。从腐败的性质和产生原因而言，主要包括体制性的、公共职责性的、社会道德性的三种类型，但不管类型如何，其实质就是公权力的异化、私有化。

从权力的产生和目的来讲，公权力产生的唯一目的或者说产生的最深层次原因就是为了公共利益，即"公益"，为公众服务而"生"，公共性是权力的根本属性。通过权力强制性与支配性作用的发挥，实现对国家和社会公共事务的有效管理，维护良好的管理秩序，推动经济社会发展，最终服务于公民权益和社会公共利益，促进社会公益，当然这是理想的状态。

权力的授予与行使必须辅以对权力的有效监督制约。公权力行使者主观思想偏差和控制权力制度功效失灵等原因，将导致权力在运行过程中的私化、异化现象。正如马克思所言："权力产生于社会但又凌驾于社会之上。"政府权力虽说具有整体性、公共性，但执行权力的却是充满私欲的个体，不管是"人性恶"逻辑起点的自私、自利性，还是对权力如"渴马守水、饿犬护肉"般的内在渴望和需求，都容易导致公权力因私欲而偏离公益的轨道。[1]反腐败是维护人民当家做主，实现人民监督权力的国家行为。只有防止公共权力滥用，遏制国家治理中的病变，才能保障国家治理的有效性。

有效地监督权力使之沿着既定的轨道规范运行，一直是政治

---

1. 参见〔德〕马克思，恩格斯：《马克思恩格斯选集》（第4卷），中共中央马克思恩格斯列宁斯大林著作编译局编译，人民出版社1995年版，第170页。

体制改革中需要特别关注的课题。[1] 不受监督的权力必然导致腐败，而国家管理和社会运行还偏偏离不开权力。这一矛盾使腐败治理成为世界难题，政治文明向前发展的核心在于如何防治权力的腐败。为了防止、减少、消除腐败对政治、经济、文化等领域的腐蚀和破坏，各国都构建廉政制度加以应对，加强对腐败问题的源头治理，其中监察制度是廉政制度体制中的一项重要制度，其主要体现在法定国家监察机关依据国家宪法、法律实施的，着重从反腐败主体建设的角度提出的一种反腐败制度设计。

第二节
反腐监察模式

新西兰学者杰瑞米·波普在《制约腐败——建构国家廉政体系》中系统总结了构成一国廉政体系制度的类型，主要有：一个通过公民选举产生的立法机构、行政机关作为执法机构的作用；一个独立公正中立的司法系统；总审查长、监察特使保持独立的反腐败机构；服务社会大众的国家公务员系统、地方政府机关、独立自由的新闻媒体、公民社会、私人企业部门、国际反腐合作和行动机制；涵盖了立法监督、行政监督、司法监督、监察监督、群众监督、舆论监督及国际监督等主要主体类型。以国家反腐败的主导权力为标准，结合各国的政治体制模式，当前世界范

---

1. 参见吴振钧：《权力监督与制衡》，中国人民大学出版社 2008 年版，第 44 页。

围内反腐败制度模式主要有：立法权主导的监察专员制度模式、司法权主导的司法审查制度模式、行政机关内设监察机构制度模式（包含监审合一模式）及独立设置集中的、专门的国家反腐败权的制度模式等。

一、议会监察专员模式

监察专员主要指产生于斯堪的纳维亚半岛的独立受理并调查不良行政（maladministration）指控的专员。议会行政监察专员制度是由监察专员作为依宪法由议会产生设立的国家机关对其他公权力运行实施监督的一种重要方式，从性质上讲，这里的监察特使行使的监察权属于立法权的延伸，或立法权的组成部分。

1809 年，瑞典通过的新宪法规定，议会中选举出一名监察专员（ombudsman）代表议会监督行政机关及人员，由此在全世界范围内诞生了议会监察专员制度。1810 年，瑞典又通过了《监察专员法》，正式任命了一名监察专员。沉寂一个世纪后，20 世纪 60 年代起，监察专员制度在北欧得到推广，丹麦、挪威、芬兰等国纷纷确立了这一制度。1962 年，新西兰监察专员的设立，使这一制度走出斯堪的纳维亚半岛，逐渐进入英语世界上国家而被世界许多国家和地区所学习借鉴。如：英国于1967 年通过《议会监察专员法》，正式设立了议会监察专员，后来英国各地方政府也设立了监察专员；法国 1973 年依照瑞典和英国的监察专员制度，设立了行政调解专员；在大洋洲，新西兰（1962 年）和澳大利亚（1976 年）都设立了监察专员，不同的是澳大利亚的监察专员隶属于联邦政府而非议会；20 世纪 70 年代，西班牙和葡萄牙监察专员的出现，扩展了其制度内涵，关注人权的践行成为监察专员的职责；截至 2012 年，尽管名称有所不同，在世界范围内，140 多个国家在国家、州、地区和市的层次上设立了监察专员制度。[1]

"监察使的任务是确保政府机关及法院遵守瑞典法律。处理民众提出的陈请，以履行职务，他们也拜访不同的法院及公家机关，以监督他们如何工作。监察使也可以自行决定选择值得进行调查和某一个议题。"[2] 从瑞典到全球各地推而广之的行政监察专员制度，在三权分立的政治体制框架下看，是富有生命力的。[3] "立法与监察紧密结合，两者形成一体化的政治权力，是西方监察制度的主要特征之一。"[4] "监察专员制度之所以能够在世界范围内产生如此广泛的影响，主要是因为它在政治体制和政治生活中具有特殊的地位和作用。这种特殊性体现在：它是议会中的一个特殊机构，代表议会对政府部门进行监督。"[5] 议会监察专员制度的经验可以总结为以下五条：

一是机构和职能发挥的独立性强。议会监察专员是由立法机构选举产生，多为政治中立的具有专业技术背景的法律专家，具

---

1. International Ombudsman Institute Wellington Declaration, on 13th November 2012.
2. 监察院国际事务小组：《瑞典国会监察使》，监察院 2006 年版，第 6 页。
3. 参见扶松茂：《从瑞典、英国议会行政监察看中国的行政监察专员制度的创制》，载《云南行政学院学报》2002 年第 6 期，第 51 页。
4. 关文发，于波：《中国监察制度研究》，中国社会科学出版社 1998 年版，第 440 页。
5. 陈宏彩：《行政监察专员制度比较研究》，学林出版社 2009 年版，第 2 页。

有宪法上的独立地位，独立性强是监察专员制度作为民主政治制度中的监督制度的必要要素和显著特征；

二是崇尚以法治理，社会法治文化基础较为坚实。为健全廉政制度，瑞典出台了一系列与监察专员制度相配套的法律，如赋予公民权利的《出版自由法》（1962 年）、《表达自由法》（1991 年）、规范廉洁行政的《反行贿受贿法》（1978 年修宪修订）、规范官员渎职的《议会督查专员法案》、修订完善的《行政诉讼法》，使监察权的有效运行得以获得全面的法律支撑；

三是议会监察专员管理事务的范围广泛，采用的是最广泛的公权力标准和契约标准。监察对象和内容呈不断扩大的发展态势，从中央行政机关到地方行政机关的监督，从监察行政机关行为扩展到社会生活中涉及公权力行使的各个方面，这为公民权利提供了越来越全面的保护；

四是议会监察专员的调查权限范围广，利于执行监督任务；

五是议会监察专员可以通过向议会提交年度报告的方式公开披露政府机关等监察对象的违法失职行为，将监察专员制度的有效性建立在信息公开、公民维权和新闻舆论监督等方面，多方压力和监督利于公权力在行使过程中进行行为纠偏，及时匡正过失以维护公民的合法权益。

同时，这种模式也可以解决一定条件下正式法律手段成本太高问题，是对公民权利救济的一种补充，是加强对公权力运行监督制约的一项制度创造。相对司法监督而言，这种模式灵活度高，覆盖面广，而强制力不足，通常作为对司法监督的一种补充。

二、司法审查模式

司法审查模式主要指通过法院审理活动以判决政府的法规、决定、命令是否违宪、违法，通过司法审查制度和行政诉讼制度的运作作为国家反腐败工作的主渠道的模式。司法反腐模式中法院对政府行为的诉讼监督居于主导地位，主要分为宪法法院模式、行政法院模式和普通法院模式三种。

宪法法院的审查制度模式，是指在普通法院之外设立专门的宪法法院以专门审查裁决违宪行为以行使司法审查权的模式，如审查政府颁布的法规、决定、命令是否违宪等。实行议会共和制的德国于 1951 年依据《联邦宪法法院法》《联邦宪法法院所在地法》，正式成立了宪法法院。普通法院审查制度模式，是指通过最高法院行使违宪审查权的模式，澳大利亚、加拿大等国采用的就是这种模式。

法国是采用行政法院模式的较为典型的国家，特殊的政治历史发展现实催生了非常具有代表性的专门行政法院系统，普通法院只受理民事和刑事案件，行政法院负责专门受理行政诉讼案件。[1] 法国行政法院也分为最高行政法院、上诉行政法院、行政法庭、行政争议庭等普通法院和专门行政法院，负责审理特殊的行

---

1. 法国大革命前资产阶级势力迅速增长，但常常受到站在封建势力一边的最高法院的阻挠。大革命后，资产阶级取得政权，为排除普通法院对行政改革的干扰，利用三权分立学说，禁止普通法院受理行政诉讼案件，理由是行政诉讼不是一种诉讼，而是对行政活动的一种裁判，本身是行政行为。

政诉讼，例如审计法院、财政和预算纪律法院、补助金和津贴法院、战争损害赔偿法院等特殊行政法院。

在普通法院审查模式中，普通法院通过受理公民针对违法行政行为提起的诉讼的方式监督行政机关的行为，行政诉讼是对行政机关进行监督的一种方式，不仅监督政府制定法规等行政立法的抽象行政行为，而且审查政府发布的具体的、针对特定行政相对人的、一次性的具体行政行为，如行政性裁决、命令、决定等。在我国是通过在普通法院设立专门行政庭来行使对行政权的司法监督。

采用司法监察模式主导反腐败的国家，较为崇尚司法公正的力量，司法权在国家权力体系中居于十分重要的地位，同时，其廉政法治和反腐法治都较为健全。尤其为形成全方位的约束和震慑，行政法中对公务员违反廉洁义务的规定及刑法中对腐败犯罪类型较为规范和细化的规定，从立法、司法各层面正反两个方面对公职人员行使公权力的行为进行规范。

司法审查的优势在于将依法用权置于法院的监督之下，接受司法权的检验，通过法院的中立地位保障司法公正，通过宪法法院、行政法院适用法律对个案进行判决，通过对罢免案、弹劾案的判决，撤销与法律抵触的规范性文件或宣告其无效的方式实现对公权力的有效制约。这种司法监督具有外部性，从外部对公权力行为进行经常性的监督，以严格程序保障的监督，促使政府官员谨慎行使权力，甚至可以判定某些公权行为是否违宪的问题。同时，它能够系统地为那些因具体的行政决定而遭损害的个人提供救济，以保护公民个人、法人和其他社会组织的自由和权利。

但相对而言，这种反腐模式的局限性在于权力发挥作用的后置性，因此，在以司法权作为主导的同时，往往辅以设置专门的预防腐败机制以进行一种功能性补偿。

三、政府内设监察机构模式

在政府内设监察机构模式下，作为政府的组成部门的监察机关设置于政府内部，行政部门在国家的反腐败工作中发挥着主导性作用。监察机关的主要负责人往往由行政部门或行政首脑任命产生，受行政部门或行政首脑领导，并对其负责，监察机关既可是独立设置的，也可是附属设置的。

采取这种模式较为典型的国家主要有美国、日本、埃及、俄罗斯等，如埃及行政监察署、美国监察长办公室、俄联邦总统反腐败委员会、印度的中央调查局（负责中央政府的反贪污侦查机关）、菲律宾机关独立调查处（负责行政监督和肃贪的专门机关）、泰国的反贪污委员会（反对国家官员贪污贿赂行为的专门机关），我国改革前的行政监察机关也属于此种模式。但我国行政监察部门作为行政机关的内设机构，主要对行政机关实施执法监察、效能监察、行政监察，是典型的同体监督模式，其独立程度远远低于仅向行政首长负责的监察权。

国家内设监察制度是国家行政管理职权不断扩大，加强内部控制的产物。虽然都是采用内设机构的模式，但对监察权的重视程度不同，机构设置的规格也不同，有的为司（局）级，有的为隶属机构，有的归由行政部或其他部门领导，其工作侧重点也有所不同。如在埃及为了保障监督的有效开展，特地提高了监督官员的级别，即所有局长都是第一国务秘书（相当于第一副部长），处长是副部长级，科长是局级。

以美国监察长制度为例，1978年，美国国会通过并由总统卡特签署了《监察长法案》，由此建立了美国的监察长制度，随着美国"分权制衡"反腐败模式的形成和运行，美国腐败现象得到较好的遏止，其公务人员权力运行得到限制，公务行为得到规范。1776年美国革命时期，华盛顿委任了美国首位监察长，独立战争后，该职位暂时被取消了。到20世纪70年代，美国政府进入贪污腐败高发期，受贿、滥用权力等腐败事件层出不穷，为了消除贪污腐败，加强对权力规范运行的制约和监督，1978年国会通过了《监察长法案》，首先在政府12个重要部门设立了监察长办事处（简称监察处），之后又陆续在更多的政府部门设立了监察长办公室。

美国作为一个典型的在崇尚法治、尊崇资本主义三权分立学说基础上建立起来的国家，善于在国家权力体系的构建和运行中充分运用分权制衡的原则，有效弥补了内部设置监察机构的局限和弊端。整体而言，美国近年来的反腐成效还是非常显著的，腐败问题从高峰期到锐减并维持在一个低水平稳定期，这得益于持续的政府改革运动的反腐败举措，监察机构在查处贪污腐败、经济类腐败案件上更是发挥了重要作用。

另外，美国在19世纪末逐步建立起立法、司法、行政机构内部和跨系统设置的职能各异、相互配合、协调一致的各种廉政机构。除监察机构以外，立法机关还有参议院的廉政委员会、众议院的行为标准委员会，司法系统中还有公共廉洁处、律师办公室、政府道德办公室、全国司法会议等，还存在政府道德署、独立检察官[1]等跨系统的廉政机构。这些机构的职能各有侧重：一类侧重于事前预防，主责为制定和实施廉政规则准则和廉政政策实施计划，如政府道德署；另一类则侧重于事后惩治，如联邦调查局和独立检察官。预防和惩治型的机构二者在反腐败斗争中可谓相辅相成，相互配合，相得益彰。[2]

通过反腐机构职能的配合发挥，形成了以监督法律规章执行、制约腐败行为为目的的系统的、全方位的、互相作用的、互相联系的国家反腐败体系。在这个既相互独立、相互制约又相互配合、相互监督的反腐机制之中，各项权力权限划分明确，各项职能有机衔接。并且在国家公共机构设置中践行权力制衡的思想，通过设立公职人员管辖的交叉重叠区域，削弱另一方的自由裁量权，压缩以权谋私、权钱交易风险存在的空间。[3]

行政部门拥有各国最为庞大的公职人员队伍，如若缺乏对其的有效监督，反腐败工作将必然不能取得实效。这种内设监察机构的优势在于熟悉政府的运作，近距离甚至"零距离"地了解政府事务的运行情况，熟悉其模式、职能、制度、职责、人员等因素，便于发现问题，促成监察工作的顺利开展。

---

1. "水门事件"之后，国会通过了《独立检察官法》，允许司法部部长在其认为"有合理理由"需对公职人员进行深入调查时，任命一位独立检察官。
2. 参见舒扬，莫吉武：《权力市场化与制度治腐问题研究》，中国社会科学出版社 2008 年版，第 76 页。
3. 吴振钧：《权力监督与制衡》，中国人民大学出版社 2008 年版，第 144—151 页。

这种模式的劣势也是显而易见的。最根本的一条就是，监察机关与政府之间"粘连度"太高，缺少作为监督主体超然于被监督客体的独立性，在机构上缺乏独立性就等于从实质上折损其职能发挥的权威性，而权威性正是监察权有效行使的"灵魂"，是其存在发展的"立命之本"。设立于行政部门内部的反腐败机构，或多或少地会受到其设立者的影响或干涉，至少不能对其进行有效的监督。受制于政府，失去权威性这一"命根"，往往产生"官官相护""家丑不外扬"的乱象。因此，在这类模式中，制度设计的首要问题就是在保障监察实效性基础上，切实提高其独立性地位，避免与监察对象的利益混同或同化。

四、集中独立设置反腐监察权模式

从世界各国的反腐实践来看，通过独立设置反腐败机构——整合分散设置在立法机关、行政机关、司法机关的权限，作为一种独立预防和惩处腐败的机构。这种集中设置国家反腐败机关主导的反腐败模式，已成为一种行之有效的模式经验。我国的香港地区、新加坡都是采用的这种集中设置反腐败机构的模式，在这种模式下，国家监察体制与国家反腐败体制高度吻合重叠，能很好地适应和应对腐败日益复杂化和查处难度日益加大的严峻形势，这种以国家监察权为核心构建的系统、独立的国家监察体制（反腐败体制），能集中、统一、高效地对公权力运行进行全方位的监督制约。

首先，从机构设置上具有独立性，实行首长负责制，其负责人具有相当大的自主权力,以保障监察权的集中、统一、高效行使。新加坡在《反贪污法》中明确规定贪污调查局作为反贪污贿赂的专门执法机关,其局长由总统根据内阁推荐的人员进行任命,局长只受总理领导,总理还可任命一名副局长及若干局长助理和特别侦查员,总统和总理任命的人员都属于国家公务员,并且只听命于局长并受其指挥。1974 年 2 月,汲取了以前由警务部门执行反贪失败的教训,香港依据《总督特派廉政专员公署条例》正式成立了廉政公署,廉政公署不再直接隶属于总督,而是直接隶属于特区的行政首长,从廉政官员到公署所属职员,都不属于公务员系统而自成体系,不受公务员管理机构管理。

这种模式下往往在经费和人员方面也有独立性保障,廉政公署官员在任职期间不得在香港政府下辖的其他部门兼职。廉政公署的经费由政府每年从预算内独立支出项目里开支。廉政公署的组织结构是:在廉政专员之下,设立行政总部、专员办事处,还有三个重要部门,分别是负责接受举报并进行调查核实的执行处,对政府部门及公共机构进行审查、提出防止贪污建议的防止贪污处,向市民宣传贪污的危害以取得市民对反贪工作的支持与合作的社区关系处。另外还在香港地区内设置了 11 个方便市民举报的分机构。惩治、预防、教育"三管齐下"的肃贪倡廉机制是人类社会反贪文明的成果,预防胜于治疗,以诚信道德取代贪贿心态,教育实为取胜之本。[1]

---

1. 参见陈永革:《论香港廉政公署制度的特色及其对内地廉政法治的启示》,载《清华法学》2003 年第 2 期,第 191 页。

新加坡和我国的香港地区是目前世界上公认的廉洁度最高的地区之一，其反腐成效的显著增强使新加坡的贪污调查局（CPIB）与香港地区的廉政公署（ICAC）成为全球备受关注和赞誉的监察机构，使得这种以反腐败为目标导向集中设置反腐败机构的反腐模式成为一种极具代表性的成功模式。这样的权力配置与腐败衍生、腐败违法到腐败犯罪的关联性特征和腐败犯罪的国际化趋势高度契合，创新了非刑事手段和刑事手段并用的腐败治理模式，极大地增强了惩治和预防腐败的前置性。

由此可见，在四种不同模式中，国家反腐权的法律地位、独立性、权能、权限、手段的广度和强度都是不同的，政治功能设定上也是各有侧重。如瑞典议会监察专员制度侧重于通过对不良行政行为的纠正给予公民私权救济保障；德国的宪法法院主要负责处理与宪法有关的重大案件，维护宪法权威；美国的监察长主要任务是对行政部门进行财务检查，履行财务监督职责；香港地区的廉政公署与新加坡贪污调查局侧重于预防和惩治职务犯罪行为。

第三节
国家监察模式的影响因素

一、国家政治体制

监察权是一种重要的国家权力，是国家政治体制的重要组成部分，监察制度作为一项重要的国家监督制度和反腐败制度，其模式很大程度取决于一个国家的政治体制。国家政体不同，采用的监察模式也不同，即使不同国家采用同一种监察模式，由于不同国家政治体制的局部差异性，其在国家机构运行中具有的功能和产生的效用也有所不同。党的十九大报告中关于坚持中国特色社会主义政治发展道路的论述堪称经典："世界上没有完全相同的政治制度模式，政治制度不能脱离特定社会政治条件和历史文化传统来抽象评判，不能定于一尊，不能生搬硬套外国政治制度模式。"一个国家反腐败权如何配置，是分散设置还是集中设置，是隶属于立法权、司法权还是行政权，或者集中专门设置，都必须植根于该国的特定社会政治条件和历史文化传统。

政治体制既是抽象的，也是历史的。我国古代监察法深深植根于我国政治、社会、文化土壤，经历了数千年没有间断的历史发展进程，形成了别具一格的具有鲜明本土色彩的中华法系的一个重要分支和具有独立、系统性的监察法体系。[1]制度当然无所谓优劣，都是在特定的历史背景、文化传统和现实国情下形成的，各有其鲜明的地域特色和历史烙印。[2]我国自古以来即有相当发达且独具特色的监察制度，当下的监察制度建设相当程度上汲取了古代政治体制的智慧，是现代化条件下国家治理文化的传承。[3]因此，一项制度出生和生长在一个国家一个民族必定带着该国家该

---

1. 参见张晋藩：《中国古代监察法的历史价值——中华法系的一个视角》，载《政法论坛》2005年第6期，第84页。
2. 吴振钧：《权力监督与制衡》，中国人民大学出版社2008年版，第130—132页。
3. 从夏商周时期，我国即有监察制度的萌芽，并在长期发展过程中逐步形成了较为完备的监察体系。具体可参见陈光中：《中国古代司法制度》，北京大学出版社2017年版，第102—161页。

民族独特的历史文化基因，必然蕴含一套独特的彰显人类认识世界及改造世界的理论精神和思想智慧。

政治体制不仅是历史的，更是现实的。正如美国著名政治学家和法学家的古德诺所言："政府体制的特点不仅由法律制度决定，同样也由法外制度决定。与仅能提供法律框架的法律相比，法外制度对政治体制产生的影响更大。"[1]坚持党的领导是我国基本宪法性原则，也是我国最大的政治现实，是保障社会主义各项改革和建设事业顺利进行的政治优势。我国的公务员中80%以上为中共党员，超过95%的县处级以上领导干部均为中共党员，国家监察体制改革坚持党的纪律检查委员会与国家监察委员会合署办公，通过"两委合署办公"，使反腐败力量统一集中，便于实现党对国家监察工作和整个反腐败工作的领导，从而实现反腐效能的整体提升。

诚然，中西方对权力监督制约的监察法思想渊源方面从根本上就存在分流和差异。正如反腐专家高波所言：'盎格鲁－撒克逊'模式在某种程度上更强调'分'和'异'，这与中华文化'求同尚和'的传统特色不同，中华民主文化传统易于形成'和''合'的政治气候，西方文化传统易于引发'分'的政治气候。"[2]几千年来能比世界任何其他民族都成功地从政治、文化上把如此庞大的几亿人凝聚起来，彰显了中华民族在政治、文化治理

1.〔美〕弗兰克·古德诺：《政治与行政——政府之研究》，丰俊功译，北京大学出版社2012年版，第3页。
2. 高波：《走出腐败高发期——大国兴亡的三个样本》，新华出版社2012年版，第432页。

上的智慧和本领。[1]正如国学大师钱穆所言，中国立国体制和西方历史上的希腊、罗马不同，他们国土小、人口寡，所谓的国无非是我们一个城市，我国疆域辽阔、人口众多，立国体制必须依靠向心的凝结。[2]

正如学者冯铁拴认为，从制度设计上看，我国宪法层面的国家权力制度设计旨在区别或淡化西方三权分立、分权制衡等模式的痕迹，而建立起人民代表大会这一最高权力机制之下由不同国家机关分别行使不同部分国家权力的"一权并行"模式。实际上这类国家权力思想与自然法学派代表卢梭的唯一主权、权力不可分割等观点十分契合。[3]将监察权囿于三权范围，多是以西方三权分立学说为前提的，这与我国人民代表大会制度不同，西方的三权分立强调权力的分立与制衡，而我国人民代表大会制度强调民主集中。强调的是国家最高权力的整体性，即所有国家机关都由人民代表大会产生，并对其负责，受其监督。我国也运用权力分立及制衡的思路来规制权力运行，也存在纵向的"三权分立"，即将国家权力分为决策权、执行权、监督权，党的十八大提出了要确保决策权、执行权、监督权既相互制约又相互协调，确保国家机关按照法定权限和程序行使权力。

1.〔日〕池田大作，〔英〕阿·汤因比：《展望21世纪——汤因比与池田大作对话录》，荀春生等译，国际文化出版公司1985年版，第288、295页。
2. 钱穆：《中国历代政治得失》，生活·读书·新知三联书店2012年版，第2页。
3. 冯铁拴：《中国监察体制改革论析：过去、现在与未来》，载《甘肃政法学院学报》2018年第2期，第19、22页。

总体而言，西方的控权思维深受孟德斯鸠"三权分立"权力制衡理论的影响，强调将国家权力分解成三个相对独立的部分并赋予其立法、行政、司法不同的职责权限，通过权力分立达到权力之间相互牵制的平衡状态，这种控权思想更为关注和强调权力之间的横向相互牵制。在我国，无论是古代监察权，还是近现代的监察权，其形成和发展的逻辑价值中更强调自上而下的"职能型"的纵向式监督。通过在国家权力结构中设置独立行使国家监察职能的机构，形成自上而下、自成一体的监察体制，专司对权力运行的制约监督，形成决策权、执行权、监督权这"三权"既相互制约又相互协调的权力结构和运行机制。[1]

二、监察制度传统

监察权作为一项国家权力，其特殊性、独立性植根于中华民族传统文化源流，这是新监察体制的重要特色之一。[2] 发掘中国监察制度的传统资源，对当下科学把握国家监察体制模式无疑兼具启发与警示意义。[3]《监察法》第六条规定，国家监察工作要坚持弘扬中华传统优秀文化的原则。弘扬的前提是总结和继承，所谓"观今宜鉴古，无古不成今"，在中国历史上，传统监察制度独树一帜，形成了独特的生命脉络和发展逻辑。

1.《中国共产党第十八次全国代表大会报告》(2012 年 11 月 8 日)。
2. 参见陈光中，邵俊：《我国监察体制改革若干问题思考》，载《中国法学》2017 年第 4 期。
3. 参见武夫波：《中国监察制度的逻辑、传统与意义》，载《国家行政学院学报》2017 年第 6 期。

从监察官职务的地位来看，监察官作为一个较为古老的职务，我国古代从秦朝开始就设置了代表皇帝监察百官的监察御史。[1] 古罗马共和政体中也设有推选、监视元老院和其他公职人员之权的行政长官。"罗马人是值得钦佩的，一切官吏都要对自己的行为负责，只有监察官是例外"[2]，要对其他官员的行为负责。我国古代监察御史也是执掌"纠动百司""分察百僚"之权，位高权重，监察职务极具权威性。秦朝的御史大夫、丞相、太尉三个官职并列并称为"三公"，共同辅佐皇帝治理国家，议决大政。地方监御史的地位也非常高，又称"监公"，与郡守、郡尉一起并称"守、尉、监"，作为中央派出常驻地方的监察官，直接接受御使中丞的领导和指挥。

在监察机构的设置方面，我国古代行政监察机构都是由皇帝直接设立，而不是由行政机构设立，虽然在历史上存在一段时间监察官由吏部负责考察，但绝大多数时间，监察官都是由皇帝亲自选拔任命的，形成了一套独立的、从中央到地方的监察机构及官员，行政监察从行政事务中相分离，成为国家机构的一部分。如在秦朝时，中央监察机构御史府只对皇帝负责，与总管行政的宰相府是并立关系，对应到今天我国的权力结构体系构建实践中，即掌握国家最高监察权力的部门只对最高权力机关负责。不仅如此，最高监察机关还与最高军事机构并立，如元朝中央的御史台，就与掌管全国行政的中书省以及掌握全国军权的枢密院并

---

1. 参见尤光付：《中外监督制度比较》，商务印书馆 2013 年版，第 8 页。
2.〔法〕孟德斯鸠：《论法的精神》（上册），张雁深译，商务印书馆 1997 年版，第 49、53 页。

立为中央的三大机构。

从我国监察制度发展沿革和脉络来看，由专门的国家监察机关通过依法行使监察职能来"主力"反腐，更为切合监察制度历史传统，更有利于巩固人民民主专政的政治体制。[1]

三、治理文化思想

（一）"德治"与"法治"

"德治"与"法治"发生作用的机制是不同的，道德规范通常把理想、信念、宗旨这些核心价值观作为"高线"，通过正面倡导，内化为一种自律性规范。而法治方式往往则是围绕通过开列"负面清单"的方式划出不可触碰的行为"底线"和"禁区"，以惩戒性措施进行心理震慑，强调的是他律。

西方政治思想中关于权力制约的"人性恶"的逻辑观点，使其更为重视"法治"在反腐中的作用，新制度经济学派认为，作为经济人存在的人基本动机就是寻求自身利益的最大化，人作出理性选择的基础是成本和收益的分析比较，而制度的规范涉及人的权利和义务的分配规则，则是影响经济人行为选择中最重要的因素。布坎南在《自由、市场与国家》一书中提出了"理性经济人"的概念和思想，再次从经济学角度论证了追求个人利益的最大化是个人行为之根本动机。"人性恶"的观点更为偏重强调制

---

1. 参见陈国权：《政治监督论》，学林出版社 2000 年版，第 87 页。

度约束的作用，认为公职人员中的腐败问题不完全是道德观念的偏差所至，主要还是现行制度的诱发，当某项公共制度的安排和设计使腐败成本远远低于其收益时，腐败就当然成为公职人员必然的选择。

"德治"就是通过德治手段使被监察对象对廉政制度中公务行为规则所追求的价值和秩序有内在的认可和尊重，做到内化于心，外化于行。所谓将各种规范和要求内化于心，就是指每一项制度之推行与继续，也必待有一种与之相当的道德意志与服务忠诚之贯注。廉政制度运行更加依靠德治方式，而反腐败制度的有效运行主要依靠法治手段，虽然我国古代很多统治者采用了法家的思想来治国理政，但更多统治者推行儒家的"以德治国"，形成我国古代政治道德化、道德政治化的鲜明特征，即所谓的"阳儒阴法"现象。[1] 因为"徒法不足以自行"，法律再健全完备，终究要依靠人来遵守尤其需要官员执行，这一现象特征也深刻地影响着我国传统监察制度的内核和外貌。

在当今社会，人们普遍认为法治具有规范性、长效性、相对稳定性的特点，在惩治腐败职能发挥的过程中更加注重法治的手段，在对违纪违法腐败、犯罪腐败进行处置、追责的过程中，认为应当严格遵循责任法定主义原则进行惩处，维护法治的权威性。但从长期来看，人们的行为总是受一定的思想意识所支配，从这个意义上分析，"德治"是更高层次的治理模式。道德作为非正

---

1. 金道铭：《行政权力的制约和监督研究》，博士学位论文，武汉理工大学 2010 年 11 月，第 104 页。

式制度，在党风廉政建设和反腐败工作中具有明显优势，表现为道德调整范围广，长远来看治理成本低。法律是调整人类行为的，人的思想是不受法律约束的，但思想决定人的行为，并习惯以一种非正式制度的身份进入正式制度、规则、规范无法触及的领域，如支配人们行为的意识领域和通过道德舆论树立善恶标准。

马克思曾讲过："耻辱就是一种内向的愤怒。"[1] 荣辱感使人们自愿接受道德标准的约束。公职人员如果奢侈腐化堕落而受到他人的谴责、鄙视、厌恶、疏离，内心就会产生一种深刻的具有致命杀伤力的孤独感、失落感，如新加坡原国家发展部部长郑章远因贪污受贿以致无颜面对国民而自杀就是荣辱感的作用。同理，官员因廉洁自律受到赞许会带来心理极度愉悦的社会价值感和自我认同感，这种非正式制度的赏罚存在，促使官员在用权时能保持省省和自责的态度，潜移默化地培育出"清廉"的自觉，从思想上、根本上遏制腐败违法犯罪行为的发生，达到"不想腐"的最高治理境界，节约大量的反腐社会成本。

除治理模式外，整体文化氛围对遏制或激发腐败也具有较大影响。在公务行为及服务中的微腐败（petty corruption）将影响普通的民众。政风对民风的建设具有非常显著的带动和影响作用，良好的廉政文化氛围为防腐治腐提供了有利的社会环境条件。如瑞典前议会监察总长克劳兹·埃克伦德所言，在瑞典腐败是非常难以接受之事，这可能与其历史和文化有关。瑞典人把腐

---

1. 〔德〕马克思，恩格斯：《马克思恩格斯全集》（第 1 卷），中共中央马克思恩格斯列宁斯大林著作编译局编译，人民出版社 1956 年版，第 407 页。

败当成一件非常羞耻的事。瑞典浓厚的廉政氛围从两个方面均得到体现：一是瑞典官员的洁身自好；二是瑞典公民及公务员的法律监督意识都很强。瑞典良好的廉洁文化氛围得到全世界认可，近些年官员贪污率在 0.001% 以下。

党的十五大就提出了以德治国和依法治国并重的命题。实践证明，德治和法治二者都不可偏废，二者的结合才是完美之治。只有将正面引导与反面惩戒"正反"结合和高线低线"高低"结合，二者相辅相成，相得益彰，才能真正提高制度的科学性和规范化水平。十八大以来，干部作风建设取得的成绩从某种程度上说是"德治"与"法治"成功结合的鲜活例子，中共中央政治局从自我约束、率先垂范开始，出台了关于改进工作作风、密切联系群众的八项规定，最后形成层层示范、层层带动的强大社会效应，以从上到下的道德示范，形成了强大的、广泛的、超乎寻常的示范功效，由一项只针对中央政治局领导的自我约束的政策演变为全国官员、全体公职人员自觉遵守的行为规范，甚至以作风改善这个"小切口"转动了干部作风、党风廉政建设、甚至全面从严治党的"大格局"。

（二）"治人"与"治法"

从治吏文化背景来看，相比所谓西方国家，中华传统文化是伦理文化，是责任文化，在中华民族绵延 5000 年的历史进程中积累了丰富的治国理政、管权治吏的宝贵经验，形成了无与伦比、独树一帜的廉政文化和监察制度文化。其中，德治理论思想和治理实践贯穿了中国历朝历代，在国家治理中发挥了重要作用。我国古代"礼法相依""德主刑辅""治国先治吏"等治理思想丰厚了治国理念。

古人强调"有德者居高位",要求统治者对社会不仅负起政治责任,而且要负起道德责任,成为权力所有者和道德楷模的统一体。以商鞅、韩非为代表的法家主张"禁奸止过,莫若重刑""以刑去刑"[1]重典治世的思想,应以法治代替礼治,提出"缘法而治""别其势、难其道"[2],依法为各官吏规定其法定职权范围,消除他们谋求私利的空间;主张"破胜党任,节去言谈,任法而治矣"[3]。以儒家公羊学派大师董仲舒为代表的儒家,在"天人感应""神学观将""三纲五常""德主刑辅"的基础上,进而提出"罢黜百家,独尊儒术"的大一统思想,劝诫君主须有"足以安乐民"的德行,才能治国安邦。"德主刑辅"不仅成为当朝监察思想的主流和根基,汉代之后的各朝代基本都遵循了这一基本方法和原则。[4]

从"治吏"主流思想来看,以"人性恶"为逻辑起点,西方政治世界推崇法治至上,将法律奉为治国理政的至尊,古希腊时期柏拉图就在《法律篇》中有阐释,认为若一国之法无最高权威,此国必亡,治吏思想也是通过法律的约束来进行的。我国古代与儒学思想所对峙的法家思想,也从人性"自为""自利"的

---

1. 意为刑罚重,因此就不必再实施刑罚了,民众就不敢干违法的事,这样就使一国的民众都向善。见《商君书·画策》
2. 见《商君书·禁使》
3. 见《商君书·慎法》
4. 参见彭勃:《中华监察大典》(思想卷),中国政法大学出版社 1994 年版,第 49 页。

认识出发，倡导君主以法治吏、以法制权、以法治国，"据法倚数（术）以观得失"。而儒家代表性人物孔子提出了以依靠君主本人的道德觉悟和道德水准进行道德制约的"内圣外王"自律治理模式，主张通过"内圣"的政治伦理实现内在教化，以达到对权力的自觉控制，这种治理理念模式也备受古代历代帝王的推崇。

在"治人"（这里的"人"特指官吏）与"治法"之间的关系的认识上，各朝统治者深谙先秦法家提出的"明主治吏不治民"和儒家"为政在人"的理论思想，将"治人"置于"治法"之前。清朝历代君主在强调将"治法"和"治人"联系起来的基础上，认为"法"纵使再完美也离不开官员的执行，认为"从来民生不遂"都是由于"吏治不清"，吏治清才能使国家政策、法令能够很好地执行，因此，"治人"更为重要，都将惩治贪官、澄清吏治作为其治国理政的首要任务。[1]如康熙皇帝提出"治国家者，在于治人""有治人，始有治法"，十分注重监察机构的作用，认为经过有效的吏治整饬可以形成良好的政风，而这种政风可以熏染出良好的民风。[2]明清监察思想认为法律规制、权力制约的重点是上级官员，更为突出上级官吏对下级官吏的示范作用，强调吏治中应充分考虑官员以上率下、率先垂范的作用，严明吏治应当先从上再往下。

十八大以来我国廉政建设取得重大进展，从某种程度上说

----

1. 参见彭勃：《中华监察大典》（思想卷），中国政法大学出版社 1994 年版，第 583 页。
2. 同上，第 692 页。

也是以上的"治人"思想的有效运用。其中，全面规范领导干部的工作、兼职、个人事项报告、生活待遇等的相关制度，蕴藏和体现的正是古人深邃而科学的"治人"智慧。当然，"治人"先行并不否定"治法"对这些有效措施和有益经验的固化功能。十八大后的很多治国理政的有效措施和政策最终通过立法的形式予以认可，形成持续、长期的社会规范制度和效力。

（三）"分权"与"集权"

权力分立理论是由人民主权理论引申发展起来的，其理论逻辑及核心在于：国家的产生是人民缔结契约、人民让渡权利的结果，国家的一切权力属于人民，国家官员是人民意志的具体执行者。权力易腐性使不受监督约束的公权力对私权利构成潜在的威胁，必须在国家权力体系中建立一定的监督机制来对滥权行为进行控制与补救，公民也可通过各种形式直接监督政府行为，在这种模式下，人民监督权的实现模式就相应转变为人民对自己授予出的权力运行进行监督，即对政府的授权及其公职人员的行为进行监督使自己的权利得到更好的保障。

在分权理论中，洛克和孟德斯鸠思想的权力分立制衡理论最具代表性。他们认为既然国家权力的产生是人民缔结契约、让渡权利的结果，政府只能按与人民之间的缔约之委托行事。因此，从道义上讲，政府顺理成章理应保护好公民的财产和自由。以"性恶论"为基础，他们对拥权用权之人持完全不信任的态度，认为人的欲望所至，只要权力被人所掌握运用，都存在容易被滥用的风险。为了防止此类天然的风险，人民也必须有权对政府用权情况予以监督。对此，洛克寻求到了以权力控制权力，权力之间相互控制这种以力制力的方法。[1]

孟德斯鸠在洛克权力分权理论的基础上进一步发展，提出了预防政府滥用权力的根本措施——分权制衡。认为从事物的本质来说，防止滥用权力的方法就是"以权力约束权力"，如果立法、行政、司法三种身份合体，则权力就可能如脱缰之马完全不受控制，如此以上种种都将导致公民的自由权利成为泡影，难有保障。[2]因此，孟德斯鸠把国家权力分为立法、行政、司法三个部分，在洛克提出的立法和行政（行政与对外权）的基础上提出了独立设置司法权。并提出这三种权力之间必须相互制约、相互监督，达到制衡的效果，从而为人民有效监督政府权力提供有效途径。不仅在三权之间，权力内部也应实行分权，如立法权可以一分为二（参议院、众议院或上院、下院）的设想，分别归属于贵族和资产者。

按照孟德斯鸠的三权分立思想，三权中对个人权利和自由构成威胁和产生侵害的可能性是不同的，司法权作为一种消极判断权，其威胁性最弱。立法专制危险固然很大，但由于其间接性和层层选举机制作为保障，其发生危险概率远远小于行政权，而行政权是国家权力中直接与社会发生联系的部分，是最有影响也最有威胁的，它应该是权力制约的重心。[3]

1.〔英〕约翰·洛克：《政府论》（下篇），叶启芳、瞿菊农译，商务印书馆 1982 年版，第 95 页。
2.〔法〕孟德斯鸠：《论法的精神》（上册），张雁深译，商务印书馆 1997 年版，第 153 页。
3. 应克复等：《西方民主史》，中国社会科学出版社 1997 年版，第 192 页。

历史背景也会影响一种理论的认识和实践。如孟德斯鸠学说虽然对美国革命和法国革命都产生了很大影响，但分权学说就像其他理论一样，只能通过具体环境才能体现，必然会打上历史国情的烙印，在不同的土壤结出不同的"果实"，对权力进行监督限制方面采用不同的体制，产生不同的实践结果。在法国，分权原则应用于行政权和司法权之间关系，其结果为行政机关和司法机关相互独立，普通法院不能干涉行政，法国对分权学说的这种理解，引导法国独立行政审判体系产生。[1] 在美国，因历史较短、封建传统和文化影响较弱因而保守势力及君权意识较弱，受权力制约理论的影响更为深刻，在行政机关内部设立监察长制度与政府道德办公室实施对行政权更为紧密的监督，体现权力制约的思想。

我国对权力的制约与监督理论的探索相比西方国家，有着更为悠久的历史，古代暂且不论，从近代伊始，就涌现了龚自珍、魏源、洪仁玕、康有为、梁启超等著名思想家，他们将中国古代的"治人""治官"权力监察思想加入了民主主义元素，借鉴了西方政治体制模式下的权力分立思想，突破、更新了传统的监察官员进谏纠察的监察形式，将我国古代监察思想发展到了一个新

---

1. 主要是由于当时的法国的历史背景——大革命前的行政和普通法院存在对立情绪和矛盾决定的。从国内环境看，欧洲社会自 16 世纪和 17 世纪开始，资产阶级势力逐渐强大，资产阶级利益开始反映到行政部门；政府为了增强实力，实施一些有利于发展工商业的政策；然而当时的法院控制在封建势力手中。从国际环境来看，在法国革命的最初阶段，欧洲的封建势力在奥国和俄国皇帝的号召下，组成国际联合武力，对法国的资产阶级政权发动侵略战争；资产阶级政府不得不禁止普通法院受理行政机关的案件，以加强行政机关的权力。参见王名扬：《法国行政法》，北京大学出版社 2007 年版，第 435—441 页。

的历史阶段。

另一种方式是以权利制约权力的"集权"路径，即把弱小而众多的公民私权利集合在一起，积小为大、积少成多，通过组成各种社会性群体和组织，以增加它们在制约和监督公权力的分量，实现公民自治和市民社会的发达以减少和消除国家权力的滥用、私用、异化、腐败，并同时有效地防范公权力对私权利的侵害。这是保持权力廉洁运行的最根本的路径。这一原则引申出了法治的制约。对行政权力的制约，主要依赖"法治"制约的原则，行政机关只能依据并在民意代表机关制定的法律规范规定的原则和范围内活动，这也是预防国家权力侵犯个人权利的有效保护措施，由此引申出行政法基本原则即"职权法定原则"，也确立公权和私权的分水岭即公法领域的"法无授权不可为"和私权领域的"法不禁止即可为"。

另外，一种监察体系模式的产生与传播与其特定的历史文化背景息息相关，如政府内设监察机构的模式就是适应行政权不断扩大需要加强限制的现实需要。从实际情况来看，二十世纪二三十年代以前的资本主义国家中，经济自由主义理论占主导地位，人们反对政府过多干预经济，此时政府职能相对较小。但凯恩斯主义的出现，特别是二战以后经济危机打破了这种局面，人民呼吁政府加强对经济领域的干预和调控，伴随着政府职能膨胀，外部的监督途径对政府越来越难以控制。因此，需要设内部监察机关来开展经常性的监督，于是在政府内部设置专门监督机构的需求及实践也相应得以兴起。

由此可见，分权理论与集权理论都是在人民主权理论上的发展，都基于国家的主权来源于人民的理论起点。不管是进一步的"分权"——从"一府两院"的国家权力结构中分出独立的监察权，还是"集权"——通过代表人民意志的机关选举出代表人民意志统一行使监察权的机关，都是在改革背景下进一步实现民主监督和法治反腐的有效途径，都是国家监察机关行使对公权力制约与监督的重要渠道及表现形式。

四、孙中山先生"五权"中独立设置监察权

在我国监察发展史上，较为系统的和有影响的现代监察理论当属孙中山先生提出的"五权宪法"理论构想。他在反对清朝专制统治的过程中创立的三民主义学说，其中的民权主义讲的就是政权建设问题。针对如何进行政权建设，他提出了"五权宪法"的设想。[1]"是以革命之初，极力主张用此五权宪法，以为治国之具。"[2]该理论构想最核心的内容就是将国家权力分立为政权和治权，认为政权应归属于人民，人民应该有选举权、罢免权、创制（制定法律）权、复制（复议法律）权，而治权指属于政府支配的行政权、立法权、司法权、监察权、考试权这五种权力，并且"五权"应在政权的统治和领导下，在各自职责范围内独立运作。

"通过对中外分权学说和制度的分析比较，孙中山认为，沿袭中国古代那种由君主独揽立法、司法、行政大权，监察和考试

---

1. 吴丕，袁刚，孙广厦：《政治监督学》，北京大学出版社 2007 年版，第 81—85 页。
2. 孙中山：《孙中山全集》（第 5 卷），中华书局 1985 年版，第 559 页。

两权名为独立，实为依附皇权的做法固然不可；但是照搬外国流弊甚多的监察权依附立法权、考试权依附行政权的三权分立制度也不利于中国民主政治的建设，那样很难建立起民有、民治、民享的至完至美的民主共和国。"[1]

一方面，该理论构想对中国古代传统监察制度进行了批判性的继承，孙中山先生认为，在君权主义至上的时代，有专门负责弹劾官员的官职和御史台监察系统，也是相当难能可贵的，于是将这种"监察权独立的思想"吸收到他的"五权宪法"理论中，既消除了封建监察制度中监察官过度依附皇权的弊端，也关注并充分吸收其自上而下自成系统权威运行的有益经验。

另一方面，孙中山先生又对新兴西方资本主义国家权力分立的相关理论精华及实践经验进行了吸收借鉴，形成了独到而影响深远的"在国家权力体系中独立设置监察权"的相关思想及制度设计思路。"如我中国，本历史习惯弹劾鼎立为五权之监察院，代表人民国家之正气，此数千年制度可为世界进化之先觉"，按照孙中山"五权宪法"理念的整体构想，监察权对最高统治者而言是独立的，最高统治者无权行使，由专门、独立的监察机构来行使监察权。监察院作为全国最高的权力监督机关，统一行使对国家政治的监察权，政府的其他四院权力运行皆接受监察院的监督，这也借鉴吸收了"权力制约权力"的基本原理。

虽然这种独立设置监察权的理论和实践最终未能取得完全成

---

1. 粟时勇，李忠昊：《中国历代文官制度——文官之监察》，国家图书馆出版社 2014 年版，第 177 页。

功，但其中蕴含的民主、法治、分权制衡等思想及在国家权力体系中单独设置监察权的构思和实践对我国监察体制的沿革发展产生了重要影响，我国台湾地区的监察体制就采用并实践了这套思想理论。"我国台湾地区是建构在三权分立之外，单独将监察权独立出来，成立监察院，并且由监察院统管国内监察事务。"[1] 它对当下我国国家监察体制改革单独设置国家监察机关序列的顶层设计理念仍然发挥着历史影响。

五、苏俄工农革命监察体制

中国共产党自 1921 年建立，经过艰苦卓绝的斗争，于 1949 年建立新中国，党在长期斗争和治理国家的同时也在探索如何对权力进行监督。毋庸置疑，中国共产党和新中国的建立都受到苏联模式的影响，我们以自己的方式取得了革命的胜利，却迫不及待地要借用苏联革命胜利后的发展模式。[2]

我国现代国家监督制度体系是在借鉴苏联经验的基础上形成的，创建于深受苏联党政建设经验影响下的政治环境，在监察机制模式的认识和创建模式的选择上，忠实地秉承了列宁重视党内监察的传统并深受建党政治思想的影响，具有很深的"党政合一"的烙印。十月革命后，列宁主持创建了苏俄三大监察机

---

1. 监察院国际事务小组：《世界监察制度手册》，监察院 2010 年版，第 3 页。
2. 莫里斯·迈斯纳：《毛泽东的中国及后毛泽东的中国》（上册），杜蒲、李玉玲译，四川人民出版社 1989 年版，第 76 页。

构——中央监察委员会（党系）、工农检查（察）院（法系）、监察人民委员部（政系）。

国家监察改革前，行政监察体制很大程度受苏联模式的影响。随着十月革命的"枪声"，苏联式的监察体制也随之传到我国。20 世纪 30 年代的中央苏区正式仿行制，分设立党系的监察委员会、苏维埃系（法系）的工农检察人民委员部、政系的工农群众检察组织。在鄂豫皖苏区建立了各级党的监察委员会，以及苏维埃系的工农监察委员会。这时期党的监察机构与政府监察机构在职能上具有高度的重合性，二者都具有反贪污腐化职能。在纠举和查处案件时，两机构共同行使职权，与群众性的监察组织和苏维埃法庭以及其他一些单位相互配合，联合办案。[1]这时期的监督制度已初具规模，由党的监督、政权机构监督、社会监督三部分组成，形成了一个党政监督结合为主体、专业性监督部门和群众性监督组织相结合的较为庞大复杂又有机联系的系统。[2]

列宁晚年就曾建议将苏维埃工农检查院与党的中央监察委员会"自然结合"起来："对于活动范围这样广，又需要非常灵活的活动形式的机关，为什么不能容许它用特殊的形式把党的监察机关同苏维埃的监察机关合并起来呢？"苏共十二大采纳了列宁的计划，实现了党的纪律检查机关与苏维埃检察机关合署办公或

---

1. 参见刘宋斌：《土地革命战争时期中央苏区的监察制度》，载《江西社会科学》1989 年第 2 期，第 111 页。
2. 参见吴超：《中华苏维埃共和国监督制度研究》，硕士学位论文，湖南师范大学 2006 年 5 月，第 73 页。

一体化。我国自 1993 年以来的纪检委与监察厅局合署办公，新的监察体制改革将检察机关部分功能合并到监察委，这显然与苏联工农革命监察体制和思维有着一定的内在联系。改革后的国家监察体制，也是旨在把上述三种系统的监督性权力整合起来，一定程度上也是对苏联模式的部分吸纳和延续。

第四节
监察权的"革命性"重塑

时任中纪委书记王岐山同志明确指出，改革试点中建立的监察委员会从本质上讲是反腐败机构。《改革试点方案》中指出，深化国家监察体制改革的目标，是建立党统一领导下的国家反腐败工作机构。众多监督类型或监督主体中，为何独独将监察权作为国家反腐败主力，其正当性究竟在哪里？这是思考国家监察权改革初心和国家监察权功能定位的首要问题。

一、形势任务——从"不敢腐"到"不能腐"

改革开放之后，针对中国社会转型时期腐败现象蔓延的问题，邓小平同志明确提出要有专门的机构实施监督检查。[1] 正如改革开放总设计师的构想，我国逐步发展出了自己的一套权力监督

---

1. 邓小平：《邓小平文选》（第 2 卷），人民出版社 1994 年版，第 147 页。

机制，其核心就是纪检监察制度。纪检监察把党的监督与政府内部监察合二为一，自上而下进行权力监控，构成了当代中国最重要的权力监督机制。自 20 世纪 80 年代以来，纪检监察机制在国家治理中发挥了不可替代的作用，保障了改革开放的顺利进行。

由政策反腐向法治反腐进阶，是适应反腐败形势任务的必然选择。从深化的角度看，高压的反腐政策彰显出我国反腐"零容忍"的决心，但道高一尺，魔高一丈。一方面，反腐高压下，腐败分子反抗反腐的能力也在不断升级[1]，主要表现为腐败行为从"地上"转入"地下"，腐败攻守同盟愈发稳固，增加了查处难度；另一方面，也造成用权过于谨慎，滋长不作为、慢作为、浅作为等"消极腐败"。因此，构建科学的反腐败治理机制，就是要以严密、多元、长效的法治思维代替片面、狭隘、短效的政策思维，改运动式为制度式，加快推进法治反腐进度。

行政监察法背景下的中国腐败"前治理时代"，以治理系统的党国"二元式"、治理权属"多元化"、治理机构"分散化"、行政区划与行业系统"区隔化"为基本特色。依据《改革试点决定》规定，国家监察机关实际拥有现行法律规定的所有行政监察（预防）权能和职务犯罪侦查（预防）权能，既是对职务违法和职务犯罪的一体化调查处置模式，也是惩治腐败和预防腐败的一

---

1. 刘艳红，夏伟：《法治反腐视域下国家监察体制改革的新路径》，载《武汉大学学报》（哲学社会科学版）2018 年第 1 期，第 90—91 页。

体化运行机制。[1] 学者魏昌东教授在国内首倡腐败犯罪积极治理主义。[2] 积极治理必然要求反腐败从"重惩治"转变到"重预防"。

从法理学分析，在西方三权分立的传统模式下，行政监督和司法监督都存在一定局限。作为西方民主标签的代议制下的间接民主只能保证议会权力乃至国家权力产生的正当性，但是却不能保证国家权力特别是行政权力行使的全部正当性，可以说行政权是权力监督的重点对象，以其扛反腐大旗难逃"同体监督"的困境。[3] 在以力为雄、高压重惩的"前治理时代"，反腐败国家立法中刑事立法最为活跃，但刑事惩治并非腐败治理的最终目标。司法监督作为一种事后的救济手段，无法实现提前阻止和预防，在解决公权力滥用导致的纠纷上呈现滞后性；并且，司法救济的渠道是狭窄的，并非所有的问题都能够求助于司法诉讼，很多纠纷排除在司法审查的范围之外；另外，其高成本、高时耗及因此带来的必须承受的心理煎熬、加上形式化和古板僵化的问题，决定其难担扛反腐的重任。

---

1. 全国人大常委会《决定》第二条规定："试点地区监察委员会按照管理权限，对本地区所有行使公权力的公职人员依法实施监察；履行监督、调查、处置职责，监督检查公职人员依法履职、秉公用权、廉洁从政以及道德操守情况，调查涉嫌贪污贿赂、滥用职权、玩忽职守、权力寻租、利益输送、徇私舞弊以及浪费国家资财等职务违法和职务犯罪行为并作出处置决定，对涉嫌职务犯罪的，移送检察机关依法提起公诉。为履行上述职责，监察委员会可以采取谈话、讯问、询问、查询、冻结、调取、查封、扣押、搜查、勘验检查、鉴定、留置等措施。"
2. 参见魏昌东：《积极治理主义提升立法规制腐败的能力》，载《中国社会科学学报》2014年10月31日。
3. 肖进中：《价值、运行与启示——域外监察专员制度与中国》，载《河北法学》2017年第1期，第155页。

在众多反腐机构中，在国家监察体制改革背景下，转分散设置反腐职能为集中统一反腐职能的目标导向下，反腐职能究竟"花"落谁"家"？或者说成立中的国家监察委员会的职能应当如何设置？其思路和答案随着改革工作的推进呈越来越清晰之势。改革试点过程中，众多理论和实务专家频频发声，建言献策。其中，中纪委驻国家粮食局纪检组长赵中权提出，可考虑对现有分散在纪检监察机关、检察机关等的反腐败机构职能进行整合，建立国家反腐败委员会，作为反腐败的专门机构。学者姚文胜也认为，监察机关扮演专门监督机构的角色在我国已有悠久的历史实践和坚实的社会心理基础，将监察机关而不是审计、检察等其他机关定位为"负责反腐保廉事务的专门机关"是更为恰当的。

我国监察制度发展的历史轨迹及治权经验也表明，监察职能适宜作为公权力监督的主渠道，将职务犯罪侦查权并入国家监察权不仅是国家监察权实现升级的内在需求，也是其合理功能定位的历史性螺旋式回归。虽然检察权的确也是从我国古代国家监察权中分离而出的，但从我国古代监察制度史及中华监察文化的指向来看，以监察权作为公权力监督的主渠道已成为监察制度演进的客观历史和治理文化的普遍心理认同。另外，纪检权与监察权在我国合署办公的工作机制下，监察权与纪检权这一政治权力结合更易获得权威性从而成为更利于预防和惩治腐败的力量，这也是纪检权作为主力反腐不具备的历史传统优势。

从司法反腐对整个反腐败工作的贡献率来看，以纪检监察主导、主力反腐已成为主流和不争的事实。当一个社会主要依靠事后惩治来控制腐败并力图及时惩治实际发生的腐败行为时，其治理总成本将是惊人和巨大的。[1] 司法反腐同犯罪行为作斗争属于反腐过程的链条末端，虽然面更窄，但一旦进入此环节意味着已经涉嫌构成职务犯罪行为，犯罪行为已严重影响公务行为的廉洁性，已带来了恶劣的社会影响和严重的社会后果，需要投入大量人力进行调查、起诉、审理等系列高强度和专业性密集的工作，其人力成本更高，并且司法程序相对于行政程序而言，更注重秩序价值、公平价值的保障，其时间成本也更高。

职务犯罪的特殊性及查处的高难度，使得由专门的机关来承担职务犯罪的侦查权，配以先进的职务犯罪调查技术手段，与时俱进地革新成为大势所趋和学界、实务界的普遍共识。职务犯罪侦查权的行使往往是为了查清事实、探明真相、获取证据，需要主动出击，才能达到更为理想的效果。从本质上讲职务犯罪侦查权是由特定主体使用特定方式对特定对象实施的一种"特殊调查权"。随着政府权力的扩张和科学技术的进步，为了掌握新技术以适应全球化形势下与国际合作和接轨的需要，技术性、专家型人员在公共管理和政府中拥有越来越多的席位和权力，由此也带来职务犯罪高科技化、高智能化、国际化的趋势，导致职务犯罪的查处难度也随之越来越高。"魔高一尺，必须道高一丈"，职务犯罪的这种发展趋势呼唤反腐思路、制度安排、反腐手段的同步更新换代。

---

1. 何显明：《制度防范：反腐败的治本之道——制度防范腐败的合理性分析》，载《中共浙江省委党校学报》2001 年第 6 期，第 72 页。

相对而言，调查权更为常态化，更强调过程预防和源头控制，侦查权则更为特殊化，更侧重于后期追责。[1] 在监察权行使过程中需兼顾"纪律思维"和"法律思维"，坚持"抓早抓小，治病救人，惩前毖后"的办案思路，并不以单纯的刑事追诉作为唯一的价值出发点，而以不以追究刑事责任为最终目标导向。[2] 职务犯罪往往因没有具体的受害人而缺乏问题的发现机制，检察机关对职务犯罪行为的发现机制欠缺，是因为绝大多数案件都是通过纪检监察部门移交。相形之下，监察权具有全程介入权力运行过程的优势，赋予监察机关一定职务犯罪的侦查权，可以形成"预防 + 发现 + 惩治"三位一体全过程的高效反腐模式。

二、国家监察职能整合——
从"各自为政"到"集中统一"

现代社会，政出多门易造成权力的分散"内耗"，是国家机构和职能建设中的大忌。分散化的反腐职能不仅造成力量"散光"的问题，还易导致各职能部门相互间的推诿扯皮，造成公共资源的浪费。反腐败力量分散是国家监察体制改革需要解决的重要问题之一。国家监察体制改革之前，党的纪律检查机关依照党章党规对党员的违纪行为进行审查，行政监察机关依照行政监察

---

1. 马怀德：《〈国家监察法〉的立法思路与立法重点》，载《环球法律评论》2017 年第 2 期，第 16 页。

2. 吕晓刚：《保留检察机关部分职务犯罪侦查权的实践价值与有效实施》，载《新疆师范大学学报》（哲学社会科学版）2019 年第 3 期，第 76 页。

法对行政机关工作人员的违法违纪行为进行监察，检察机关依照刑事诉讼法对国家工作人员职务犯罪行为进行查处，反腐败职能既分别行使又交叉重叠，没有形成合力。同时，检察机关对职务犯罪案件既行使侦查权，又行使批捕、起诉等权力，缺乏有效的监督机制。

2012 年 9 月，全国第一个整合惩防腐败的职能机构——珠海市横琴新区廉政办公室成立，开始对纪检、监察、检察、审计等多个部门监督职能进行整合尝试。当然这种职能整合尚处于初级层面，属物理式整合。国家监察体制改革深入推进，必然在实现机构合并、人员转隶的同时实现职能整合的目标，整合模式必然向着化学式职能深度融合和一体化方面发展。《关于在查办党员和国家工作人员涉嫌违纪违法犯罪案件中加强协作配合的意见》（中办发〔2015〕10 号）出台，通过加强跨部门、跨系统的联席会议机制可以一定程度形成监督合力，但显然相对于系统内正常职权的运行或系统内各部门之间协作这种配合天然、无缝衔接式的合力相比，这种外部协调机制运作和协调成本较高。

国家监察体制改革的任务之一，即组建党统一领导的反腐败工作机构监察委员会，将分散在行政监察部门、预防腐败机构和检察机关的查处贪污贿赂、失职渎职以及预防职务犯罪等监督性权力集中到新设立国家及各级监察委员会，把工作力量整合起来，把反腐败资源集中起来。这样做的好处有以下几点：

一是整合并提升了行政监察职能。新中国成立初期我国的国家监察权的职能包括行政监察、执法检查及财务审计监督。1950

年，政务院制定发布了监察委员会建立和组成的组织规则条例，在监察总体职责的基础上进一步细化了监察委员会的三项职能：一是执法监察和违纪问题纠举，二是全国监察机关的监察工作的业务指导，三是接受及处理对国家行政机关及公务人员违纪失职行为的控告。1997 年制定、2010 年修订的《中华人民共和国行政监察法》作为重要和基础性的监督法律制度，对于加强行政监督，促进法治政府和廉洁政府建设，保持政令畅通，提高政府工作效率等方面无疑发挥了重要作用。《行政监察法》第一条对监察工作的功能定位开宗明义，即包括"维护行政纪律"的行政监察、"促进廉政建设"的廉政监察、"提高行政效能"的效能监察三方面的职能，其作用的对象和范围仅限定在国家行政机关系统内部，故为《行政监察法》。[1]

二是整合了检察机关的职务犯罪侦查权。1949 年 10 月，最高人民检察署成立，隶属于中央人民政府委员会，职能之一是对国家机关工作人员的贪污受贿和渎职侵权行为进行法律监督。依据 1979 年颁布的《刑事诉讼法》规定，贪污罪、侵犯公民民主权利罪、渎职罪由人民检察院立案侦查和决定是否提起公诉，为检察机关开展反贪污贿赂和渎职侵权工作提供了法律依据。2015 年最高人民检察院进行机构改革，整合反贪污贿赂总局、反渎职侵权局和职务犯罪预防厅，组建新的反贪污贿赂总局。

三是整合了预防腐败工作。为促进预防腐败及相关国际合

---

1. 曾超鹏：《论执法监察的法律界限》，载《暨南学报》（哲学社会科学版）2011 年第 3 期，第 92 页。

作，履行《联合国反腐败公约》义务，2007 年 9 月国家预防腐败局成立。该局隶属于国务院，是副部级机构，负责全国的预防腐败工作。国家预防腐败局成立之后，省级以下地方政府的预防腐败机构相继组建。

三、定位转移——从"政令畅通"到"腐败防治"

《宪法》和《监察法》以中国特色政治体制、权力结构与国家治理结构为根据，将明确腐败治理领导权与领导体制作为立法重点。[1] 国家监察委员会的国家监督权，由廉政监督权、腐败调查权、处置权组成。[2] 国家监察体制改革，实际上是将国家监察的职能确定为廉政监察基础上的预防腐败和职务违法犯罪调查。

执法监察、效能监察、廉政监察是以监察对象范围为划分标准的，是将公权力的合法性、效益型、廉洁性为目标的不同监督种类，是一种横向划分，监察范围更广，价值目标更多。国家监察体制改革后，监察职能调整为监督、调查、处置职责，具体为预防腐败、日常监督、违纪调查、执纪审查、案件审理等五项基本职能，按照权力运行流程和反腐败治理规律为逻辑标准，是一种纵向标准。监察职能定位的调整，从"政令畅通"到"腐败防治"，体现以监督的预防作用为基础，以调查和处置为核心，集

---

1. 魏昌东：《〈监察法〉与中国特色腐败治理体制更新的理论逻辑》，载《华东政法大学学报》2018 年第 3 期，第 31 页。
2. 吴建雄，李春阳：《健全国家监察组织架构研究》，载《湘潭大学学报》（哲学社会科学版）2017 年第 1 期，第 42 页。

中打击公权力腐败行为的职能定位，反映了反腐败重心的转移和提升，目标更为聚焦、针对性更强、实效性更突出。

"行政监察"中的"行政"既指监察主体范围，也指监察对象范围，具体包含执法监察、效能监察和廉政监察三项职能，都统一于检查、调查、建议和决定的行政监察职权之下。国家监察体制改革后，监委会整合政府的监察机关、预防腐败机关以及检察院的查处贪污贿赂、失职渎职、预防职务犯罪等职能，按照改革提出了"监督、调查、处置职责"三大职能。

有学者认为，因执法监察和效能监察属于日常性的内部监察活动，与监察委员会作为"专职反腐败工作机构"的性质定位相去甚远，不应纳入国家监察职能中。行政监察机关整合至监察机关的职能主要是廉政监察职能，因为无论是国家监察体制改革的实践或是《监察法》的规定，皆是将监察机关定位为专门的反腐败工作机构。根据《监察法》第一条和第三条的规定，国家监察立法的目的之一即为"深入开展反腐败工作"，同时"开展廉政建设和反腐败工作"亦为监察机关的重要职责。[1] 执法监察和效能监察的内部性是根本特征，而国家监察机关与监察对象之间属于外部监督关系，行政廉政监察职能与监察委员会的性质定位等相兼容，应在整合提升的基础上纳入监察委员会。

当然，执法监察和效能监察在功能意义上仍有存在之必要，但至于这两个职能由何主体行使，有论者认为可"强化执法监察

---

1. 江利红：《行政监察职能在监察体制改革中的整合》，载《法学》2018 年第 3 期，第 80 页。

和效能监察职能",并"在机构上整合行政监察和审计机关,组建监审合一的行政监督机构"。即组建和成立新的机构来履行执法监察和效能监察职责。考虑到执法监察与政府法制部门及督查监查部门相关职责存在交叉,效能监察则又与政府绩效考核、行风评议部门的职责有重合,可考虑在功能主义层面保留职能的同时,交由政府办公机构、政府法制部门等综合行政机关来行使。[1]

---

1. 参见秦前红:《我国监察机关的宪法定位——以国家机关相互间的关系为中心》,载《中外法学》2018 年第 3 期,第 555—569 页。

第二章
我国国家监察权的属性

国家监察体制改革是一项具有重大政治意义的系统工程，涉及在宪法层面创设新的国家机关，增加国家监察权这种新型国家权力类型等方面，这不仅引起国家权力体系结构的重大调整，还涉及国家政治体制的进一步理顺和巩固。因此，从源头上、概念上厘清国家监察权的性质对深化改革有着重要意义。从权力效力而言，国家监察权属于宪法性权力已毫无争议，但是性质上是属于三权分立框架下的综合性权力、混合性权力、新型的"第四权"，还是具有中国特色的新的权力类型，则存在不同认识。本章将从监察的基本概念、内涵、范畴入手，以国家监察体制改革的目标为指引，以我国政治、历史、文化传统为背景，厘清"应然"状态下的监察权的概念内涵及与监督权利、纪检权、行政权、检察权等概念的联系，从而对监察权的权力属性和特征作全面深入的分析。

第一节
监察相关概念及内涵[1]

一、监察与监督

从我国汉字的字源来讲，监字最初取意自甲骨文，在甲骨文中，"皿"为盛水器皿之意，"监"意指人站在盛水之盆边照面。《说文解字》对此意进行了引申，"监，临下也"，使监有了"居

---

1. 参见张瑜：《从"应然"层面解析国家监察体制相关概念及内涵》，载《行政法学研究》，2017 年第 4 期，第 30—38 页。

高"之义，赋予其从上到下的意味及内涵。"察"在《辞源》中的解意为"观察，细看"，"监"与"察"二字合意有居高临下进行详细检查、审查之义，这里的"监察"还是作为一个动作的原始含义。监察不仅指一个动作，还指一种具有公共职能、享有公权力的职务的官吏，从词源上讲，我国"监察"一词源于古代官职名称"监察御史"，最早出现在《汉书·陈忠传》之中，意指判明官吏是非的官吏，这种是非更多是针对官员的政治、履职方面的表现。因此，"监察"本意为上级对下级的督察、督导活动；作为一种官职、职能时，意为负责对下级官吏的公职行为进行监督以督促其依国家律令履职尽责，并集中负责对国家官吏的反腐肃贪的职能。

近代意义上的监察（supervision）的英语单词为一个合成词，super 的意思是"在上""上面"，vision 的意思为"查看"，合意为自上往下看，也是引申为上级对下级的一种监管和控制，既包含管理的意思，也包含监督的意思，监督为一种高级管理活动，即"管理之再管理""监督之再监督"。

为了进一步明晰和限定研究对象"监察"的概念和内涵，首先需厘清"监察"与"监督"这对容易混用的概念范畴。总体而言，二者在使用习惯、实施主体及客体范围等方面都存在明显差别，也存在范畴上的包含与被包含的关系。从宪法立法层面，较之"监督"的使用率，"监察"使用率明显少得多，表明"监察"一词使用范围更为狭窄，其更具专门性和特定性，更应是具有某种相对稳定的法律内涵的概念范畴。监督是一个广义的概念，按照监督的主体来划分，监督包含国家监督和社会监督，国家监督指国家权力机关进行的监督，如立法监督、法律监督、司法监督和行政监督，社会监督包含公民监督、舆论监督、中介组织监督等，这构成了职能各异、层次丰富的监督体系。其中，国家监督既包括国家权力机关之间的外部监督制约，也包括其内部系统的自我监督制约，以及依法按照其管理职权对社会政治、经济、文化等各个领域的监督管理和制约。在国家监督层面上的政治层面还存在政党监督。[1] 监督作为一种方式来讲，监察监督是监督中的一种，可以说"监督"是广义的监察，"监察"是狭义的监督，"监察"的使用范围明显更小，往往有比较固定的搭配使用习惯，通常加以权力、行政、机构、机关等词，以"监察权""行政监察""监察机构""监察机关""监察委员会"等词的形式使用。

国家监察体制改革前，在《宪法》这一法律位阶下，涉及"监察"的法律仅《行政监察法》一部，"监察"被冠以"行政"这个范围限制，因此，传统意义上的"监察"仅指"行政监察"[2]，这就形成了人大的立法监督、司法机关的法律监督及行政机关监察监督三位一体的国家监督格局。陈哲夫教授以我国监察立法的现状作为参照，将"监察"的概念范围严格限于"行政监察"。如英国政治学家约翰·密尔就认为"监察机关是对行政部门中的疏忽、徇私或假公济私行为精心设计出来的控制办法"[3]。应松年教授也认为行政法制监督即是通过法律制度来保障行政监察职能的

---

1. 参见杜兴洋：《行政监察学》，武汉大学出版社 2015 年版，第 1—2 页。
2. 具体包含执法监察、效能监察和廉政监察三部分内容。
3.〔英〕J.S. 密尔：《代议制政府》，汪瑄译，商务印书馆 2009 年版，第 28 页。

有效实施。[1] 尤光付教授在其著述中也将"监察"的概念限定为：在行政系统内部设置监察机构专门实施的一种职能。[2] 有的学者则着重于从监察权在国家权力结构体系中应然职能定位的角度界定"监察"的内涵和范畴，认为监察是具有国家监察职能的特定机构对公权力运行、公职人员职务行为的廉洁性进行的监督，这种监督具有显著的国家性、权威性、专门性、全面性、特定性、法定性等属性特征。[3]

可见，不论从监察立法的现实角度还是监察法治建设的应然角度，"监察"都应该是个专用术语，不仅本身作为一种国家监督方式，其工作职能对象也是与公权力的形成和运行密不可分的，其行为结果必然具有宪法和法律上的意义。最后，"监察"作为一种国家的专门职能行为，更为侧重其"察"的权限和手段，享有依法采取检查、调查、处置等手段的权限，而"监督"相对而言，更具随意性，更侧重监督权的存在本身对监察对象的制约，而非侧重于实施具有法律后果和强制力的手段。因此，为了明确和限定研究的对象范围，笔者对"监察"采用狭义的理解，监察特指由行使国家监察职能的专责机关，依据宪法法律规定的职权范围内容，针对法定行使公权力的监察对象实施的具有法律意义的行为。

---

1. 应松年：《行政法学新论》，中国方正出版社 2004 年版，第 371—372 页。
2. 参见尤光付：《中外监督制度比较》，商务印书馆 2013 年版，第 134 页。
3. 陈哲夫：《监察与监督》，北京大学出版社 1994 年版，第 6 页；吴丕、袁刚、孙广厦：《政治监督学》，北京大学出版社 2007 年版，第 3—4 页；吴振钧：《权力监督与制衡》，中国人民大学出版社 2008 年版，第 44 页。

二、监察权与监督权利

"监察权"一词中的"权"为权力（power）之意、为职权（responsibility）之意，"监察权"为"监察权力"的简称，以更能阐明其渊源和内涵的角度，往往与"监督权利"作为一对概念进行比较研究。

权力和权利的联系主要表现在：一方面，二者都是基于对公权力的"不信任"而设立的，都以保证国家权力的运行不偏离既定的轨道与保障公民基本权利不受侵犯，尤其是不受公权力侵犯为目的的。但相较而言，从来源来看，公民监督权利属于一种本源性的权利，由公民个人直接行使的民主监督权利作为一种独立的监督形式，最能体现人民当家做主的主人翁地位。[1]同时，公民的监督权利属于宪法性的基本权利，在各国的宪法中都有相应保障条款。如法国1789年《人权宣言》第十六条就确立了权利保障原则。因此，权利通常是权力的基础和前提。另一方面，权利是权力的具体实现手段。在国家生活和社会活动中，如果没有一套丰富的权利制度，即使是统治集团，也很难进行自身的组织并在现实生活中发挥统治和管理的功能。[2]

公民监督是近代人民主权原则的一种体现，公民监督权利涉

---

1. 参见徐秀义，韩大元：《现代宪法学基本原理》，中国人民公安大学出版社第2001年版，第666页。
2. 戴维新，戴芳：《公共权力制约与监督机制研究》，宁夏人民出版社2007年版，第120页。

及的范围很广，包括系列权利：政治平等层面的主要有公民平等权、选举权、立法创制权、罢免权等参政权，以及言论自由权、集会结社权、救济权、举报权等知情权，以及保障以上公民权利正常行使的政务信息公开、公职人员财产状况公示等保障制度。在我国，公民监督权利和其他相关权利是国家监督权力的来源，但这种监督权利的实现方式有两种：第一种为间接行使，由于国家凌驾于社会之上，国家权力的行使必须以统一的不可分化的形式为之，代表整体公民监督权利行使的意志和意愿，以宪法法律保障实施。由公民选举代表其意志的国家立法机关，即通过全国人民代表大会和地方各级人民代表大会选出的代表来代表其统一集中行使。这种集中行使的方式就是由立法机关通过立法活动将集合并不可分割的公民权利确定为宪法、法律上的监察权力，这样公民监督权利完成了公权力化的过程，成为专职监督的公权力——监察权。第二种为直接行使，部分未公权力化的权利保留由公民个人直接行使，我国《宪法》第四十一条就确认公民享有批评权、建议权、申诉权、控告权、检举权等政治性监督权利。

"各国执政党和政府都把民主作为重要的执政理念和价值目标，通过不同途径和形式维护民主、保障民主和扩大民主，任何一个国家都一样，不论什么制度都要注意维护和保障公民的民主权利。"[1]人民主权论作为政治领域、法治领域的基本原则和基础理论，不仅引申出权力分立原则，还发展出了法治原则。国家法

---

1. 董瑛：《党内干部监督制度建设论》，人民出版社 2010 年版，第 196 页。

律就是按照人民的意志制定的，依法行使就意味着按照人民的意志行使，也就是保障了权力的"公共性"，同时，法治还意味着实现良好的治理，提高法律制度的执行力，通过法律调整社会关系和规范行为，呈现良好的政治秩序及社会管理秩序。然而，法律制度的制定过程，也有可能是出自于长官个人意志而脱离人民的意志，因此，法治之上，必须加上民主，通过民主程序制定法律，以保障法律制度的内容是完全基于人民的意志并保护人民利益的，这样的法治才是现代民主社会的"良法之治"。

第二节
中国特色监察理论沿革与发展

一、马克思、列宁的人民监督理论

早在 1847 年，马克思、恩格斯创立第一个无产阶级政党时，其章程就蕴含了党内监督思想。马克思在对 1831 年《黑森宪法》评价时论及限制行政权，使政府从属于立法机关。马克思认为，一切有关社会生活事务的创设权都归于公社。公社官吏履行中央政府职能必须处于公社的监督之下。普选制、撤换制、低薪制是人民制约监督国家权力的有效方式。[1] 设想在未来社会主义社会，所有的行政职位都应通过人民选举产生，接受人民监督，人民有

1.〔德〕马克思，恩格斯：《马克思恩格斯全集》(第 17 卷)，中共中央马克思恩格斯列宁斯大林著作编译局编译，人民出版社 1963 年版，第 646—647 页。

权对不称职的官吏进行撤换，行政官员领取相当于工人工资的薪金，取消一切官僚特权。1871 年，马克思在总结巴黎公社经验时高度评价了加强政权监督的重要作用；马克思、恩格斯结合巴黎公社政权建设和革命实践，论述了工人阶级政权运行中加强监督的必要性、主要内容和方式。恩格斯在《法兰西内战》中在总结人类历史上第一个无产阶级政权——巴黎公社历史经验的基础上，提出了"公仆说"[1]，认为无产阶级政权中的公职应当向所有人员开放，彻底清除国家等级制，通过罢免权的行使实现真正的责任制。

1923 年，根据列宁建议，苏联共产党成立了工农检查院和中央监察委员会合署办公的联合机关，对党内监督和政权监督合一模式作了积极探索。孙中山提出"以俄为师"，苏联的党政监督理论及架构体系对中国共产党的监察理论思想产生了深远的影响。其中，对苏联监督理论影响最大的当属列宁人民监察的政治思想。新中国第一任监察部部长钱瑛曾专门到苏联学习，研读了列宁《进一步，退两步》《两个策略》等著作。[2]列宁的人民监察思想继承并发展了马克思恩格斯国家学说和监督理论，结合第一个无产阶级专政国家政权建设的实践经验，领导俄共第十大、第十一大对监察制度作出系列制度设计和安排，为无产阶级政权建设和社会主义国家监察体制的构建提供了宝贵的可借鉴经验。

列宁认为，针对间接民主制造成的权力过于集中的弊端，为防止官员滥用权力形成权力异化，应强化人民的参与权与监督

---

1. 参见〔德〕马克思，恩格斯：《马克思恩格斯全集》（第 22 卷），中共中央马克思恩格斯列宁斯大林著作编译局编译，人民出版社 1965 年版，第 228 页。
2. 参见钱生之：《新中国第一任监察部部长钱瑛》，中共党史出版社 2014 年版，第 33—34 页。

权。[1]列宁在马克思恩格斯的人民监督理论的基础上，将人民监察理论向更加制度化和可操作性方向发展。列宁在《罢免权法令》中指出，监督权与罢免权是息息相关的，都源于人民监督权利的第一性和本源性，只有承认和确立选举人对被选举人代表的罢免权，才能被认为是真正的民主。[2]列宁还主张成立廉洁高效的新政府，认为要使官员真正按人民意志行事，就应使国家政府机关的职能极度简化，使官员变成受人民委托的简单执行者，作为领取政府薪金的职员，选民对其履职表现不满，可随时撤换。[3]这样等于人人都可能暂时成为"官僚"，人人也都是监察官。他还提出"四个服从"，认为这种自上而下的组织管理模式，可以增强党的组织性、凝聚力和战斗力。

列宁认为只有在"党、政、民"三位一体的监察体制下，人民才能真正掌握监督权。在列宁看来，监督活动的主体应从司法机关、监察机关转向广大人民，党的中央监察委员会与党的中央委员会平行设置，在党政一体的基础上，主张改组工农检查院，以严格考选产生的工农阶级中的优秀代表份子组成的检查院为中枢，注入人民监督这股强大力量。其次，把工农检查院和中央监察委员会联系起来，赋权工农检查院负责监督政府，对一切国家管理机关、经济管理机关和各种团体的工作进行监督，检查政府法令和决议执行情况。正如邓小平同志指出，我们"原来的政治

---

1. 赵贵龙：《中国历代监察制度》，法律出版社 2010 年版，第 148 页。
2. 黄炎培：《八十年来》，文史资料出版社 1982 年版，第 149 页。
3. 列宁：《列宁全集》（第 31 卷），中共中央马克思恩格斯列宁斯大林著作编译局编译，人民出版社 1985 年版，第 46 页。

体制都是从苏联模式来的"[1]。作为人类历史上第一个社会主义国家，苏联在政权建设、党政监察、权力监督等各个方面都进行了许多尝试，形成了列宁的建党学说和人民监察理论等系列思想，也探索了一系列办法，对新中国的政权建设和监察体制的构建产生了直接和深远的影响。

二、毛泽东的民主监督思想

伟大领袖毛泽东同志向来十分重视民主监督，苏联的人民监察理论对毛泽东同志的人民民主思想影响很大，注重依靠群众的力量制约监督权力和进行反腐败斗争。早在著名的"窑洞对"时，针对时任国民参政会参议员的黄炎培先生如何跳出"其兴也勃焉""其亡也忽焉"的历史衰亡周期率的设问中，毛泽东回答走"民主"即是走出周期率的"新路"，明确地提出了监督是走民主之路的保证的思想。他认为历史是人民创造的，人民的力量是无穷的，只有通过人民来监督政府，政府才不敢和不会懈怠，才不会走到人亡政息的地步。走民主的道路不能光讲民主，既要有民主又要有集中，既要有自由又要有纪律，既达到统一思想的目的，又要使个人感到心情舒畅，形成一种理想的生动活泼的政治局面。1949 年 6 月毛泽东同志在《论人民民主专政》一文中，再次论述了对反动派实行专政、对人民内部实行民主的道理。

---

1. 邓小平：《邓小平文选》(第 3 卷)，人民出版社 1993 年版，第 178 页。

新中国成立后，他在《关于中华人民共和国宪法草案》的报告中强调：我们的民主是人民民主专政民主，人民民主的原则是贯穿整个宪法中的基本原则。[1] 在《关于正确处理人民内部矛盾的问题》一文中进一步指出：党派间的监督不应当是单向的，应当是双向的，民主党派也可以监督共产党；在《驳"舆论一律"》中，指出实现民主的方式也应该是民主的方式，说服的方法才是民主的方式，不能用压制批评和讨论的非民主方式；在中共八大上，论证党派议政督政的重要作用时，他还提出"唱对台戏"比"单干"好。[2] 毛泽东同志的人民民主思想与我国社会主义摸索阶段的实践是相适应的，更多地从方法论的角度去理解民主，这为社会主义民主政治的发展奠定了坚实的基础。

新中国成立前夕，毛泽东同志在《论人民民主专政》中提出，"我们现在的任务是要强化人民的国家机器……借以巩固国防和保护人民利益"，阐明新中国成立后的首要任务便是新的社会政治制度常规化建设和社会主义新生国家政权的巩固。但这时旧的传统已被打破，也无法于一夜之间重新设计创造出一种崭新完美的政体，社会性质与政治观念的对立使得我们对西方政体本能排斥，顺理成章就直接"引进"了苏联的模式。[3]

在全盘借鉴过程中，不可避免地将苏联监察模式（斯大林时期）的种种局限性也一并带入，使得对权力监督的认识出现过偏

---

1. 毛泽东：《毛泽东著作选读》（下册），人民出版社 1986 年版，第 708—709 页。
2. 参见中共中央组织部：《毛泽东、邓小平、江泽民论干部监督》，党建读物出版社 2000 年版，第 7 页。
3. 赵贵龙：《中国历代监察制度》，法律出版社 2010 年版，第 145—146 页。

差，在探索实践方面也经历过曲折，主要表现为改革开放前在民主监督模式上偏重思想教育而鲜以运用制度治理、法治治理的模式，在方式方法上更多的是采用直接发动群众运动，而未能将人民的意志转化上升为法律，以更为理性、文明、可靠的方式进行反腐，通过法治规范人民监察权的行使以发挥好国家监察职能。经过风雨 60 年的实践、修正、改革和发展，新中国的现行监察体制逐步摆脱苏联模式的影响，不断植根与扎根中国的现实国情和社会主义建设实践，走出了一条建设具有中国特色的社会主义监察体制的独特之路。

三、邓小平的民主政治及制度反腐思想

邓小平同志在总结党和国家民主历程的经验教训的基础上不断对如何防止权力滥用加深思考，在《党与抗日民主政权》一文中，初步提出对权力进行监督的思想。[1] 在《共产党员要接受监督》等一系列重要著述中，邓小平同志系统阐述了权力监督的重要作用 [2]，梳理归纳起来，主要包括以下几方面内容：

第一方面，应将民主建设提高到政治体制改革目标的高度去认识和把握。邓小平认为民主是实现对权力监督、防治腐败和消除官僚主义的有效途径。[3] 他认为经济体制改革与政治体制改革

---

1. 邓小平：《邓小平文选》(第 1 卷)，人民出版社 1994 年版，第 4 页。
2. 同上，第 270 页。
3. 邓小平：《党和国家领导制度的改革》《邓小平文选》(1975—1982 年)，第 287 页，转引自彭勃：《中华监察大典》(思想卷)，中国政法大学出版社 1994 年版，第 1044 页。

应当并驾齐驱，他还分析了官僚主义的种种表现，如党政不分、以党代政、个人专断、终身制、家长制、兼职副职过多、权力不能正常交接及对权力不能实行有效制约和监督等。针对如何解决官僚主义的问题，他认为最根本的一条就是通过发扬民主实现对权力的监督。同时，邓小平对民主的内涵有着深刻的认识，他认为民主绝不等于群众运动，他重视发挥群众监督在反腐败中的作用，提出要加强群众监督，群众甚至可以在党和国家的各种会议上行使批评建议权，但他旗帜鲜明地反对通过搞群众运动的方式反腐败。[1] 并且，邓小平还重视舆论监督的作用，认为应当充分发挥报纸等能摸到社会脉搏的、听得到党和政府听不到声音的传媒的批评作用。

第二方面，内外、上下结合的系统性监督。党的八大后不久，邓小平同志就提出了"共产党要接受监督"的著名论断。[2] 对于权力监督体系的设计，邓小平同志认为必须包括权力系统的内部监督及其外部监督，自上而下的国家权力监督和自下而上的公民权利监督，党内民主与人民群众的监督，这一对立统一的矛盾关系范畴不仅应有机结合在一起，这几大系统间还应相互有效作用、相得益彰以形成一个疏而不漏、细密完整的权力监督网，以上思想运用了辩证的系统性反腐思维。具体而言，所谓监督应当来自三个方面，内因是事物变化发展的根本原因：第一，党内的监督，通过内部分权和政治民主以实现；第二，群众的监督，权

---

1. 邓小平：《邓小平文选》（第2卷），人民出版社1983年版，第251页。
2. 邓小平：《邓小平文选》（第1卷），人民出版社1994年版，第270页。

力来自人民，干部是人民的公仆，群众和党员不仅可以监督干部，还可以对搞特权、特殊化的干部进行批评教育，有权依法行使举报、检举、控告、弹劾、撤换、罢免的权力，要求经济上退赔直至举报让其受到应有的法律、纪律处分[1]；第三，民主党派和无党派民主人士的监督，坚持和完善中国共产党领导的多党合作和政治协商制度。[2] 他认为有了这几方面的监督，我们的观念理念就不至于僵化，思考问题就会更加全面，做事、工作就会更加谨慎。[3]

第三方面，党政职能适当分开。在抗日民主政权建设时期，邓小平就强调不能"以党治国"。在新中国成立之初，他进一步指出"以党治国"的观念实际上是国民党的恶劣传统遗毒尚未彻底清除的表现。[4] 在他看来，中共对政权和群众团体的领导主要是政治领导。他在中共八大上作关于修改党章的报告时，对这一观点又进行了特别的阐释，他认为党组织工作和国家机关工作都应各自范围，国有国法，党有党规，党内部分主要领导不能兼任政府职务，应保持一种相对独立性。那种把各种纯粹行政性质的问题放到党内讨论属于混淆二者界限，政治领导并不意味着直接指挥，政府职权范围内的工作应由各级政府自主讨论、决定。[5] 并且，强调执政党没有法外之权，也必须在宪法和法律的范围内活动，不能有超越宪法和法律的特权。

---

1. 邓小平：《邓小平文选》（第 2 卷），人民出版社 1994 版，第 332 页。
2. 同上，第 215 页。
3. 同上，第 271 页。
4. 邓小平：《邓小平文选》（第 1 卷），人民出版社 1994 年版，第 10 页。
5. 参见邓小平：《邓小平文选》（第 1 卷），人民出版社 1993 年版，第 225 页。

第四方面，注重发挥制度对权力制约的作用。邓小平同志提出从严治党，加强集体领导，落实党的民主集中制等系列重要论断，都是强调要从体制层面和具体制度的角度和方式考虑权力制约问题，体现以制度制约权力的思想，实现民主的制度化、法律化。[1]1985年，邓小平就明确指出，只有通过教育和法治才能解决贪污腐化和滥用权力的问题。[2]对待中共历史上走的弯路需要总结的教训，邓小平同志振聋发聩地指出，制度不健全才是过去各种错误发生的深层次原因。[3]1992年，邓小平在视察南方讲话中再次强调，廉政建设要靠法制。

邓小平同志对在全党形成制度反腐新思路的普遍共识起到了关键性作用。其系列的权力制约、治腐理论思想对改革开放后我国的监察体制的构建及发展产生了巨大的引领和深刻的历史影响作用。他发展了政治民主及专门设置监察机构的理念、反对发动群众运动式反腐的思想，使我国监察思想开始脱离纯粹工具化色彩，开始用法治的思维和方式思考和处理腐败问题，这些都是马克思主义反腐败理论、权力监督理论及列宁的人民监察理论中国化的成果与时代特征的结合，并在社会主义建设实践中发展了毛泽东人民民主思想。在邓小平同志的影响下，全党上下从思想上逐步摆脱通过群众运动反腐的路径依赖，对通过制度建设反腐的重要性认识不断深化，使全党同志逐渐加深对腐败现象在廉政意

---

1. 邓小平:《邓小平文选》(第1卷)，人民出版社1994年版，第215页。
2. 邓小平:《邓小平文选》(第3卷)，人民出版社1993年版，第177页。
3. 参见邓小平:《邓小平文选》(第2卷)，人民出版社1994版，第333页。

识主观心理、腐败时间地点条件、腐败有效防治措施等规律方面的认识和把握，逐步走出观念和思想误区，改简单地将干部问题归结为个人品质问题为深挖问题背后隐藏着的制度漏洞，从个性到共性、从表象到实质，对制度建设在反腐败工作中的重要性认识不断深化。

四、习近平总书记关于深化国家监察体制改革的重要论述

党的十八大以来，习近平总书记立足于对国内政治、经济、社会发展和复杂多变的国际形势的深邃洞察与准确研判，着眼于从严治党、执政为民，深入推进党风廉政建设和反腐败斗争，提出系列新理念、新观点、新论断，作出了系列关于加强党对党风廉政建设和反腐败斗争统一领导的重要论述及关于深化国家监察体制改革、制定国家监察法的重要论述，为进一步深化国家监察改革提供了思想武器和总体遵循。

（一）历史意义

正如国学大师钱穆所言，现实实践是制度的血液营养，而理论和思想则是一项制度的精神生命。[1] 党的十八大以来，习近平总书记对深化国家监察体制改革作出了一系列重要论述，既是对马克思列宁同志党政监督理论、毛泽东同志的民主监督思想、邓小平

---

1. 钱穆：《中国历代政治得失》，生活·读书·新知三联书店 2012 年版，第 55 页。

同志的民主政治及制度反腐思想的传承，也是新的历史时代条件下的理论创新。习近平总书记关于深化国家监察体制改革的重要论述，与这些重要理论一脉相承、源流相继。同时，也是习近平新时代中国特色社会主义思想的重要组成部分，对国家监察和反腐败理论创新具有重大的历史和现实意义。

一是对马克思主义政党和国家监督理论的继承和发展。习近平总书记坚持运用马克思主义立场、观点和方法，对党在长期执政条件下如何加强政党和国家监督作出了深刻阐述，形成了新的重大理论成果。他指出，"我们党全面领导、长期执政，面临的最大挑战是对权力的监督""要形成全面覆盖、集中统一、权威高效的国家监察体系，把党内监督同国家监察结合起来，形成监督合力"等等。这些重要论述既是对马克思主义的继承，也进一步丰富和完善了马克思主义的政党和国家监督理论，开辟了马克思主义理论新境界。

二是体现了与时俱进，推进理论创新的理念。提出关于反腐败法规制度建设"要系统完备、衔接配套，立治有体、施治有序，把反腐倡廉法规制度的笼子扎细扎密扎牢，做到前后衔接、左右联动、上下配套、系统集成"的总体要求。[1] 国家监察体制改革是对人民代表大会制度的丰富和完善，是推进国家治理体系和治理能力现代化的重要内容，是站在中国特色社会主义进入新时代这一新的历史方位上作出的顶层设计，是适应新时代新形势

---

1. 习近平：《不以权势大而破规　不以违者众而放任》，http://www.xinhuanet.com/politics/2015-06/29/c_127962002.htm。

任务的重大组织和制度创新，体现了马克思主义关于经济与政治的辩证统一关系，具有深厚的现实逻辑。

三是强调实践检验并在实践中推进的逻辑。习近平总书记关于深化国家监察体制改革的重要论述是新时代伟大斗争实践的结晶，是经过实践检验的真理，为我们深入推进全面从严治党、深入开展反腐败斗争提供了根本遵循。这些重要论述，是根据当前反腐败斗争形势依然严峻复杂的科学研判而提出的战略性、方向性思想和观点；是党的十八大以来全面从严治党、推动反腐败斗争取得压倒性态势并巩固发展的伟大斗争实践的概括提炼和总结升华；是坚持问题导向，针对反腐败工作力量分散、手段不足、法治保障不够等现实难题提出的创造性、制度性、系统性解决方案，具有重大理论和实践意义。[1]

（二）主要思想及理念

一是执政为民的思想。马克思强调，社会主义国家的一切权力属于人民，一切公职人员必须"在公众监督之下进行工作"。列宁强调，要提高监督机关的地位、规格、权威，建立起包括党内监督、人民监督、法律监督在内的监督体系，以防止公职人员成为"脱离群众、站在群众之上、享有特权的人物"。以零容忍态度惩治腐败是中国共产党鲜明的政治立场，是党心民心所向。习近平进一步将此思想进一步发展，提出国家之权乃是"神器"，

---

1. 吴旭明：《习近平总书记关于深化国家监察体制改革重要论述的内在逻辑体系》，载 http://theory.people.com.cn/n1/2018/0419/c40531-29936458.html。

是个神圣的东西。公权力姓公，也必须为公。只要公权力存在，就必须有制约和监督。不关进笼子，公权力就会被滥用。[1]党的机关、人大机关、行政机关、政协机关、监察机关、审判机关、检察机关等，都在党中央统一领导下行使公权力，为人民用权，对人民负责，受人民监督。2018年2月26日至28日，习近平在党的十九届三中全会上《关于深化党和国家机构改革方案》的说明中指出："深化国家监察体制改革，目的是加强党对反腐败工作的统一领导，实现对所有行使公权力的公职人员监察全覆盖。"2018年12月14日，习近平在中共中央政治局第十一次集体学习时强调，"要教育监督各级国家机关和公职人员牢记手中的权力是党和人民赋予的，是上下左右有界受控的，切不可随心所欲、为所欲为，做到秉公用权、依法用权、廉洁用权、为民用权"。这些论述深刻阐释了国家监察体制改革的鲜明导向、聚焦方向和具体指向，体现了国家监察体制改革的出发点和落脚点是惩治腐败的需要，体现了我们党根基在人民、力量在人民的根本政治立场。

二是坚持党对反腐败工作的集中统一领导原则。党的领导是中国特色社会主义的最本质特征，也是中国特色社会主义制度的最大优势。习近平总书记在党的十九大报告中指出，"党政军民学，东西南北中，党是领导一切的。"深化纪检监察体制改革，必须确保党牢牢掌握对反腐败工作的领导权。推动全面从严治

---

1. 习近平：《在新的起点上深化国家监察体制改革》，载《求是》2019年第5期，第1页。

党向纵深发展、巩固发展反腐败斗争压倒性胜利，离不开党对反腐败工作的集中统一领导。[1] 我们要在党中央的坚强领导下，攥指成拳，着力构建纪律监督、监察监督、巡察监督、派驻监督全覆盖的监督格局。

三是坚持"四个自信"突显"中国特色"。中国特色国家监察体制是对中国古代监察制度和中华传统政治文化的传承扬弃和革故鼎新。从历史文化中汲取智慧，在治国理政中总结经验，积极推进理论和实践创新，是习近平总书记有关深化国家监察体制改革重要论述中蕴含的重要逻辑。国家监察体制改革突出问题导向，针对反腐败体制、制度、机制等方面存在的理论和实践问题，继承了我国古代、近现代廉政、治权经验，在几千年中华监察制度建设的历史长河中寻求智慧和启迪，注重阐述和分析这些经验和智慧对当下我国国家监察体制改革和发展方面的传承意义和现实价值；同时，放眼环球，摆脱"西方法治中心主义"的负面影响，从域外监察法治建设普遍性的有益经验中寻求参考和借鉴，提出适合我国反腐败实际的改革思路，并相应提出了现实可行、支撑配套建设的有中国特色的国家监察体制顶层设计方案及配套措施。

---

1. 张弛：《把党的领导贯穿深化纪检监察体制改革全过程——广大纪检监察干部认真学习领会习近平总书记在中央政治局第十一次集体学习重要讲话精神》，载《中国纪检监察报》2018 年 12 月 17 日，第 1 版。

四是蕴含法治治理的思想。国家监察体制改革也是从新时代出发推进国家治理体系和治理能力现代化的重要内容。法治是治国理政的基本方式，没有法治化就没有现代化。习近平总书记强调，推进反腐败工作规范化、法治化，制定国家监察法，用留置取代"两规"措施。制定实施监察法，依法建立国家监察制度，不仅把党对反腐败工作的集中统一领导制度化、法治化，也把反腐败工作进一步纳入了规范化、法治化轨道，必将大大促进国家治理体系和治理能力现代化。

第三节
监察权与其他相关权力的关系 [1]

一、监察权与纪检权

纪检监督的上位概念为政党监督或党内监督，政党是持续为实现其共同政治目标而存在并按照政党自身的纲领法规、规则活动的组织。在实行多党制的国家，存在通过竞选胜出进而掌握国家政权的执政党和暂时失利的在野党成为"反对党"的情况。与设置专门党内专职纪检检查机构不同，政党监督主要是通过在野党的监督实现的，以议会为场所，通过对立法、财政及政府议案的批驳，对执政党的执政进行监督。多党制国家也有专门设置纪

---

1. 参见张瑜：《从"应然"层面解析国家监察体制相关概念及内涵》，载《行政法学研究》，2017年第4期，第30—38页。

律检查机构的，如波兰民主左派联盟党，在政党内部设有专门纪检机构的往往组织性更强，反腐败也更为有力，有利于其执政地位的巩固和稳定。[1] 中国共产党领导的多党合作和政治协商制度作为一项基本的政治制度，这与实行多党制"各党轮流坐庄"的国家不同，我国的政党监督更多地是通过党内监督实现的。党内监督，是指党对自己内部的组织和党员贯彻执行和遵守党章党纪、法律法规、方针政策等情况进行监督的总和。党内监督的主体，不是特定的，而是广泛的。[2] 其中，负责党内监督的专责部门为党的各级纪委、纪检机关，其依据党章和党内法规取得的监督执纪问责的权力为纪检权。

在纪检监察合署办公的工作体制下，从理论上深入思考探讨监察权与纪检权的关系，其必要性和重要性都可谓不言而喻。虽然从严格意义上讲，纪检权不属于国法直接规范的范畴，"纪检权"也不是一个严谨的法学概念，但在坚持党的领导这一基本的宪法性原则和中国最大的政治现实背景下，党的执政地位决定了党内监督在国家监督体系中的首要地位和引领作用，纪检权作为一种党内专责监督权力，在国家监督体制中具有重要意义。

纪检权从性质上来讲属于政党监督中的专责监督权，其本质也是一种政治性监督权力。"纪检部门的监督权力源于党章，归根结底来源于全体党员的授权；而国家机关的监督权力则源于宪

---

1. 舒扬，莫吉武：《权力市场化与制度治腐问题研究》，中国社会科学出版社 2008 年版，第 64—65 页。

2. 刘国栋：《纪检监察原理与方法精要》(第二版)，中国方正出版社 2010 年版，第 3 页。

法和法律，归根结底来源于人民达成的社会契约。"[1]2016 年 10 月 27 日，党的十八届六中全会通过了新的《中国共产党党内监督条例》，总结了十八大以来坚持全面从严治党，落实"两个责任"，严明党的纪律的实践经验和有效做法，并以党内法规的制度形式予以固化。其中第四章内容为党的纪律检查委员会的监督，对纪检组织进行了定位，其作为履行党内监督执纪问责职责的专责机关，负责对所辖范围内党组织和领导干部遵守党章党规党纪、贯彻执行党的路线方针政策情况的监督检查，明确监督、执纪、问责为纪检机关及纪检组织的主要职能。

纪检与监察分属"党""政"两个序列，之所以合署，除合署的必要性，还有纪检与监察之间的内在联系，这奠定了合署的可行性基础。[2]从政治宪法学的角度，中国特色监察权分为两部分：一部分是由党的执政权延伸出来的政治权力性质的监察权，这种监察权的正当性来自党管干部原则。党的执政地位体现在对干部工作的领导，体现在选派党员干部到国家权力机关、国有企业、公益事业单位任职方面。目前，我国立法、行政、司法机关、大型企事业单位中的各级领导干部绝大多数是共产党员，党内监督实际也覆盖和统领了对国家权力的监督，至少覆盖了同作为监察对象的绝大部分国家权力的机关和公职人员。另一部分是需要借助于国家权力体系运行的国家监察权，这种监察权需要纳入由宪

---

1. 冯铁拴：《中国监察体制改革论析：过去、现在与未来》，载《甘肃政法学院学报》2018 年第 2 期，第 18 页。
2. 刘国栋：《纪检监察原理与方法精要》（第二版），中国方正出版社 2010 年版，第 62 页。

法和法律所确立的国家权力运行体系以及法律监督权的运行秩序中。

从监督执纪问责职能的性质和实现方式上，纪检权与监察权也具有很大的相似性，在监督性质上均属"纪律监督"（纪检是党纪监督、监察是政纪监督）的范畴。纪检权中最核心的权力为执纪审查权，具有一定司法权的属性特征，是一种基于调查了解到的事实及党章党纪党规，并据此在一定的自由裁量范围、幅度内对党组织、党员的行为进行审查并进行党纪处理的权力。监察权也包含执纪审查权，只是"纪"的性质范围不同而已，纪检权执的纪是党纪，而监察权执的是政纪，由此可见，监察权与纪检权在运行方式上具有很大程度的相似性。

从合署办公的实际来看，主要是基于中国特色的党政关系，解决两个系统具有不同编制类型、职责范围，但工作对象、工作内容相近的党政机构工作之间的关系问题，通过"政党嵌入型"有效嵌入国家政治及行政治理的方方面面，具体表现为存在于中央和地方各级党政机关、人民团体、企事业单位中的合署办公机制。[1] 其中最主要表现就是纪检和监察合署办公，通过合署办公将执政党的党风廉政意志转化、内化为规范政府和其他公权力机构的廉政政策和法规，从而形成反腐的整体合力。

因此，结合纪检监察合署办公的实践经验和反腐败实际对监察权较高权威性、高效性的需要，办公是"分"是"合"不能

---

1. 参见王希鹏、胡扬：《中国腐败治理结构变迁与纪检监察机关职能定位审视》，载《河南社会科学》2014 年第 7 期，第 25 页。

简单一言以蔽之，笔者认为权力性质及职责应分清，但从反腐职能发挥及运行方面应实现基于反腐一体化要求的机构的科学设置和机构人员的资源整合，形成党内监督与国家监察的有效衔接和"一体化"纪检监察的反腐机制。

二、监察权与行政权

基于行政权的重要性和特殊性，决定其在国家权力结构体系中应当成为权力制约首要关注的对象。以孟德斯鸠三权分立为代表的近代西方社会分权理论思想，认为在一个自由、民主、现代的社会，应当对国家权力进行有效、合法、合理的限制，这种限制的前提就是合理的权力结构配置即分权。国家权力分为立法权、司法权和行政权，分别由不同的国家机关掌握，达到相互牵制、相互制衡，从而保障人民主权和各项权利。这三种国家权力是三种截然不同的权力。国家通过立法活动，以法律的形式把统治阶级的意志（根据人民主权原则把人民意志）转化为国家意志，这个意志转化的过程就是立法的过程。

按照权力分立制衡的观点，立法机关负责将这种公民整体性意志上升为法律后，就不能再同时拥有执行法律的权力了，必须由另外专门设置的机关来行使执行法律的权力，执行法律的权力被称为行政权，也被称作执法权。其中，行政权的重要性固然不言而喻，它是国家权力中直接与社会发生联系的部分。通过行政权力作用于社会生活，才能使国家意志和人民意志得以真正实现，以达成国家治理、政府愿景、社会福祉等公益性目的。行政权相较于立法权具有执行性的特点，相较于司法权又具有主动性、广泛性等特点。

基于权力的"两面性"，政府权力的公共性和拥有执行权力的部门或个人个体性为特征的非公共性之间必然就存在一种紧张的冲突关系。行政权是对社会最有影响也最有威胁的一种政治力量，它应该是权力制约监督的重中之重。在自由资本主义阶段，有学者（边沁、密尔等）提出应把政府的权力和活动范围缩小到最小，他们信奉"管得最少的政府是管得最好的政府"。政府不应干涉经济生活和政治生活，其活动只限于保护公民的人身安全和私有财产不受侵犯。因此，在现代国家中，行政权力不论从社会覆盖面上来说，还是由于其与社会事务和经济生活联系紧密而容易产生的扩张性、易腐性和对社会破坏力的程度而言，都是最应该接受监督和"全覆盖"首先需要被覆盖到的对象。

监察权的产生和发展与现代政府的发展和行政权力的不断扩张有着紧密的联系。第一，随着环境保护、航天、信息产业、反恐等新的公共领域的出现，以其为管理范围的行政权必然随之扩张。第二，随着委托立法及行政内部纠纷调停制度的健全，行政机关权力领域不断向立法、司法领域延伸渗透。第三，当社会经济发展由只需进行秩序维护的"警察"时代进入需要以"积极主动"姿态介入到社会、文化、经济、交通、教育、公共卫生等领域，维护社会公平、正义的"福利"时代，对给付行政需求的数量和质量不断增加，政府权力越来越大，贪污腐败的机会也日益增多，官僚主义风险也越来越大。我国现行的监察体制最初的监察对象就是政府机关及其公务人员，在此基础上才逐渐有向所有具有公权力的组织及所有公职人员方面扩张的发展趋势，这也是行政权应作为最重要、最主要的被监察对象的有力例证。

因此，一方面，对监察权的工作对象而言，行政权应该是其最需要关注和约束的对象。另一方面，按照监察学基本原理，在监察主体和监察客体间必须存在相互独立的关系，监察权不应以构成行政权的组成部分的形态出现。无独立性、无权威性的监察权就如同"无源之水""无本之木"。同时，为保障监察实现其对行政权力进行有效监督所应有的权威性，实施监察权主体的地位应高于或者至少与被监察主体是平行的，不应以低于行政权的形式出现。

三、监察权与司法权

在我国，司法权是指特定的国家机关通过开展依其法定职权和一定程序，由审判的形式将相关法律适用于具体案件的专门化活动而享有的权力。广义的司法权包括检察院的检察权，但目前通说认为，司法权多指狭义上的，即虽包括检察权在内、但却明显偏重于审判权，或仅仅指审判权（即以法院为相应机关）。传统理念监察机关的法律监督权及法院的审判权都统归为司法权，即广义的司法权范畴，本文采广义司法权概念范畴。

检察权同样也属于国家监督权力体系中的重要组成部分，在国家权力制约中发挥着重要的监督职能。但基于不同的政体，检察制度的权力属性定位与功能定位在各国的立法实践方面却存在较大差异，大致分为以下三类：第一类归于行政权，在英国、美国等大多数英美法系国家，检察权往往被认为具有行政权的性质[1]；第二类是归为"准司法权"的国家，在全世界最早建立检察制度的国家——法国及德国、日本等，普遍认为检察权是兼具行政权和司法权特征，是介于二者之间的一种权力[2]；第三类确立为法律监督权，将检察权作为一种独立的国家权力，将国家检察机关作为专门的国家法律监督机关，采取这种体制的主要有俄罗斯、我国及受苏联影响的国家。这种检察权定位受马克思列宁主义的国家学说和列宁的法律监督理论影响，尤其是深受列宁思想的影响，认为要保障社会主义国家的法制统一，必须设置专门的法律监督机关，与国家行政机关、审判机关分离并独立行使职权。从立法实践来看，我国在宪治层面将检察权设置为一种独立的国家权力，专司国家法律监督职能。通过运用检察权对其他国家机关是否依法行使职权进行监督，具体包括提起公诉权、诉讼监督权，国家监察体制改革前，还包括特定案件的侦查权。特定案件侦查权主要是指依据修订前《刑事诉讼法》相关条款享有的对国家工作人员贪污贿赂犯罪、失职渎职类犯罪等职务犯罪的刑事调查权。

监察权与侦查权的关系及区别集中体现在职务犯罪腐败职能分工及衔接方面。以职务犯罪侦查权"应然"归属分析，从检察权中分离并归入国家监察职能使其更为符合法治精神及集中打击腐败的需要。检察权在我国国家权力结构中具有法律监督的天然

1. 邓思清：《检察权研究》，北京大学出版社 2007 年版，第 24 页。
2. 王俊：《当代中国检察权性质与职能研究》，中国检察出版社 2010 年版，第 22 页。

色彩。从国际视野看，检察权具有通过制约侦查权、审判权，防止权力失控和滥用以维护司法公正的天然秉性。这与我国的法学理论和实务界都习惯将"公、检、法"并举合称为司法机关一致，在《联合国关于检察官作用的准则》中，也明确将检察官定位为"司法工作的重要执行者"。"自侦自监"导致检察官既为裁判者又为运动员的困局，法律监督权的权力局限性决定侦查权不适合承载与其权力性质不相兼容的具有主动性、行政性的侦查职能。

国家监察体制改革前，学界也普遍认为现行职务犯罪侦查起诉机制中，存在侦查和起诉同体这一自相矛盾命题，这种自侦自诉的机制明显悖于司法权内部"侦、诉、审"分权制约的宪法原则和法治精神，使现行检察机关实施的反腐败侦查权处在监督制约的盲区，必然容易导致权力的滥用问题。[1] 职务犯罪侦查权只能作为检察权的一种派生的权力而非天然权力，这种体现在惩治腐败、建设廉洁政治方面的职务犯罪侦查权并不具有检察权的本质属性。

检察机关行使职务犯罪侦查权备受诟病的另一重要原因是，司法反腐的治理成本过高。从职务犯罪惩治的实效性来看，在国家权力总量恒定的情况下，如果以职务违法犯罪的预防和惩治作为一项国家权力机关的任务来说，不管由哪个国家权力机关来承

---

1. 程琰，赵宁：《检察机关自侦案件监督制约体系探讨》，载《法制与社会》2011 年第 3 期；彭新林：《论腐败犯罪的侦查监督》，载《法学杂志》2016 年第 2 期；高一飞：《从部门本位回归到基本理性——对检察机关职权配置的思考》，载《山西大学学报》（哲学社会科学版）2008 年第 6 期。

担，都存在治理成本和成效的问题。从权力作用的对象和时间段来看，监察权的行使方式多样，可以针对权力运行中的官僚主义、失职渎职、滥用权力、贪污腐败行为等问题展开，并且各种方法的采用可贯穿事前预防、事中控制、事后惩处等对腐败行为处理的全过程。相对而言，处理的面广、环节长，目标集中明确更有利于治理的实效。

2014 年，最高人民检察院副检察长邱学强坦言，最高检反贪总局存在机构设置不合理、力量分散、统筹乏力等影响办案成效方面的问题。在反腐败形势日益严峻复杂的背景下，司法反腐的成效问题就更加凸显。据不完全统计，2005 年到 2014 年这 9 年期间，因贪污受贿、失职渎职等腐败行为而受党政纪处分的公职人员达一百万余人，其中，被移送司法的不到四万人，不足党政纪处理总数的 2 个百分点。根据最高人民检察院 2016 年的工作报告，2015 年全年全国检察机关共立案侦查职务犯罪案件 40，834 件 54，249 人，按照全国 3600 多家检察院计算，平均每个检察院查办数不可谓多。[1]

国家监察权独立后，形成了由检察机关与监察机关共同根据权力机关授权行使国家监督权的格局，按照《宪法》规定，检察机关是国家的法律监督机关，但这种监督更侧重于对法律实施情况的监督，也即检察机关的法律监督职能更着重对"事"进行监督，这在当前正逐步推进的检察机关提起公益诉讼以及传统的抗

<hr>

1. 参见高一飞：《检察反贪部门转隶监察委员会有利于侦查法治化》，http://www.dffyw.com/faxuejieti/ss/201611/41743.html。

诉等制度设计中有明确体现；而监察机关的监督职能则更注重对公职人员的监督，也即对"人"的监督。[1]改革后的国家监督权体系中，检察机关按照"对事监督"的原则，对一切公权行使组织行为的合法性实施法律监督，而监察机关则根据"对人监督"法人原则，对一切行使公权行为的自然人行为的合法性进行监督，二者虽然都有监督职责，但其范围和侧重是不同的。

此外，监察权中最核心的权力为执法审查权，具有一定审判权的属性特征，是一种基于以调查了解到的事实及相关法律法规，并据此在一定的自由裁量范围和幅度内对公职人员的职务行为进行审查并进行政务处理的权力。

第四节
监察权的属性

一、行政属性

学者徐汉明认为，国家监察权作为一种独立的具有宪法地位的国家权力，具有以下特征：（1）反腐败的专门性；（2）地位的独立性；（3）权力行使的强制性；（4）权力运行的主动性；（5）规范权力的程序性；（6）履职责任的客观义务性；（7）组织体系的严密性。[2]笔者认为这些特征体现了国家监察权具有的较强

---

1. 马怀德：《再论国家监察立法的主要问题》，载《行政法学研究》2018 年第 1 期，第 6 页。
2. 徐汉明：《国家监察权的属性探究》，载《法学评论》2018 年第 1 期，第 20 页。

行政属性特征。

国家监察改革前的行政监察属于国家行政管理体制中的有机和重要的组成部分，属于政府自身的监督制约内控机制。而此次国家监察体制改革的目标之一就是将监察权从原来的行政权中剥离出来，形成一种独立的国家权力。但无论如何，二者之间已经存在千丝万缕的联系，从行政权"母体"中"分娩"而出的监察权，必定存在某种特征甚至 DNA 方面的相似性。并且行政权作为监察权监督的主要对象，从监察实效性来讲，要发挥其贴近监督的优势，也必须具备一定的形式属性特征。

从权力行使方式来看，行使权力的主动性向来是行政权属性的一项重要评价指标。改革前的行政监察机关作为执法机关，根据反腐倡廉形势和任务的需要，开展检查和调查工作，并据此对涉及具体行政工作改进及人员的政纪处分提出监察建议。行政监察机关作为行政机关的组成部分，也应理所当然是权力机关的执行机关，而这种执行性最主要就体现在监察权行使方式的主动性。改革后的国家监察权整合了包括行政监察权相关的国家监督权力，依法享有监督、调查、处置三大职责。虽然具体内容和侧重有所调整，但监督职责和调查职责直接脱胎于行政监察的执法监察和行业不正之风的纠风工作，增加了预防腐败机构的职能，从行使方式来看都属于依法主动而动，而非被动启动。

国家监察调查的十二种措施，绝大部分都由监察机关决定并执行，涉及需要公安机关配合的限制出境等措施，其也具有决定权。其中，对公职人员的违法违纪的调查，对一般职务违法行为、严重职务违法行为都有权直接作出政务处分决定，这种权力行使具有单向性、执行性、主动性，是一种效率优先的模式，具有强烈的行政色彩。

除此之外，这种行政属性在组织规则上也有所呈现，例如，上级监察委领导下级监察委的工作、上级监察机关可以办理下级监察机关管辖的监察事项，这些都具有行政权"上命下从"的特征。从总体上看，从国家监察权的行使方式属主动型。

二、监督属性

从最能突显权力性质的特征而言，不同性质的机构有不同的运行机理，司法机构是判断，立法机构是法意的表达，行政机关的性质是执行，遵循这样的原则，国家监察委员会如何界定其性质并建构其运行准则，应当回归本质，即监督性。[1]改革后的国家监察权具有主动性与被动性、强制性与权威性的辩证统一，它既追求行政权的效率价值，也不能缺失监督权的独立属性。除去权力普遍具有的权力属性，监察权也要有区别于其他国家权力的专属特征。权力的独特性或专属性作为权力的内核，决定了该权力的独特职能及区别于其他权力的性情和样貌。诚如孙中山先生构想的"五权宪法"的宪制结构与我国宪制设计有较大差异，其中将监察委员会从法律属性上定义为专门的监督机关的思想彰显了监察权的监督本质属性。

---

1. 参见秦前红：《国家监察体制改革宪法设计中的若干问题思考》，载《探索》2017年第6期，第36页。

监察委员会的监察仅仅是国家权力监督体系的一部分，与其他主体的监督之间存在着密切的关联。习近平总书记强调，要推进纪律监督、监察监督、派驻监督、巡视监督协调衔接，推动党内监督同国家机关监督、民主监督、司法监督、群众监督、舆论监督有效贯通，才能达到将权力置于严密监督之下的目标。[1] 监察体制改革后，国家监察与原来已经存在的党内监督、人大监督、行政监督、司法监督、民主监督和舆论监督等共同构成我国的国家监督体系。[2]

第一，监督是监察权的重要职能。监督权是一项不同于且外在于被监督权力的一项专门权力。"监督模式下权力的结构是单向的，即监督与被监督的关系。"[3] 监察权既具有行政权属性，也具有监督权的本质属性，监察权的监督属性是专属的权力属性。[4] 从监察权的设置目的来讲，监督公权力的运行是国家监察权最重要的职能之一。从监察权的法定功能出发，将国家权力分为不同的类型，通过民主集中制原则选举的不同国家机关代表人民行使，作为负责掌握某一类型或某类事项的公共权力的某个特定机关、部门或者个人独立行使，再在国家权力机构体系中设置专司监督职能的机构并设置系列配套机制，让这一专门机关负责观察这些

1. 央视新闻：《深化国家监察体制改革的初心是什么？习近平这样说》，https://www.sohu.com/a/282173590_363323。
2. 江利红：《行政监察职能在监察体制改革中的整合》，载《法学》2018 年第 3 期，第 88 页。
3. 夏正林：《权力制约中的监督与制衡》，载《检察日报》2017 年 2 月 22 日，第 7 版。
4. 参见陈伟：《行政管理体制改革视野下的行政监察权》，博士学位论文，武汉大学 2010 年 10 月，第 36—38 页。

公共权力的机关是否按照法律既定的授权目的、精神及具体规定行事，是否能依法合法、合规、合理地履行自己的职责。[1]

第二，监察权具有形式参与性。"在监督制度下，监督权分立于决策权和执行权之外，使决策和执行活动较少受到阻碍……保障管理的效率。"[2] 监察权的运行必须以参与为前提，只有通过参与才能掌握公权力运行中的相关情况和信息。权力的运行情况往往通过其组织管理的效果加以呈现，因此，目前的监督理念为监督职能部门监管责任是否落实，也即对管理的监督，管理本身包含监督责任，"在参与中监督""在监督中参与"就体现了监督的参与性，不参与就难以掌握被监察对象、公权力的运行情况，也难以真正地发挥监察职能。但是监督这种参与属于一种形式参与，非实质性的参与，是间接性的参与，也即常言的监督不能替代管理，不能越过管理机关进行越俎代庖的管理，这与行政权对社会生活实施的实质管理行为有着本质的区别。

第三，监督结果具有法定性。监察权的运行是一种问题导向型机制，其主要是针对公权力运行过程中的公职人员的职务违法、职务犯罪行为进行的。同时，正常情况下，作为监督主体的监察权并不直接干涉、介入正常的权力运行中，处于一种蛰伏的状态，只有当发现问题存在的危机、违规行为发生或不利后果发

1. 参见魏宏：《〈权力制约与监督法律制度研究〉摘要》，载魏礼群：《转变政府职能 推进行政管理创新——国家行政学院国家课题研究成果选编》，国家行政学院出版社 2009 年版，第 379—400 页。
2. 陈国权，周鲁耀：《制约与监督：两种不同的权力逻辑》，载《浙江大学学报》(人文社会科学版) 2013 年第 6 期，第 48 页。

生时，才被"激活"，开始启动调查、处置方面的程序，一旦进入调查处置程序，意味着监察主体将按照调查阶段查明的涉及具体公务人员的违纪、违法或犯罪事实，判定其应当承担的公务责任，或者依法作出相应处理，形成具有法定效力的监察决定或监察建议，这将直接引起公职人员权利义务关系的变化。

三、政治属性

监察权是一种专门的对公权力运行进行监督的国家权力。监察不仅指一种管理行为活动，从政治学、法学研究等角度，也具有重要意义，是一种法定的国家权力和巩固政权的手段和力量。"监察委员会作为行使国家监察职能的专责机关，与党的纪律检查机关合署办公，从而实现党对国家监察工作的领导，是实现党和国家自我监督的政治机关，不是行政机关、司法机关。"[1]虽然从权力的性质来讲，监察权与立法权、行政权、司法权都一样是国家公权力的一种，但从"治权之权"的特殊权力职能来讲，并且其从行政权内部的权力集合晋升至具有宪法地位的国家集中设置的反腐败权力，不管其权力属性还是内涵都应得以广度的拓展及宽度的延伸，应突破其在行政监察体制仅具行政性、监督性的"二元式"属性的框架，放置到国家政治体制、国家权力宏观结构中寻求其"应然"定位。

---

1. 中共中央纪律检查委员会法规室，中华人民共和国国家监察委员会法规室：《〈中华人民共和国监察法〉释义》，中国方正出版社 2018 年版，第 62 页。

从我国监察权产生和发展的历史也可对监察权的政治属性窥见一斑。可以说监察权的政治作用及监察官员的重要地位历来受到重视，在我国古代的绝大多数时期，统治者都非常重视监察机关在维护国家纲纪、澄清吏治方面的重要作用。作为皇权代言人的监察机构和监察官，"御史执宪，纲纪是司"[1]"彰善瘅恶，激浊扬清"[2]。在唐朝，御史台被置于唐代的政治生活的重要位置，御史大夫或御史中丞直接上奏皇帝，御使可独立行事，弹劾官吏都无需宰相同意。除主掌监察外，还通过"三司受事""大三司""小三司"等制度兼掌部分司法权能。[3] 到封建王朝末期的明清两代统治者更是将此发展到"登封造极"的程度，秉持"重典治吏"的统治者，通过"耳目之寄""耳目官"的监察官肃纲纪、清吏治，通过其监督百官群吏以稳定统治，监察机关作为一种"延伸式皇权"而存在。[4]

马克思、恩格斯国家学说中认为，监督是国家和政党的一种基本职能，是维护一定社会政治和经济秩序的手段。对于社会主义来说，政治监督则是民主政治得到全面发展的一个重要标志。"随着政治的发展，监察在政治功能上和政治机构中早已成为必

---

1. 见《全唐文》卷二十九。
2. 见《唐大诏令集》卷一〇〇。
3. 御史台的侍御使和门下省的给事中、中书省的中书舍人分别轮流在朝值班一日，受理京都和州县官民的诉讼，合称为"三司受事"；唐代有刑事审判职能的机构是御史台、刑部和大理寺，合称为"大三司"，但这三个机构彼此的分工比较明确，没有太多交叉重复；御史台与中书省、门下省合称为"小三司"，共同组成了唐朝中央机构的司法合议机关，请参见杜兴洋：《行政监察学》，武汉大学出版社 2015 年版，第 53 页。
4. 参见张晋藩：《中国监察法制史稿》，商务印书馆 2007 年版，第 493 页。

不可少的治道和治具。"[1] 从监察权的政治功能定位来看，监察权首先是作为平衡国家权力之间的工具、巩固政权的重要政治制度而存在的，监察制度在国家机器的组织运转、协调过程中处于调节矛盾和制约权力的重要地位[2]，对"维护良好的统治秩序起到不可替代的作用"，"权力必致腐化，绝对的权力导致绝对的腐化"[3]。腐败是权力异化、私有化的表现，预防腐败必须要实现对权力的有效监督与制约。

围绕着如何对权力进行有效监督，一直是政治体制改革需要正面积极回答的首要问题，在保障公民合法权利的同时遏制国家权力专制腐化，人类发明了"以法制权""以民制权""以权制权""以德制权"等方式[4]。从广义上讲，监察权以一种国家性的权力存在，属于"以权制权"的范畴，在结构意义上是组成政体的有机部分。另一方面，作为专司国家监察职能的权力，更是具有政治工具性价值，是平衡国家权力关系的"调节器"，其"以权制权"的方式具有特殊性，并非一项简单的职能或将结构上与其他权力的分立形成的相互牵制力、制衡力作为其职能发挥的主渠道，而是在国家权力结构体系中独立存在的并具有巩固政体的政治功能。作为一种国家权力，监察权是"治权之权""治官之权"，其权力作用的对象并非具体的某一社会领域的管理事务的或普通

1. 陶百川:《比较监察制度》，三民书局 1978 年版，第 1 页。
2. 姚文胜:《论〈行政监察法〉的立法缺陷与完善》，载《深圳大学学报》（人文社会科学版）2000 年第 6 期，第 61 页。
3. 焕力:《中国历史廉政监察研究》，武汉大学出版社 2015 年版，第 17 页。
4. 参见吴振钧:《权力监督与制衡》，中国人民大学出版社 2008 年版，第 49 页。

的公民，而是社会方方面面的具有公共性、公益性的国家公权力及公职人员。因此，其职能发挥的效果不仅限于直接规范约束公权力行使这一层面，更是在于通过对各层面的各行各业、各公共领域的公权力的有效治理，达到维护和巩固统治秩序和政权的终极目标，具有间接治国理政的重要政治功能。

其次，从国家监察权在"政体"中的应然地位来看，严存生先生对政治体制的概念和内涵进行了界定，他认为广义的政治体制，近似于"国体"，包含"国家中权利和权力的配置关系""国家权力内部由哪种哪些性质的权力构成，各自功能定位及相互关系""政党在国家权力结构体系中居于何种地位及与其他国家权力之间的关系如何"三部分内容。[1]判断一种权力的属性，不仅要考虑权力划分的基本理论，更要考虑国家的根本政治制度和宪制结构。我国实行人民代表大会制，在根本上不同于西方的"两院制"和"三权分立"的权力架构。[2]西方三权分立的法理基础是国家权力的分立与制衡。而国家监察委员会由全国人民代表大会选举产生，不得行使属于全国人民代表大会的人事任免权、监督权，其法理基础是人民代表大会制度下的国家机关间的权力分工与监督。这既不同于瑞典等国家的议会监察专员是议会的组成部分，也不同于"五权宪法"政制下的监察院。

从狭义的政体来看，监察权是为了保障各级各类国家机关

1. 参见严存生：《法治的观念与体制——法治国家与政党政治》，商务印书馆 2013 年版，第304—314 页。
2. 夏金莱：《论监察体制改革背景下的监察权与检察权》，载《政治与法律》2017 年第 8 期，第 58 页。

忠实执行国家的各项政策法规，巩固和维护国家机构内部各项纪律得以执行并改善国家机关对社会管理的效能而设立并延续存在的，作为一种"治官之权""治权之权"，其在国家权力体系中居于非常重要的地位，发挥着不可替代的独特作用。监察权是国家权力结构体系中的一项重要国家权力，王连昌先生认为"在社会主义国家里，监察权则是巩固和加强无产阶级专政事业不可缺少的武器"[1]，时任第一届政务院人民监察委员会第一副主任刘景范也认为"监察工作是政权的组成部分"[2]，我国是人民民主专政的社会主义国家，代表全体中国公民的整体意志的全国人民代表大会作为我国最高权力机关，也是最高立法机关，统一行使国家的最高权力，同时，通过人民代表大会选举产生行使国家权力的"一府一委两院"分别代表人民行使国家的行政权、监察权、司法权。监察权是国家权力体系的重要组成部分。

有学者认为"政治机关"的提法并没有错，但由于属于政治机关的国家机构并非独此一家，不能体现质的特点。[3] 笔者认为，单独提监察机关为政治机关即是强调其政治属性较其他国家机关更强烈，至少量上存在巨大优势，至少说明政治性是其重要属性特性。《监察法》第二条规定，"坚持中国共产党对国家监察工作的领导"，监察法规定国家监察机关的监察委员会作为行使国家监察职能的专责机关，与党的纪律监察机关合署办公，从而实现

---

1. 王连昌：《建议重建国家监察机关》，载《西南政法学院学报》1981年第3期，第22页。

2. 刘景范：《政务院人民监察委员会关于监察工作中几个问题的报告》（1951年4月13日）。

3. 陈光中，兰哲：《监察制度改革的重大成就与完善期待》，载《行政法学研究》2018年第4期，第4—5页。

党对国家监察工作的领导。坚持共产党的领导和纪检监察合署的原则也是监察权政治属性的内在要求，有效防治惩治党员领导干部腐败对是否能赢得整个反腐败斗争胜利至为关键。由此，笔者完全赞同监察权的性质应当区别于行政权与司法权，是一项独立的具有浓厚政治色彩的监督性权力。

四、相对独立性

从国家权力法律地位的普遍意义上讲，每种国家权力在整个权力体系中都应有各自独立的位置，独立性是发挥国家权力作用的重要前提。在独立运作之下，监察权与行政权、司法权之间属于监督与被监督关系，监察委员会也不会受制于行政机关与司法机关，避免了监察权不独立所带来的监督无效、低效的问题，这也是改革后"三权合一"所带来的最直接的收益。[1] 正如《人民检察院组织法》规定，各级人民检察院行使检察权，对于任何公民，在适用法律上一律平等，不允许有任何特权。人民检察院依照法律规定独立行使检察权，不受其他行政机关、团体和个人的干涉。[2]《监察法》规定了监察委员会的组织和活动原则，即独立行使职权原则、实事求是原则、适用法律和政纪上人人平等原则、群众路线原则。

---

1. 刘艳红，夏伟：《法治反腐视域下国家监察体制改革的新路径》，载《武汉大学学报》（哲学社会科学版）2018年第1期，第98页。
2. 金国坤：《组织法定主义视野下的国家监察体制改革》，载《新视野》2017年第5期，第11页。

监督最根本的特点在于监督权独立于被监督的权力。无论是监察权的属性，还是监察委员会的宪法地位，抑或是监察权的行使方式，都具备了独立性的特点。[1]《国际反腐败公约》第三十六条规定对设立一个或多个反腐专职机关并保障必要独立性及履职适格性的要求，做到职权法定、分工明确。无论采取何种反腐监察模式，普遍都从不同角度突出监察机关的独立性。在采取议会监察专员制的国家里，监察特使办公室是独立的，既独立于行政机关，也独立于任何政党。即使是行政系统内设的监察机关如埃及行政监察署、美国监察长办公室，也非常注重从机构设置、制度设计等方面充分保障监察机关的独立性。

1. 在绝大多数实行议会监察专员制的国家，行使监察权的监察专员具有宪法上的独立地位。监察专员制度是在西方三权分立的国家权力框架体系下建立起来的。目前，世界范围内大约有60多个国家在宪法中确立了监察专员制度。监察专员只是在政治上、形式上隶属于立法机关，通常其首长由立法机关任命并负责向立法机关汇报工作，但在履行监察职能，在执行具体的业务工作方面，往往又独立于立法部门，更是独立于行政部门，理论上是对全体公民负责。如，瑞典议会设4名行政监察专员，由议会两院通过投票，从具有法律知识专业背景、秉性正直、具有崇高社会威望的杰出人士（通常是最高法院和最高行政法院的法官）中选举产生。监察专员任期四年，继续连任不能超过两届。

---

1. 夏金莱：《论监察体制改革背景下的监察权与检察权》，载《政治与法律》2017年第8期，第59页。

议会设监察专员公署作为监察专员的办公场所，4 名监察专员中，推选 1 人为首席监察专员（同时监察专员公署的行政负责人）负责整体的协调工作，设有秘书处辅助专员工作。首席监察专员享有聘用工作人员、专家或鉴定人的权力，其享有最高法官的待遇，期满离职后常常被任命为最高法院法官。在任期内，除议会外任何机关无权免除监察专员的职务。[1]

2. 美国的监察长制度作为行政机关内设监察机构的代表，其监察机关也具有较大的独立性保障。根据美国 1978 颁布的《监察长法》，监察长办公室是设置在联邦政府内部的监察机构，虽然监察长办公室隶属于政府首长，但监察官员不管从法定职责范围还是在法律地位上也都具有相当大的独立性。监察长不对整个政府机关或其他政府组成部门负责，只对本级行政首长负责，不仅独立于政府机关，各级监察长办公室上下级之间也不存在隶属关系。

3. 香港地区的廉政公署的机构设置保障了监察权的独立性。通常在集中设置反腐败机构的国家，在制度的顶层设计方面就杜绝了反腐败政出多门造成的职能部门之间的推诿扯皮问题。同时，职责和财务上的独立又有效地保证了廉政公署在行使其职权的独立性，利于减少和消除廉政公署人员担心因秉公执法而遭受打击、报复的后顾之忧的心理负担，保障其义无反顾地充分履行反腐职责。如，香港立法明确并保障廉政公署独立地行使反贪肃贪权力，作为专门、专职监督公务员是否有腐败行为的机构，涉及公

---

1. 参见刘明波：《国外行政监察理论与实践》，山东人民出版社 1989 年版，第 89 页。

务人员的一切反腐败事宜均由公署负责，市民如果想针对腐败事宜进行投诉，也必须向廉政公署提出。

科学的预算管理体制是监察机关独立性的重要条件保障。有学者认为当前的预算管理体制乃是不利于监察机关独立行使职权的。因为根据我国《预算法》第二十三条和第二十四条的规定，中央预算、决算草案乃是由国务院负责编制的，县级以上地方各级预算、决算草案则是由本级地方人民政府来负责编制。这将造成监察机关在财政体制上依附于行政机关，不利于监察机关独立行使职责，尤其是在针对行政机关工作人员时。[1]为此，建议在国家监察体制改革中借鉴香港廉政公署的经验，即廉政公署财政经费是由行政长官在政府预算中另立单项支拨的，由监察委员会提出预算草案，报全国人大审议通过。[2]

五、中国特色"第四权"

监察体制改革塑造的监察权究竟是什么性质？是行政机关，是司法机关，还是政治机关？可谓莫衷一是。还有人认为，它是在立法权、行政权和司法权之外的"第四权"。有的学者认为，监察委员会是集党纪监督、行政监督、法律监督于一体的综合性、混合性与独立性的国家机关，其职权具有综合性与混合

---

1. 王旭：《国家监察机构设置的宪法学思考》，载《中国政法大学学报》2017 年第 5 期，第 139 页。
2. 赵心：《香港反腐制度设计对内地国家监察体制改革的借鉴研究》，载《理论月刊》2017 年第 8 期，第 124 页。

性。[1] 林彦教授认为，尽管监察委员会是一个全新的机构，但其所拥有的职权也并未超出"一府两院"架构下行政权、检察权的外延。[2] 时任中纪委书记王岐山同志在试点工作调研时就指出，试点中的监察委员会实质上就是反腐败机构，性质上属于监督执法机关。学者魏昌东认为，反腐败工作机构更多地反映监察权的消极反腐职能，难以彰显监察委员会在促进政府效能、保障人民权益、实现国家善治方面的积极作用。[3] 究竟国家监察权是何种性质的权力，尚需周密的阐释和论证。

随着监察体制改革的推进，监察委整合了行政监察机关的行政监察权、检察院的刑事侦查权，使得自身的属性日益模糊，至少很难归入单一的行政权抑或是单一的司法权范畴。换言之，监察委员会享有的权力乃复合型权力，并且这种复合型权力绝非"1+1"式的不同属性权力的叠加，而是有机融合，也即"监察权或许是一种混合型的权力，既包括了代表制民主下的代表责任（传统的议会监督权），又掌握了一定的行政调查处置权，甚至包括了一定的司法性权力"[4]。

因此，国家监察权属于一种复合型权力，且极具政治特征的复合型权力，国家监察体制改革对国家层面监督权力的整合，其

1. 韩大元：《论国家监察体制改革中的若干宪法问题》，载《法学评论》2017 年第 3 期。
2. 林彦：《从"一府两院"制的四元结构论国家监察体制改革的合宪性路径》，载《法学评论》2017 年第 3 期，第 165 页。
3. 参见魏昌东：《国家监察委员会改革方案之辨正：属性、职能与职责定位》，载《法学》2017 年第 3 期。
4. 秦前红：《国家监察体制改革宪法设计中的若干问题思考》，载《探索》2017 年第 6 期。

实质是国家政治资源的重新调整与分配。[1]其集中党权（党的纪律检查权）与国权（行政监察权、刑事侦查权）于一身。国家监察权是国家监察体制的核心内容，那么，从监察权功能定位的角度，国家监察体制不仅是国家政治体制的重要组成部分，还是巩固国家政治体制稳定的重要工具，其功能定位就是保障国家各项权力"各就其位""各安其位"地按照法定的轨道——人民的意志——运转的重要制度机制。从这个意义上讲，国家监察体制改革就是以监察权的独立性"重塑"和政治性权威"提升"为核心的系列制度的调整、规划和设计。

深化国家监察体制改革是组织创新、制度创新，必须打破体制机制和既定思维模式障碍。[2]除了对传统的传承，也是对当今权力制约形式的一个新探索，具有鲜明的时代特征。当今监察制度与传统监察制度有本质不同，既从中国传统文化中汲取营养，又注重进行新时代条件下的社会主义改造。国家监察委员会同中央纪委合署办公，履行纪检、监察两项职责，实行一套工作机构、两个机关名称，形成了极具中国特色的国家反腐败权、党内监督和国家监察二者有机统一体。综上，笔者认为改革后的国家监察权吸收借鉴了古今中外监督制度的有益经验，是一种综合了行政、监督、司法等的复合型、新型的具有中国特色的集中统一的国家监督权，这为世界其他国家加强权力监督、解决政治腐败问题提供了中国智慧、中国方案。

---

1. 徐汉明：《国家监察权的属性探究》，载《法学评论》2018年第1期，第19页。
2. 中共中央纪律检查委员会法规室，中华人民共和国国家监察委员会法规室：《〈中华人民共和国监察法〉释义》，中国方正出版社2018年版，第29页。

第三章
国家监察立法

2018 年 12 月，习近平总书记主持中共中央政治局第十一次集体学习时强调要持续深化国家监察体制改革，推进反腐败工作法治化规范化[1]。《监察法》是法治反腐在监察领域的集中体现。[2] 制定监察法是深化国家监察体制改革的内在要求和重要环节。[3]《中华人民共和国监察法》的公布，以构建集中统一、权威高效的中国特色国家监察体制为目标，以国家监察机关规范行使为重点，以监督权、调查权和处置权及其程序规定为内容主体，兼具组织法、行为法性质，既规范实体内容也有程序法规定，是一部对国家监察工作起统领性和基础性作用的法律，进一步明确界定了监察委员会法定的职责范围，《监察法》作为人大通过的监察领域的基本法律，是反腐败国家立法的主要制度成果。一方面，巩固了国家监察体制改革的成果，同时，也为进一步深化国家监察体制改革提供了新的基础和深化方向。

1. 央视网：《深化国家监察体制改革，习近平这十句话意蕴深远》，http://www.xinhuanet.com/2018-12/15/c_1123857931.htm。
2. 刘艳红，夏伟：《法治反腐视域下国家监察体制改革的新路径》，载《武汉大学学报》（哲学社会科学版）2018 年第 1 期，第 98 页。
3. 姜明安：《论监察法的立法目的与基本原则》，载《行政法学研究》2018 年第 4 期，第 13 页。

第一节
国家监察法治原则

一、人民主权原则

"人民主权"是监察法治的根本性原则，意味着制定的是体现人民意志的完备的国家监察法治体系。同时，它也是一套完整的理论，其形成经历了一个渐进的过程，具有一定的阶段性和历史性。正如古希腊政治家伯利克里所言，民主政治制度之所谓民主，在于政权属于全体公民，而不由少数人控制。[1] 其民主的本质特征就是公权力受多数公民的意志支配，也可以在疆域不大的"小国寡民"国家中由全体公民直接参与政治。公民大会是最高权力机关，公民不受财产多寡限制享有平等的选举权和担任公职的机会。立法、高级公职人员的任免、执法、行政、军事、财政和宗教等事务方面的决策均通过召开公民大会进行表决，同时，公职人员均实行任期制，并要接受严格的审查监督，直接民主使人在参与中直接行使监督权。15 世纪末，近代意义的国家在西欧出现后，政治国家疆域的辽阔及社会机制的日益复杂性使人直接参与国家的统治变得更加不切实际，间接民主应运而生，人民把他们的权利委托给自己选举的国家的代表——通过国家机关及公职人员进行间接参政。

---

1. 参见〔古希腊〕修昔底德：《伯罗奔尼撒战争史》，谢德风译，商务印书馆 1960 年版，第 36 页。

信奉人民主权论者大都是古典自由主义的忠实守望者，对国家权力持有一种天然怀疑态度，这构成了西方主流的政治文化的内涵，激发出控制国家权力的强烈要求和整个社会监督的浓烈热忱。以人民主权理论为基础沿袭并发展出的权力制约理论为西方国家权力制约的政治机制打下了坚实的理论基础，对西方资本主义国家监察制度的产生和发展起到了重要的推动和引导作用，构成了西方国家监察制度的重要理论依据。

"国家之本，在于人民。"[1]人民民主专政是我国国体，充分体现了"人民性"的国家性质，是国家权力"属于人民，来自于人民并服务于人民"的根源所在。国家监察委员会作为独立的国家机关，其性质由"人民民主专政"的国体性质所决定，同样具有"人民性"。"人民利益至上"的价值立场就是人民主权理论思想的充分贯彻，人民是国家的主人，国家权力属于人民，始终坚持人民主体地位。新设国家监察机关作为国家权力结构的重要组成部分，反映了人民群众对惩防腐败、建设清明政治的根本政治诉求，其"人民性"属性更加彰显。

按照人民主权原则，公权力的产生和运行以人民的权益为出发点，也必须以人民的权益为落脚点和归宿，按照人民的意志行事。那何为人民的意志？人民的意志又是如何产生的呢？这就引出了法治在国家治理中的重要价值和存在基础，正是通过国家立法将人民意志转化为国家意志，并将其在实践中有效地贯彻使人

---

1. 黄德金：《孙中山人本领导思想探析》，载《信阳师范学院学报》（哲学社会科学版）2013年第 4 期。

民的意志能够得以落实。那么，监察法治原则意味着国家监察权要按照人民的意志行使，代表人民的利益，就必须将其产生、构成、运转都纳入法治化的轨道以依法进行。

"人民利益至上"既是科学社会主义的基本原则，也是中国共产党与生俱来的显著特征和优良品质。党的十八大以来，以习近平同志为核心的党中央在治国理政新实践中，坚持人民利益至上的根本价值立场，把增进人民福祉、促进人的全面发展作为经济社会发展、改革与法治建设的出发点和落脚点，彰显了治国理政的人民性特质。[1]人民主权原则决定了深化国家监察体制改革要坚持以人民为中心，顺应人民群众对夺取反腐败斗争压倒性胜利的期待，坚决防止党内形成利益集团，有效整治群众身边的腐败问题，让人民群众切身感受、真正享受政治生态建设成果，厚植党执政的群众基础。

二、基于法治的治理

人类社会自形成以来一直致力于探寻最好的社会治理模式。经历古今中外无数仁人志士孜孜不倦的努力，世界各国的历史和经验都充分证明：法治反映了人类社会治理的普遍规律，是当今人类社会公认的最佳治理模式。[2]党的十八大报告中指出，应

---

1. 徐汉明：《国家监察权的属性探究》，载《法学评论》2018 年第 1 期，第 11 页。
2. 王晨光：《建立权力制约和监督机制是法治中国建设的关键》，载《环球法律评论》2014年第 1 期，第 34 页．

注重发挥法治在国家治理中的重要作用。治理体系和治理能力现代化,从根本上说就是实现治理体系和治理能力的制度化和法治化。[1] 在国家治理中,最重要的就是对公权力行使的有效治理,通过对公权力的有效治理和规范行使,实现国家治国理政等方方面面的目标。[2] 正如在总结美国近年来的反腐经验时,米彻尔·约翰斯顿将"腐败纳入法治治理的相关法律制度中的运行成效理想"作为首要经验,腐败治理是国家治理的基础和前提,法治反腐意味着法律在国家治理中处于权威地位、发挥核心作用。

十八届四中全会明确了全面推进依法治国总目标,"要建设中国特色社会主义法治体系""建设社会主义法治国家",这一目标定位也加快了反腐法治化的进程,无论是在国家最高领导人的讲话中,还是体现执政党反腐方针的文件中,都将"善于用法治思维和法治方式反对腐败,加强反腐败国家立法"作为法治反腐的目标。[3] 这就意味着在全面推进依法治国的大背景下,"法治反腐"成为反腐新常态下的必然趋势和理性选择。[4] 通过"健全权力

---

1. 马怀德:《国家监察体制改革的重要意义和主要任务》,载《国家行政学院学报》2016 年第 6 期,第 16 页。
2. 蔡宝刚:《法治思维和法治方式下的反腐路向论纲》,载《法学杂志》2013 年第 11 期,第 52 页。
3. 参见《习近平总书记在十八届中央纪委第二次全会上的讲话》《习近平在主持十八届中央政治局第五次集体会议学习时的讲话要点》,载《习近平谈治国理政》,外文出版社 2014 年版,第 391—392 页;中共中央印发的《建立健全惩治和预防腐败体系 2013—2017 年工作规划》。
4.《习近平总书记在庆祝全国人民代表大会成立 60 周年大会上的讲话》(2014 年 9 月 5 日)。

运行制约和监督体系，加强反腐败国家立法"[1]，在国家监察法治中要充分发挥好法治的引领和推动作用，确保国家监察机关按照法定权限和程序行使权力。

从法治的目的看，国家监察法治的实质是带有"法治外壳"的公民监督权利的保障，以法治制约权力意味着应严格依据通过反映全民意志的法律法规来规范国家监察权。监察权的工作职责在于有效控制国家权力的规范行使，确保权力"取之于民、用之于民"，通过监察法定，实现对国家公权力行使的有效规范和约束。对公民个体而言，其监督权主要通过集中设置专门的监督机构行使法定职能的形式实现，其监督权利行使的直接性和意愿往往有一定程度的削弱和损耗，由此，在法治的基础上必须发展民主，还需要调动人民监督的积极性。

首先，通过法治方式明确监察机关与外部及内部运行规则。从大的监督体系方面，做到立法监督、执法监督、群众监督、社会监督、舆论监督等各机关的监督职能各司其职、统一协调，从狭义的监察体制建设方面来说，从保障监察效能，以在预防和惩治腐败中发挥更好的作用为目标，在坚持党的领导和纪检监察合署的前提下，明确上级与下级、总部与派驻机关之间领导与被领导关系的同时，通过法律规定明确各自职责职能范围权限和各权力的运行规则，以法治的协调一致引领反腐败权力之间的协调一致，集中发挥整体的监督功效。

1.《习近平谈治国理政》，外文出版社 2014 年版，第 388 页，系《习近平在第十八届中央纪律检查委员会第二次全体会议上的讲话要点》。

其次，法治方式能确保监察机关发挥应有作用，通过职权法定和程序规则规范监察权的行使。目前，我国反腐败斗争取得了压倒性胜利，为保住胜利果实，更需强化法治的规范作用，法治建设通过为监察权的有效施行提供强有力的法律效力保障，法治方式还意味着通过国家监察法律法规的制定和实施，规范监察权行使的范围、方式、手段、条件与程序，为监察权的运行建立公开、透明和保障公正、公平的机制，按照法定职责必须为、法无授权不可为的理念规范监察机关的职能。

此外，法治不仅是一种动态治理方式，也是一种良好的秩序状态。善于运用法治手段，加强对监察委员会自身的监督和制约，将监察权严格纳入法律的"治下"，将监察权力首先关进法治的笼子。严格依法用权，既保障监察权规范运行，达到其在反腐败中的主导作用，同时，也通过其规范运行达到其良好的巩固政权的价值，通过监督其他国家机关及公职人员的公务行为及公权力的运行，全面实现法治在国家政治、各方面社会生活中的调节作用，达到良法善治的状态。

《监察法》作为我国第一部反腐败国家立法，体现了采用法治思维和法治方式反腐败的基本路径。《监察法》中有关监察委员会职责条款的规定，一方面是授予权力，但同时亦为权力如何行使确定了法律边界，实现了对权力的有效规制。比如，为了确保监察委员会调查权的顺利行使，《监察法》第四章专门对调查权行使过程中能够采用的12种强制措施手段作出了明确规定，同时，为了防止这些调查措施可能对被调查者的合法权益造成损害，也对这些强制措施必须满足的实体条件和适用期限等问题作出了配套规定;《监察法》第五章专门对监察程序作出规定,亦充分体现出立法者希冀通过设置程序规则从而实现将监察权纳入法治轨道的根本初衷。

三、法治的系统性

社会学家庞德认为,法律是国家为了实现特定的目的、达到特定的法律实施的效果而制定的,一个由内部不同层次要素构成的、有机联系的、动态发展的统一整体。[1]马克思主义唯物辩证法的系统理论认为系统具有整体性、相关性和有序性。在具体的对象系统中,诸多因素都对系统的整体功效发挥和系统的发展具有影响和制约作用,系统通过内部各因素的相互结合、影响而形成了整体合力。系统理论家塔尔科特·帕森斯认为,"实现特定目标的最初方向被看作是组织区别于其他类型的社会系统的自身特征"。由此,实施有效管理的前提是寻求内部各要素的最大的一致性,找到最适合于具体实际的运行模式,以提高效能、效率和成员满足感,达到内部设计之间的和谐及与外部环境的和谐,从而有利于保障发挥国家监察法治系统的整体性、协调性、实效性。

国家监察体制改革作为我国政治体制改革的"破冰之旅",牵涉范围广,需要以系统的思维进行分析、实践和设计。何为

---

1. 孙成林:《论庞德法学理论中的系统论方法》,硕士学位论文,南京师范大学 2012 年 4 月,第 3 页。

"体制"？《辞海》给出的定义是国家机关、企事业单位在机构设置、领导隶属关系和管理权限划分等方面的体系、制度、方法、形式等的总称，它具有鲜明的系统性特征。"而对于权力的制约监督，不应当停留在理论论述上，而是要做出一套具体可行的方案并建立行之有效的制度。"系统是相对的，作为国家反腐败体制的重要组成部分，国家监察体制这个系统也只是国家反腐败体制这个大系统中的一个子系统，而国家监察法治系统又是国家监察体制的子系统，也具有系统性，需运用系统思维。

构建科学、有效、系统的国家监察法治系统，其首要任务是明确其价值功能定位，同时在法律的严密方面，也就是在形成科学的权力结构上下功夫。[1] 通过立法手段，保障法律内部各要素作为有机联系统一整体的相互衔接并协调一致地服从和服务于当初创设法律时所预期达到的法律目的，构建一个最优化的国家监察法治系统。[2] 国家监察法治是一项"系统性"工程，主要涉及以下方面：

（一）监察权作为一种国家权力，其法律属性、职能定位及如何实现其法定公共职能，其与公民监督权利的关系如何，公民监督权利作为一种本源性权利，代表民意的权力机关如何实现对监察权的监督；

（二）监察权的性质、内涵和范围，其与行政权、司法权中

---

1. 李永忠：《反腐终极目标不只是抓贪官》，http://news.sohu.com/s2016/dianji-1831/index.shtml。
2. 李昌麒，周亚伯：《怎样运用系统论研究法学问题》，载《现代法学》1984 年第 1 期，第19 页。

的检察权、政党权中的纪检权关系及相互运行轨迹的交叉和各自的运行边界;

（三）保障国家监察体制集中统一、权威高效的运行机制，包括但不限于监察机构首脑任命制度、管辖制度、领导体制及涉及规范监察权运行的各项制度和监察手段措施。

以上三部分内容有相关立法支撑，通过修订或颁布相关法律法规以国家强制力予以保障，将对权力的监察监督纳入法治化的轨道。同时，还要从法律技术及形式的角度考虑监察法治的系统性。法律依据其效力强度可分为宪法、基本法、法规、规章等层级，按照法律优先原则，法律效力位阶较低的法律不能违背上位法的规定，通过此原则的实施，既可保障国家监察法制统一，也可一定程度保证上下层级之间法律的衔接性和执行力。

因此，监察法治的系统性在建设目标方面体现为：着力形成完备的国家监察法律体系、高效的国家监察实施体系、严密的国家监察监督体系、有力的国家监察保障体系。这种系统性还体现为系统运行中的修正功能，监察法颁布后，根据执行过程中接收和传递的信息进行动态的自我适应性调节，不断发现问题、研究问题和解决问题。[1] 从而实现立法目标，达到完美的腐败治理效果。

---

1. 参见李克强：《关于法治系统控制过程的探讨》，载《潜科学》1981 年第 4 期，第 56—59 页。

第二节
监察立法重点及深化方向

十三届全国人大一次会议对宪法作出部分修改，把党和人民在实践中取得的重大理论创新、实践创新、制度创新成果上升为宪法规定，实现了宪法的与时俱进。这次宪法修改的重要内容之一，是增加有关监察委员会的各项规定，对国家机构作出了重要调整和完善。[1] 在法律实证主义意义上，终结了全国人大常委会关于国家监察体制改革的依据——两个《试点决定》的合宪性拷问，有无宪法依据的困扰彻底得以解决。[2] 同时，也终结了 2017 年以来围绕《监察法（草案）》颁布合宪性的理论争鸣。[3] 在 2018 年通过的全部 21 条宪法修正案中，有 11 条是直接因为监察委建制入宪而进行的修改或增删。宪法修正案专门在国家机构一章中增设有关"监察委员会"的一节，将监察委作为与一府两院并行的国家机构分支明确写进了宪法，意味着一个自上而下的监察系统在宪法层面获得建制总依据。

---

1. 中共中央纪律检查委员会法规室，中华人民共和国国家监察委员会法规室：《〈中华人民共和国监察法〉释义》，中国方正出版社 2018 年版，第 35 页。
2. 钱宁峰：《论国家监察体制改革的合宪性依据》，载《江苏社会科学》2018 年第 2 期，第 238—244 页。
3. 黎敏：《国家统治条款体系化解释面临的困难——从〈监察法（草案）〉合宪性之争揭示的政治哲学问题谈起》，载《行政法学研究》2018 年第 5 期，第 105 页。

一、深化监察立法的考量及路径

《行政监察条例》（1990 年）、《行政监察法》（1997 年）、《行政监察法实施条例》（2004 年）、《行政监察法》（2010 年修订）以及《中华人民共和国监察法》（2018 年）的制定和颁布，显示了监察法治化建设的发展轨迹。《监察法》是一部全国人大制定的基本法，全国人大及其常委会制定的法律又多具有抽象、概括的特点，随着监察体制改革的深入推进，监察立法供给不足问题将日益凸显，需制定同监察法配套的法律法规，将监察法中原则性、概括性的规定具体化，形成系统完备、科学规范、运行有效的法规体系。[1] 深化监察立法应当注意遵循以下基本方向和原则：

一是坚持正确的政治方向。国家监察体制改革是重大政治体制改革，国家监察权具有强烈的政治属性。应严格遵循党中央确定的指导思想、基本原则和改革要求，把坚持和加强党对反腐败工作的集中统一领导作为根本政治原则贯穿立法全过程和各方面。[2] 坚持以习近平新时代中国特色社会主义思想为指导，实现党的领导、人民当家做主、依法治国在国家监察立法中的有机统一，推进依规治党与依法治国、党内监督与国家监察有机统一。

---

1. 习近平：《在新的起点上深化国家监察体制改革》，载《求是》2019 年第 5 期，第 4 页。
2. 中共中央纪律检查委员会法规室，中华人民共和国国家监察委员会法规室：《〈中华人民共和国监察法〉释义》，中国方正出版社 2018 年版，第 40 页。

二是坚持民主立法。立法必须体现大多数人的整体意志和利益，统筹兼顾不同地区、不同部门、不同群体的利益差别，探索建立多元化的法规规章起草工作机制。[1]国家监察法草案向社会公开并征求全社会建议，开门立法坚持了监察权来源于人民的基本立场。2017 年 11 月 20 日，十九届中央全面深化改革领导小组第一次会议通过了《关于立法中涉及的重大利益调整论证咨询的工作规范》和《关于争议较大的重要立法事项引入第三方评估的工作规范》，指出："更好发挥立法机关在表达、平衡、调整社会利益方面的重要作用，努力使每一项立法都符合宪法精神、反映人民意志、得到人民拥护。"[2]秉承民主立法原则，才能确保立法更加体现广大人民的意志，顺应民心，反映民意。

三是坚持科学立法。集中统一、权威高效的国家体制的构建和运行依赖于通过立法的引导及规范功能得以实现，必须通过不同法律效力层次的相互衔接一致的立法措施予以保障。立法不能脱离和超越其产生的确定性前提和条件，"要根据《立法法》有关规定，紧紧围绕提高立法质量这个关键，健全立法起草、论证、咨询、评估、协调、审议等工作机制"[3]。此外，应当体现与时俱进精神，实践是法律发展的基础，立法要随着实践发展而发

---

1. 马怀德：《预防化解社会矛盾的治本之策：规范公权力》，载《中国法学》2012 年第 2 期，第 50 页。
2. 新华社：《习近平主持召开十九届中央全面深化改革领导小组第一次会议》，http://www. gov.cn/xinwen/2017–11/20/content_5241134.htm。
3. 陈光中，姜丹：《关于〈监察法（草案）〉的八点修改意见》，载《比较法研究》2017 年第 6 期，第 173 页。

展，须把一些重要制度上升为法律和法规。经过一段的试验实施的一些临时性、试行性的规定，应及时修改完善并固化为正式、长效规定，以便保持法律规范的长期稳定性和权威性。

四是坚持问题导向。立法要聚焦着力解决我国监察体制机制中存在的突出问题。对某些腐败现象的治理，仍然缺乏法律依据或法律规范设计中存在腐败成本太低、权力义务责任不平衡等科学性方面问题，这些都为腐败分子提供了制度漏洞和可乘之机，也是腐败问题发生率居高不下的重要原因。问题永远是相对的，国家监察立法并非一劳永逸之功，随着改革的深入推进，旧的问题不断得以解决，新的问题又会陆续产生，如调查权的属性、留置的法治程序、法法衔接、纪法衔接等问题。从某种意义上说，国家监察体制改革的任务就是在改革推进的过程中，不断解决好这些理论和实践中存在的问题。

五是加强可操作性和制度执行力。顾炎武在《日知录》中阐释了惩戒贪腐立法与用法之间的关系，主张这一领域要"立法宽而用法严"[1]。法律制度在实践中未得以良好的遵守和执行与法律制度本身的效力层级及科学性和严密性也有密不可分的关系。这些问题集中在反腐成效"最后一公里"的执法环节暴露出来。在制定法律规范时，必须保持同一规范中使用的概念、判断的同一，以便于人们掌握和执行。[2]执法不力也与多头执法或执法责任不明晰产生的推诿有很大关系，有些反腐败制度尚未上升到法律法规

---

1. 焕力：《中国历史廉政监察研究》，武汉大学出版社 2015 年版，第 2 页。
2. 参见陆奎明：《形式逻辑与纪检监察》，华东师范大学出版社 1998 年版，第 186 页。

的层面，这是造成对公职行为的约束和规范缺乏必要刚性和强制力的重要原因。

关于国家监察立法的主要内容，学者姜明安认为，国家监察法调整的法律关系主要应包括：国家监察机关与监察对象、人民代表机关、党的纪律检查机关、司法机关之间的关系及其内部组织机构间的关系。为科学合理地调整这些关系，国家监察法应对国家监察机关的组织、职责、权限和监察手段、监察程序，以及对国家监察机关本身的监督、对国家监察对象合法权益的保障和救济机制进行周密的设计和规范。[1]

国家监察法的立法初衷在于巩固深化国家监察体制改革试点成果，国家监察法的内容细化和机制完善工作，还须依靠各级监察委员会的具体工作和国家监察体制改革的进一步措施来解决，特别是监察委员会的内部机构设置、监察流程、监察官管理、留置措施使用等，需要出台专门的组织法、监察权运行的实体法及程序法作出细化。监察权运行规则的实体法，包含但不限于监察权的主体、监察对象范围、监察法律行为及其法律效力、监察法律责任等具体内容。上文已分析，监察权还具有行政权的属性，国家监察立法还包括在存在监察行为相对人的情形下能否通过对监察违法行为提起行政诉讼而获得法律救济等问题的回应。

国家监察体制改革的影响力不会局限于监察领域，会进一步拓展至国家权力结构、权力关系的重构。国家监察法的基本内容

---

1. 参见姜明安：《国家监察法立法的若干问题探讨》，载《中国行政法学研究会 2017 年年会论文集》。

应包括监察组织规范、监察程序规范、监察行为规范、监察责任规范、监察监督规范等。[1]《监察法》的出台意味着国家监察立法采用"先总后分"模式，可以预见：下一步，待条件成熟，将通过制定组织法、程序法、监察官法等相关单行法律；第二步，在单行法律的基础上向下延展，制定相关行政法规。[2]

此外，还有一个值得注意的问题，尽管《监察法》的制定以建设统一集中、权威高效的国家监察体制为宗旨，但在全面推进依法治国、推进国家治理现代化的新时代背景下，我们决不能忘记公正是法治的生命线。[3]虽然监察委员会作为新设立的国家机关，其活动不完全适用既有的《刑事诉讼法》，具有合理性和可接受性。然而，需要强调的是，国家监察立法尤其是涉及监察强制措施制度设计时，仍然应当符合依法治国的基本原则，贯彻正当程序原则、人权保障原则、比例原则等。

二、监察组织法的完善

组织法定主义，是指国家机构的产生、设置和组成，权力配置，组织活动原则等都必须由法律规定。通过立法规定监察委员

1. 罗亚苍：《国家监察体制改革的实践考察和理论省思》，载《理论与改革》2017年第5期，第179页。
2. 徐汉明：《国家监察权的属性探究》，载《法学评论》2018年第1期，第25页。
3. 党的十八届四中全会提出了实现公正司法的目标，强调了"公正是法治的生命线"，明确了"保证公正司法，提高司法公信力"等全面推进依法治国的重大任务，对以法治促进社会公平正义作出了全面部署。

会的产生、组成和职权，理顺国家监察机关与检察机关等其他国家机关的关系，从组织法上保障国家监察机关依据《监察法》规定的监察任务、权限和程序履行法定职责。[1] 我国宪法实行严格的组织法定主义，国家机构的产生、组织和职权，只能由法律来规定，属于法律保留事项。宪法规定，国务院的组织由法律规定，地方各级人民代表大会和地方各级人民政府的组织由法律规定，人民法院的组织由法律规定，人民检察院的组织由法律规定。组织法是专门规定调整某类国家机关的组成和活动原则的法律，

全国人大决定改革国家监察体制，建立国家监察委员会，根据组织法定主义，在宪法中应当明确规定，国家监察委员会的组织由法律规定。作为与国家行政机关、审判机关、检察机关平行的"一府一委两院"体制下的监察机关，其组织的原则和规则自然也应由法律规定。在国家机构组织立法方面，我国制定了《国务院组织法》《地方各级人民代表大会和地方各级人民政府组织法》《人民法院组织法》和《人民检察院组织法》，明确了各国家机关的性质、任务和职责权限。增设的国家监察委员会的产生、组织和职权，也必然应当以组织立法的形式规定。

第十三届全国人大一次会议通过的宪法修正案专门在国家机构一章中增设第七节"监察委员会"，为我国监察体制改革的深入开展确定了明确的宪法依据。《监察法》第二章集中规定了涉及组织法的相关内容。根据宪法，《监察法》专设第二章"监察

---

1. 金国坤：《组织法定主义视野下的国家监察体制改革》，载《新视野》2017 年第 5 期，第 5 页。

机关和监察人员"，一共包括八个条款，第七条到第十四条都是涉及组织法的相关内容。《监察法》第二章是对宪法有关监察委员会设置的具体化，另一方面，根据职权法定原则的基本要求，涉及监察委员的组织架构法定化，即通过制定组织法条款，规定监察委员会产生、组成以及职权内容和职权边界层面。一方面是对《监察法》总则所确定的中国特色监察体制定位的落实，亦为有关监察范围和管辖、监察权限等监察权行使层面（行为法层面）的相关内容夯实了体制基础和保障。[1]

从具体内容来看，《监察法》中组织法的内容主要规定了我国四级监察委员会机构设置，国家监察委员会产生、组成以及与国家最高权力机关之间的关系，地方各级监察委员会产生、组成以及与地方同级国家权力机关和上一级监察委员会之间的关系，上下级监察机关领导关系，监察委员会职责，监察委员会派驻或者派出监察机构、监察专员的设置以及领导关系，派驻监察机构以及派出监察专员的职责规定等主要内容。

当前，在《监察法》中涉及监察组织规定，宪法监察法已明确监察委员会法律地位及与相关国家机关法律关系的前提下，需进一步探讨是否还具有单独制定监察组织法的必要性。[2] 从国家监察体制改革和法治建设当前阶段看，《监察法》第二章已将组织法主要内容进行了明确。笔者认为从长远来看，国家监察权作为一种国家权力，国家监察机关是完整意义上的具有独立宪法地

---

1. 参见马怀德：《中华人民共和国监察法理解与适用》，中国法制出版社 2018 年版，第 26 页。
2. 江国华：《国家监察体制改革的逻辑与取向》，载《学术论坛》2017 年第 3 期，第 41 页。

位的国家机关，制定专门的监察机关组织法是必要的，可以通过组织法的制定将《宪法》《监察法》中的相关条款进一步明晰和细化。

监察组织立法还涉及相关法律的修订，监察组织法的内容不仅包括国家监察机关机构及负责人的产生、职责权限、履职义务、接受监督等方面的法律规定，还涉及与其他国家机关权力的范围边界及衔接，出台专门的监察组织法时，应同步修订《立法法》《审计法》《全国人民代表大会和地方各级人民代表大会代表法》《地方各级人民代表大会和地方各级人民政府组织法》《全国人民代表大会组织法》《人民检察院组织法》《各级人民代表大会常务委员会监督法》《检察院组织法》等法律中的相关法律条文。

《监察法》实施一年多以来，监察委员会机构改革、职能配置、内设机构、人员编制、派驻机构改革、特约监察员制度等规范监察组织相关内容的中央政策文件、监察法规规章陆续出台。2018 年 3 月 28 日，中央全面深化改革委员会第一次会议审议了《关于深化纪检监察体制改革和中央纪委国家监委机构改革情况的报告》。2018 年 5 月 26 日，中共中央办公厅印发《中央纪律检查委员会、中华人民共和国国家监察委员会机关职能配置、内设机构和人员编制规定》。2018 年 6 月 2 日，中共中央办公厅印发《中央纪委国家监委派驻机构改革方案》。2018 年 8 月 24 日，中央纪委国家监委印发《国家监察委员会特约监察员工作办法》，对特约监察员制度进行进一步指导和规范。通过梳理、整合、提升这些法规，可将它们作为制定监察组织法的重要参照依据。

三、监察官立法

各级监察委员会是专司国家监察权的专责机构，机构的工作最终还是会落实到人，由监察官代表监察委员会具体行使监察权。构建中国特色的监察官制度是我国监察体制改革的重要内容。习近平总书记指出，监督别人的人首先要监管好自己，执纪者要做遵守纪律的标杆。各级纪委要以更高的标准、更严的纪律要求纪检监察干部保持队伍纯洁，努力建设一支忠诚、干净、担当的纪检监察队伍。监察权与立法权、司法权和行政权的差异和新型"第四权"的定位，决定了监察官职业的不同要求和特点。

（一）监察官立法的总体性原则

第一，专业性。根据《监察法》，监察官专门对公职人员的履职行为是否能够做到依法履职、秉公用权、廉洁从业以及道德操守进行监督检查，并依法对职务违法和职务犯罪行为开展调查，最后作出处置决定。监察权的专门性决定了监察官职业必需的专业性：一方面，监察机关和党的纪检部门合署办公，监察官一方面要能成为党的执纪监督者，同时又是专门的国家权力运行的监督者，监察官应同时具有较强党纪、国法"兼而有之"的政治、政策和专业素养；另一方面，虽然广义上属于公务员范畴，但作为公职人员的监督者，监察官在职业准入、职业技能、职业方式、职业形象和职业道德等方面的要求应该更严更高。

第二，职业化。《监察法》第十四条明确规定："国家实行监察官制度，依法确定监察官的等级设置、任免、考评和晋升等制度。"这充分体现出立法者希冀建立能够反映监察官特点、又与监察权行使相匹配的中国特色监察官管理制度的初衷。鉴于监察委员会是一种专门行使国家监察权的新型国家机构，监察官亦是代表监察委员会专门行使监察权的人员，对这个监察官职业群体的职业准入及职业化建设需要进行特殊设计规划，通过系列职业规范约束其行为，以保障国家监察权规范高效运行。党的十八大以来，司法职业化改革正在持续深入推进，并且成效显著。与法官、检察官相类似，中国特色监察官队伍的打造，亦需加强顶层规划和系统的制度设计。

（二）古代制度的现代启示

我国古代在对监察官员的激励、赏罚机制方面形成了以"位卑权重"与"禄薄厚赏"为特征的一套科学成熟的机制，不仅具有传承和研究价值，即使放在当今也非常具有现实借鉴意义。

其一，实行"位卑权重"的用人政策。

这种用人政策背后蕴藏了深厚的哲理和智慧，清人赵翼说："官轻则爱惜身家之念轻，而权重则整饬吏治之威重"，除此之外，官轻便于控制和使用，利于监察权的集中统一行使。[1] 监察官员的权力较大，代表皇权的绝对权威，并具有相对独立性。如在汉武帝时期，作为每年只有六百石俸禄的官吏官职虽不高，但奉

---

1. 参见修晓波：《明朝巡视监察制度辑要——〈大明会典〉有关记载译注》，中国方正出版社2016年版，第4页。

皇帝之命、持天子之威可对二千石以上的地方官员乃至封国的诸侯王行使监督权，特殊情形可先斩后奏，[1]这种"以上督下，以卑查尊"的制度设计不仅成为封建监察体制的一贯原则，也成为发挥监察实效的有效经验。

其二，具有相当严格的准入和管理机制。

作为维护封建国家机器有效运行的监控器及预防官吏腐败的最后一道防洪堤，历代统治者都非常重视监察官员的选拔任用及国家监察职能的发挥，并制定了一套严格的标准和程序予以保障。监察官员的选拔任用标准均严于其他官员，包括对品德、学识和经验等三方面的综合考核，严格的准入保证了监察官员的素质，为监察机关有效发挥监察职能提供了有利条件和人才保障。如对监察官员的选任大多经过比较严格的文化考核，汉魏时一般通过察举考试的方式选拔御史，在从政经验方面，各朝基本都要求监察官员具有证明其治政能力的丰富从政经历，宋朝规定必须曾经担任过两任县令才具备任职监察御史的资格，清代的监察官一般要求在京任职两年、在京外任职三年以上。

为加强对监察官员自身的监督管理，大多数朝代实行外部、内部、相互之间的多层面的"反监互察"，通过强化外部监督及监察系统内部分权制衡严防出现弄权行私、贪赃枉法的问题。

其三，推行赏罚分明、权责一致的激励机制。

赏主要体现在监察官的任用提拔制度上，成绩显著升迁迅

---

1. 刘永昌：《浅谈我国古代监察制度及其启示》，载《清江论坛》2010 年第 5 期，第 10—11 页。

速，职业政治前景预期相当理想，在西汉的 43 个丞相中，有 25 人是由御史大夫迁补而来；六百石品秩的刺史可以在成功弹劾两千石品秩的郡国长吏后自己取而代之。[1]

唐代建立了专门针对监察官员的灵活迅速的升迁机制，对监察御史的考核期限较短。明清时期对监察官的考核任用常常不拘一格：明代正七品的监察御史，外迁时常常擢升至四品的监察官员，甚至可原地越级提升为正三品监察官员，但若监察官不尽职守，考核为劣等，则惩处也较普通文官更为严厉。如西汉末年，鲍宣为豫州刺史，没有按"刺史六条"如实核查所属郡国，存在失职问题，被奏免职。[2]明朝御史犯罪甚至罪加三等进行处理。

由此可见，在监察官队伍建设过程中实行科学的人事政策和激励机制，对其提升履职水平乃至整个国家监察职能的发挥都具有重要意义。

（三）专门监察官立法的必要性

综上，笔者认为虽然《监察法》已确立了有关监察官制度的基本方向和主要内容，但颁布专门的监察官制度并以专门的监察法立法予以保障是非常必要的，通过专门立法可以巩固监察职业化、专业化队伍建设的长效性和稳定性，保障监察官专业队伍的整体高素质，保障依法履行监督职责和国家监察职责的权威

---

1. 傅奎：《纪检监察概论》，中国方正出版社 2008 年版，第 114 页。
2. 参见张国安：《论中国古代监察制度及其现代借鉴》，载《法学评论》2009 年第 2 期，第 153 页。

高效运转，对深入开展反腐败工作具有重要意义。《监察法》涉及条款的内容较为宏观和笼统，应按照其中已明确建立的中国特色监察官制度的总体方向及对监察官的等级设置、任免、考评和晋升等问题的原则性制度安排，建立健全监察官的配套制度。按照以上立法思路和原则，监察官立法的主要内容应当包括对监察官的职责、监察官的义务和权利、监察官的任职条件、监察官的任免、任职回避、监察官的职级设置及晋升考评、对监察官的考核培训及对监察官的奖惩制度，及工资保险福利、辞职辞退、退休、申诉控告等系列保障制度和相关组织方面的内容。

《监察法》实施一年来，全国人大提前介入政务处分法、监察官法等立法工作，推动完善监察法配套法律。根据全国人大监察和司法委员会副主任委员徐显明介绍，全国人大监察和司法委员会将继续提前介入这两部法律的起草工作，配合国家监察委员会和常委会立法工作机构，做好审议前的准备工作。[1] 监察官法已经纳入 2018 年 9 月公布的《十三届全国人大常委会立法规划》。[2] 关于监察官专门立法效力层级问题，是法律、法规，还是规范性文件，笔者认为应当参照《中华人民共和国法官法》《中华人民共和国检察官法》的立法思路和模式，同时结合《监察法》的实施情况作出顶层设计。

---

1. 人民网：《徐显明：全国人大监察司法委员会今年将推进政务处分法》，http://www.sohu.com/a/300292610_114731。
2. 瞿芃，孙灿：《今年将研究起草政务处分法监察官法》，载《中国纪检监察报》2019 年 2 月 15 日，第 1 版。

（四）需要注意和明确的两个问题

其一，监察人员与监察官员内涵是否相同的问题。

在《监察法》中也同时出现了"监察人员"的称谓。《监察法》第五十六条明确规定，监察人员必须模范遵守宪法和法律，忠于职守、秉公执法，清正廉洁、保守秘密；必须具有良好的政治素质，熟悉监察业务，具备运用法律、法规、政策和调查取证等能力，自觉接受监督。"监察人员"和"监察官"的称谓既有区别，也有联系。关于监察人员应当满足什么样的条件才能成为监察官等问题，亦需要在以后监察官专门立法中予以明确规定。[1]

其二，监察机关的相对独立是否代表需实现监察官的个体独立。

独立是监察官开展反腐败工作的基本保障。与行政系统内的行政决策权和行政管理权不同，监察官执掌的是监督权，是一种专门对公权力行使的廉洁性进行合法合规性监督、调查和处置的权力。其工作的对象是掌握或行使公权力的公职人员，他们容易对监察工作施加影响。为保障监督权公正行使，尤其在与腐败分子的周旋和斗争中敢于动真碰硬，做到不为强权所用、不为利益所俘，保障监察官严格执法履职，首先应从制度设计上、条件保障上破除可能产生的利益纠葛，清除办案过程中的心理和各种人为设置的障碍，避开一切影响公正执法的利害关系，根本上消除

---

1. 参见马怀德：《中华人民共和国监察法理解与适用》，中国法制出版社 2018 年版，第 52—54 页。

顾虑，保障监察官履职过程中的相对独立和超脱位置。

监察官依法独立行使监察权，是监察权独立性的重要方面。要保障监察权的行使具有独立性，不仅要保证整个监察机构、监察体系在行使国家监察权时具有独立性，而且要保证每个个体的监察官履职时也具有一定的独立性。如国民政府监察院每个监察官员都依法具有独立履职的权力，任何一位监察委员都可以就发现的官吏的违法失职行为依法单独提出弹劾案和纠举案。新加坡设的反贪调查局的每一个官员都被视为特别公职人员，根据1960年的《防止贪污法》持有经局长签署的委任证书，委任证书作为依法行使反贪职权的凭证，从而保证了反贪污调查局能够获得公共机构的必要合作，也保证了其能够有效行使职权。

但监察官与法官、检察官本质的不同，决定了其独立履职的相对性。司法权的本质是"判断"，对独立性有着极高的要求，其实行的"员额制"是通过设立单独的司法序列，将法官、检察官同传统公务人员序列予以区别。但是，监察机关不是司法机关，而是由人民代表大会产生的行使国家监察职能的专责机关，它的上下级之间属于上命下从、互相隶属的关系，这与具有高度独立自主性的裁判者不同。

因此，与监察机关强调整体独立不同，监察官并不强调个体独立，监察官代表的仅仅是一种职务、资格或身份，除负责人之外，监察官更注重的是服从和执行，强调的是集体决策。下一步，监察官的设置应区别于"员额制"，创新出充分体现中国文化特点的监察官衔级名称。特别是在监察官任免、考评和晋升等制度设计上，要科学设立上下进退机制。监察官的政治素质等门槛要更高、退出机制要更强。[1]

四、廉政立法的配套化

（一）廉洁的内涵及范畴

监察监督还有一项主要内容，就是监督公职人员"秉公用权、廉洁从政"的情况，也即监督公权力行使的廉洁性。广义的廉洁性包含公共性的要求，"廉洁"的反义词即为腐败，腐败的本质就是公权力的异化、私有化，廉洁的目标之一就是防止公权力的异化、私有化。"廉洁"一般认为应当包含以下层面的内涵要素：

一是"廉正"，指在履行公务的过程中，保持廉洁，公正行事，不徇私枉法、不徇情枉法；

二是"廉朴"，指公权力全部用之于民，即权为民所用，始终保持公权力的公共性和公益性的基本属性；

三是"廉节"，公职人员在公务行为中具有的清廉的品德或节操，不贪污受贿，保持公务行为的廉洁性；

四是"廉制"，即国家形成各项促廉、保廉、养廉的各项制度，即"激励反腐"，国外谓"高薪养廉"，我国谓"奖罚分明"，通过推进领导干部能上能下和提高公职人员的地位待遇，使为官者"不思腐"。

---

1. 王希鹏：《完善国家监察领导体制及推进纪检监察一体的思考》，载《湖南社会科学》2018年第2期，第112页。

（二）廉政立法

廉政立法是正面规范国家公务员的行为准则，将官员运用公权力的道德义务通过立法转化为具体的法律义务，即将官员运用公权力道德标准制度化、法治化，也称从政道德立法。廉政法规制度在规范公务员职业道德、防止因利益冲突而滋生腐败等方面作用甚大。从政道德法治化（又称行政伦理法治化）是世界反腐倡廉制度建设的一大趋势，从政道德的法治化、规范化水平很大程度影响甚至决定监察体制功效的发挥。廉政法规制度对监察工作的意义在于：对公职人员展开监察、行使监察权必须以规范公职人员行使公权力的廉政法规为依据，公职人员若违反廉政法规，国家监察机关将以其违反程度为准展开监察活动。

从国际范围内廉政立法情况看，廉政规范主要包括官员的财产申报、限制公务活动期间礼品收受、公职之外兼职、铺张浪费、游说规制、职后就业、经商办企业等以公职谋取不正当私利方面的全面的、综合性的法律制度，如美国的行政部门雇员道德行为准则和政府道德法以及澳大利亚、新西兰的公务人员行为准则等。除廉政综合性立法外，廉政立法还包括专门针对公职人员廉洁自律规定进行的专门立法，如美国《政府道德法》、巴基斯坦《政府公职人员行为条例》、菲律宾《公共官员与雇员品行和道德标准法》等。此外，还有在公务员行为规范法则中规定部分廉洁自律条款的形式，如新加坡《公务员行为与纪律条例》、日本《国家公务员法》、澳大利亚《公务人员行为准则》、墨西哥《公务员职责法》等。

廉政立法究竟与反腐败立法之间是何关系、有何异同是需重点厘清的问题。廉政立法规定公职人员廉洁从政的行为标准，为公职人员廉洁用权提出了具体的行为规范要求，划出公职人员公职行为的"红线"，同时，对官员较为严重违反廉政法规的行为规定了惩戒措施。二者是对立统一的：廉政立法实质是树立标准，是一种正面提要求的规范，而反腐败立法是惩治违反廉政行为标准的规范；廉政立法主要是通过教育引导和激励机制实现，反腐败立法主要通过惩处震慑和威慑实现；一规一惩，一正一反，相辅相成，相得益彰。只有正反结合、双向发力才能达到预防和惩治腐败的良好效果。

（三）廉政立法的域外经验

1. 新加坡

新加坡廉政与反腐败法律体系较为健全和完备，涉及反贪污贿赂的规范法律化、制度化、长效化水平较高。同时，确保监察权权威性和独立性的监察法律体系也较为健全，预防性立法与惩戒性立法相互衔接、相得益彰。《公务员法》《公务员行为准则》等系列正面规范公务员行为的制度规定，明确了公职人员行使公权力的法律边界；也有配套衔接的《防止贪污法》《公务员惩戒规则》等惩治性法规，详细规定了对尚不构成刑事犯罪、在公务行为中存在渎职和玩忽职守违纪行为的调查和处理程序，从而保障了公务员公职违法行为从预防到惩戒的任何阶段都有法可依。[1]

---

1. 参见樊曼莉：《西方国家行政监察制度的特点及其启示》，载《西安政治学院学报》2006年第5期，第14页。

高薪制与公积金制度的有效结合，构建了一种富有成效的"不想腐"的机制。在新加坡，实行公务员高薪养廉制度，是基于这样的认识：治理国家和管理公共事务的任务应当交给社会精英，要吸引和留住这些精英，必须具有体现其社会价值的在经济收入方面的优势地位，从经济方面给官员创造"不想腐"的有利条件。部长级公务员的年收入在人民币 500 万元左右，局长级公务员的年收入在人民币 200 万元左右。新家新加坡一方面实行高薪制，另一方面实行公积金制度。新加坡的公积金制度有较强的心理遏制作用。[1]新加坡政府实行中央公积金制度，新加坡公务员的中央公积金交缴率总数为职员薪金收入的 40% 左右（个人和单位配套大致各占一半），公务员只要廉洁奉公，努力工作，没有发生违纪违法犯罪行为，退休后就能得到这笔大额养老金而没有后顾之忧。一旦发现公务员存在贪污行贿等腐败行为，惩处将十分严厉，在刑事处罚的同时，可判决将其全部公积金上缴国库。犯罪成本如此之高，尤其是资历老、级别高的公务员权衡利弊后都不愿意贪污受贿铤而走险。

2. 澳大利亚

受英国影响，澳大利亚对公务员实行文官制度，通过《公共服务法》《联邦公务员行为准则》《禁止秘密佣金法》等系列立法保障文官制度的执行。澳大利亚的从政道德法治化的程度和水平也较高，对公务员的行为准则、利益冲突、财产申报、接受礼

---

1. 崔剑仑：《论当代中国行政监督》，博士学位论文，吉林大学 2004 年 12 月，第 139—145 页。

物、兼职、离职后竞业禁止等方案都作出了细致严格的规定，以保障公务员政治立场中立，不受政党更迭影响。

3. 美国

美国廉政法律制度建设也较有特点：一是形成诸多部门齐抓共管的反腐败体系。除监察长办公室外，联邦选举委员会、总统廉政和效率委员会、联邦政府道德署、独立检察官等都是依据相应法律设立的预防和惩治腐败的职能机构，通过专门立法对以上不同领域的执法主体进行明确，详细规定其法定权限和运转程序，通过协调一致的立法体系与配套执法体系，保障形成国家反腐败合力；二是美国的财产申报制度也较为周密，不仅对财产申报的种类、人员、内容、审查以及利益冲突的解决等作了详细的规定，而且配套实行个人存款实名制。

（四）我国廉政立法问题及方向

我国从监察部恢复重建以来，监察部职责侧重点都放在廉洁情况的监督上。监察部在 1987 年组建后的几年间，工作方向一直是以廉政监察为重点。[1] 我国法律法规及党内法规中将"廉洁用权"作为公职人员的一条基本准则。《国家公务员法》规定了公务员依法履职和保持清正廉洁的义务。党内法规中也有关于廉洁用权的相关规定。《中国共产党廉洁自律准则》关于党员领导干

1.《尉健行同志在监察部第二批特邀监察员聘请大会上的讲话》，（1993 年 3 月 9 日），载中华人民共和国监察部：《中国监察年鉴》（1992 年—1997 年卷），中国方正出版社 2007 年版，第 68—69 页。

部廉洁自律规范第六条规定："廉洁用权，自觉维护人民根本利益。"《国有企业领导人员廉洁从业若干规定》第六条规定："国有企业领导人员不得利用职权相互为对方及其配偶、子女和其他特定关系人从事营利性经营活动提供便利条件。"

党的十八大提出，"要用制度管权管事管人"，党和政府更加注重监督机制的完善，党的十八届四中全会提出，"建立健全起一套严厉的对权力运行的制约和监督体系，把权力关进制度的笼子里，让权力在阳光下运行"。涉及对党员干部及公职人员的系列规范，如政治待遇、禁止经商、禁止兼职、在公务活动中接受礼品礼金等方方面面的廉洁从政、廉洁从业等廉政规定密集出台，对权力约束的制度笼子越扎越紧。规范性文件类型从全国人民代表大会及其常委会法律、决议、决定，国务院制定的行政法规到党内法规，数量也不可谓不多。

随着改革进入攻坚区和深水区，廉政立法中的一些不适应问题也开始凸显：如从政道德规范的法治化、规范化、系统化程度不够高；法规效力层级多属党内规范性文件形式存在，我国公职人员职业规范的专门性法规整体较为缺乏；预防性的法规太少，立法缺乏系统的考虑和统筹规划等。

此外，对各类腐败行为尤其是腐败违纪、腐败违法行为的构成不明晰，这是一个较为普遍且影响整体的问题。我国刑法对腐败类犯罪行为规定有犯罪构成，相关司法解释也明确了量刑标准。但何为违反廉政纪律的违纪行为，何为构成职务违法的腐败行为，却难以在法律法规中找到相应内容。正如 Leslie Holmes 对我国腐败治理的一项研究结果表明，腐败在我国并非一些描述中那么严重，很多"灰色腐败"（Heidenheimers，1970）行为被纳入了统计数据，如"大吃大喝""公车私用"等，这主要是法律界定与普遍大众观念理解不一致造成的，这也从侧面反映了我国廉政立法中对腐败问题界定不清晰、不严谨的问题。

廉政立法科学化、系统化的一大特点是：往往都从国家层面制定出系统的约束公职人员行为的规范并以法律的形式予以强化，如在法国，以预防为主要定位的《公务员总法》规定了公务员利用职务实施的一般贪污腐败行为构成标准，涉及公务员渎职、盗用公款、从事与职务不相容之商事、一般受贿、滥用职权受贿等行为。在实践中严格执行这些廉政法规，以事后追惩型向过程管控型模式发展，在对公职人员的日常管理中有效防止以权谋私、滥用权力等现象发生，增强监察机关监察行为的科学性和公平性。

综上，将国家工作人员的廉洁从政要求法制化，就应考虑将公务员从政道德规范纳入国家立法，使公职人员的公务行为有一套较为完整的行为准则，使监察的标准明晰化。[1]实现监察执法有依据、可操作、可量化，当前有两项重要任务：一是迫切需要通过立法构建职务风险防范机制，加快推进旨在实现公职人员"不能腐"的廉政建设，研究出台《财产申报法》《防止利益冲突法》等法律。同时，进一步推进旨在提高公职人员自觉抵制腐败能力的"不愿腐"立法建设，研究出台《公共职务保障法》《公职人

---

1. Leslie Holmes. Combating Corruption in China: The Role of the State and Other Agencies in Comparative Perspective. [J] Economic and Political Studies，No.1，January 2015，64.

员道德教育法》等法律。二是加强腐败违纪、违法行为认定的标准体系建设，使作为公职人员，何种行为可为，何种行为不可为，可为的标准和底线及其违反后需承担的法律责任等不利后果都清晰可见。

五、反腐败刑事立法

从世界范围看，各国早期的反腐败立法主要集中在打击典型的贪污贿赂行为。反腐败立法可分为综合型[1]、实体型[2]和程序型[3]。反腐败刑事立法与监察立法关系甚大，反腐败刑事立法中划定腐败类罪的范围大小和严格程度决定了整体反腐败立法是否具有足够的威慑力，同时也是作为反腐败主要主体——监察机关履行职责尤其是在职务犯罪调查工作的重要依据和遵循。

在日本，刑事立法几乎囊括与公务行为相关的所有腐败行为，刑名详尽细密，关于贿赂的就有单纯受贿、受托受贿、事前受贿、向第三者供贿、加重受贿、事后受贿、斡旋受贿、赠贿罪。并且在认定犯罪构成上，更关注实质要件，并不以违法为要件，只要因职务行为而收受不当利益即构成受贿罪，并且不仅限

---

1. 如英国的《公共机构防止贿赂法》、塞浦路斯的《防止贿赂法》、巴基斯坦的《防止腐败法》、马来西亚的《防止腐败法》、新加坡的《防止贿赂法》等。
2. 如日本关于整顿经济关系罚则的法律、苏俄人民委员会 1918 年关于禁止贿赂行为的法令、苏丹防止舞弊行为条例等。
3. 如巴基斯坦的《反腐败局法令》、泰国的《反贪污法》、新加坡的《没收贪污所得利益法》、南非共和国的《严重经济犯罪行为调查法》、加拿大的《舞弊行为调查法》等。

于直接责任，还包括基于管理、指挥、由权限产生的与职务相关的领导责任。同时，贿赂罪的标的物包括金钱、物品等实物以及招待、娱乐等服务，甚至包括支付债务、性服务、提供职位、无息贷款等更为间接、隐秘性的不当利益。

在英国，其对腐败行为的惩处不仅纳入刑法犯罪的范畴，还纳入民事立法或《公务员总法》等行政立法中。英国是世界范围内首个制定反腐败法律的国家，《英国 2010 年反贿赂法》被认为是"史上最严"的反腐败法律，其对腐败的处罚手段严厉，有 6 月至 7 年的监禁、不设上限的罚款、类似罪行再犯终生不得担任任何公共职务等。[1]

总结清廉指数排名靠前的国家的经验，往往对贪污受贿罪的定罪和处罚都很严厉。具体表现在：

一是贿赂罪的入罪门槛低。澳大利亚在"全球清廉指数"排行榜上多年稳居前十名，澳大利亚的刑事立法规定，只要有受贿或行贿的意思表示便构成犯罪。新加坡的刑事立法明确规定，任何情况下的行贿、受贿行为，均视为犯罪；行贿以意思表示作为犯罪构成要件；凡是与立法机关、行政机关及其他公共团体有关的贪污贿赂行为，均视为重罪，加重处罚。

二是针对公职人员设定特殊的腐败罪名，加大处罚力度。如澳大利亚制定严厉的反腐败法律法规，设定了公职人员收受腐化利益罪，根据其刑法典规定，如果公职人员收受了可能影响公职

1. 舒扬，莫吉武：《权力市场化与制度治腐问题研究》，中国社会科学出版社 2008 年版，第 69 页。

人员职责履行的利益，不管其价值大小，都构成收受腐化利益罪，将受到 5 年监禁刑事处罚。

三是对贪腐受贿类犯罪的证明标准低。根据我国香港地区、新加坡的法律，涉及贪污腐败类犯罪采用"涉嫌即可起诉"的原则，即公务员拥有的财产与其收入不相称，本人又不能作出合理解释时，便构成涉嫌贪污犯罪。这就意味着，对贪污腐败犯罪设置了比一般刑事犯罪"无罪推定原则"更为严厉的打击标准，无疑对于加大反腐力度而言是极为合理和必要的。

四是行受"双向"严惩。在澳大利亚，对行贿联邦公职人员或公职人员受贿均可处以 10 年监禁。[1]

五是对贪污者施以严厉的经济性处罚。如新加坡刑事法律规定，凡是有贪污、受贿等违法行为者，就要给予开除、坐牢、撤销个人全部公积金等严格惩罚。

六是对贪污受贿类犯罪打击范围广，分类精细化。如新加坡《防止贪污法》第五条至第十四条规定了十余个贪污受贿罪的罪名。[2] 总体原则就是无论是受贿行为本身还是边缘受贿行为，均规定为犯罪。

---

1. 参见阳平：《澳大利亚联邦公务员行为准则 澳大利亚 1976 年监察专员法 澳大利亚 1905 年禁止秘密佣金法》，中国方正出版社 2015 年版，第 3 页。
2. 规定了公务员的一般受贿罪、形式受贿罪、利用影响力受贿罪、公务员利用职务受贿罪、公务员从事贸易罪、代理人受贿罪、行贿人代理人罪、欺诈委托人罪、行贿投标人撤回投标罪、投标人受贿撤回投标罪、行贿议员罪、议员受贿罪、行贿公共机构人员罪、公共机构人员受贿罪、阻挠调查贿赂行为罪等。

六、监察程序法

加强监察程序法治是关系到监察权的规范化运行的实质性问题。虽然传统观念认为程序只具有"工具"价值或属于"治标"范畴,但从当前世界各国和地区反腐经验和潮流趋势来看,程序法治的意义绝非仅仅是形式上的。从多数法治国家经验看,制定统一的行政程序法,对于约束公共权力,保护公民权利,遏制腐败现象,克服官僚主义,提高行政效率都具有重要意义,虽然我国先后制定了行政处罚法、行政许可法、行政强制法等单行法律,但执法程序依然有缺失,需要制定统一的行政程序法来弥补各类程序的漏洞和缺陷,规范行政执法行为。[1]

监察权的行使虽然也受国家法律与党内法规的约束,但与行政复议和司法审判等机制相比,对其约束的透明度和力度相对不足。就改革前的《行政监察法》而言,"有些行政监察程序设置不科学,如受理申诉的渠道过于单一,监察结果公开不足;一些程序规定过于原则,缺少细化的操作步骤和要求,如虽然赋予行政监察机关对人民政府作出的违反法律、法规和国家政策的决定,享有纠正和撤销建议权,但没有规定具体程序,实际工作中难以执行"[2]。

---

1. 马怀德:《预防化解社会矛盾的治本之策:规范公权力》,载《中国法学》2012 年第 2 期,第 51 页。
2. 马怀德,张瑜:《通过修法完善国家监察体制》,载《学习时报》2016 年 7 月 14 日,第 4 版。

　　为促进监察机关正确、依法履行职责，防止监察权力滥用，《监察法》专门设置"监察程序"一章，对监督、调查、处置工作程序作出严格规定，在不断扎紧、织密制度笼子的同时，也强化对监察对象与相关人员合法权益的保护。《监察法》第五章主要围绕规范监察机关履行职责的程序展开，从工作机制、审批权限、实施流程、时限等方面对各个关键环节的程序作出了明确规定，为监察工作的合法、有序开展提供了清晰的制度指引。[1]

　　监察程序是监察机关在依法履行监督、调查、处置职责过程中应当遵循的方式及步骤。监察程序的规范化水平不仅关系到监察措施实施的合法性、正当性，还直接影响监察体制改革的成效。《联合国反腐败公约》中突出了程序法治的独立价值和功能作用，认为为了妥善管理公共事务和公共财产，反腐败政策和法律应当体现法治、公众参与、廉政、透明度和问责制的程序性原则。[2]《中共中央关于全面推进依法治国若干重大问题的决定》也明确了建设法治政府必须坚持公开公正的原则。[3]程序法治和实体法治本来就不可分割，融为一体，程序本身也是法治建设的重要目标。

　　2017 年 11 月 30 日，中共中央政治局审议通过了《中国共

---

1. 马怀德：《中华人民共和国监察法理解与适用》，中国法制出版社 2018 年版，第 137 页。
2.《联合国反腐败公约》第五条第一项规定："各缔约国均应当根据本国法律制度的基本原则，制定和执行或者坚持有效而协调的反腐败政策，这些政策应当促进社会参与，并体现法治、妥善管理公共事务和公共财产、廉正、透明度和问责制的原则。"
3.《中共中央关于全面推进依法治国若干重大问题的决定》也提出了建立"职能科学、权责法定、执法严明、公开公正、廉洁高效、守法诚信的法治政府"。

产党党务公开条例（试行）》，这是党的廉政建设和反腐败的一项重大举措。监察程序中，公开制度是重要的程序。"阳光是最好的反腐剂"，通过完善党务公开、政务公开、司法公开和各领域办事公开制度等，形成巨大的威慑和监督效能，其产生的压力足以倒逼和促进官员合法、合规和审慎用权。近年来通过公务信息公开透明保障公民知情权以促进民主参政议政，从而从根本上遏制腐败就充分体现了这一点。国家监察程序立法的重点是监督行政权的立法，随着国家监察体制改革的深入，应考虑实施研究出台《政务公开法》《公共听证法》《行政程序法》《新闻法》等。

七、反腐国际法

在经济全球一体化趋势下贪污腐败犯罪也走出了"国门"，国家联手合作、共同探讨、应对和治理贪污腐败这一"世界瘟疫"已成为趋势。国际性的反腐败活动主要有：讨论国际性反腐败中的重点问题，国际司法联合行动即反腐策略研究，另外各地区洲际组织、非政府反腐败组织也进行反腐合作和事务。目前，从国际反腐立法层面有《联合国反腐败公约》《经济合作与发展组织反行贿公约》等国际公约、多边协议，还有《欧共体金融利益保护公约第一备忘录》等区域性反腐败合作文件等。

国际反腐败立法[1]具有以下特点：

---

1. 见《联合国反腐败公约》（2005年12月）、《联合国打击跨国有组织犯罪公约》（2000年11月）。

一是强调在对腐败犯罪有效打击的基础上，坚持多学科、综合性、多领域的预防战略；

二是反腐败实行政府主导和社会参与的"双管齐下"的策略；

三是在坚持各国依法独立开展反腐的同时加强国际间的合作；

四是对腐败犯罪的惩处和对犯罪所得的剥夺并重。

我国重视《联合国反腐败公约》（以下简称《公约》）的有效实施，自 2005 年批准《公约》以来，通过修订《中华人民共和国刑法》《中华人民共和国刑事诉讼法》、制定《中华人民共和国反洗钱法》等重要法律以落实《公约》的规定和要求。在刑事定罪方面，力求法治反腐"国际化"和"本土化"的有效衔接，我国法律已基本实现与《公约》的有效衔接，《公约》中规定的犯罪可以根据中国刑事法律予以定罪并追究刑事责任。

在反腐败国际合作方面，我国以《公约》为基础完善涉外反腐败法律法规体系，加强反腐败综合执法国际协作，开展对外司法协助和引渡合作，2018 年 10 月 26 日，全国人大常委会表决通过《中华人民共和国国际刑事司法协助法》，2018 年与 16 个国家商签引渡条约和刑事司法协助条约，与瑞典等国开展职务犯罪案件引渡合作。此外，参与全球性政党高层对话，举办亚太经合组织反腐败资产追缴培训班，召开中国与加勒比地区国家反腐败执法合作会议，与白俄罗斯、越南、老挝、泰国和港澳地区等商签合作协议，深化与美国等重点国家和地区的务实合作，推动建立刑事缺席审判制度，加强廉洁"丝绸之路"建设。积极参与全球反腐败治理，推进构建国际反腐新秩序，保障反腐立法实践与国际反腐治理深度、全面接轨。

遣返外逃人员的"猎狐行动"取得积极进展。2016 年 11 月 16 日，潜逃海外 13 年的"百名红通人员"头号嫌犯杨秀珠从美国回国投案，成为中国海外反腐的标志性事件。2018 年 8 月，国家监察委员会会同最高人民法院、最高人民检察院、公安部、外交部联合发布《关于敦促职务犯罪案件境外在逃人员投案自首的公告》，这是国家监察委员会成立以来首次正式对外发布公告。"天网 2018"行动全国共追回外逃人员 1335 名，包括 5 名"百名红通人员"，追回赃款 35.4 亿元。[1]2018 年 7 月，外逃美国 17 年之久的职务犯罪嫌疑人许超凡被强制遣返回国。这是国家监委成立后第一个从境外遣返的职务犯罪嫌疑人。截至 2018 年 12 月，100 名红通人员里，已有 56 人归案。

第三节
法法衔接问题

综观《监察法》，已在主要环节兼顾到和刑诉法在内的其他法律之间的衔接问题，但还留有进一步衔接的空间。[2] 其中，检察机关的职务犯罪侦查权转隶至监察委员会，为确保职务犯罪调

---

1. 赵乐际：《忠实履行党章和宪法赋予的职责 努力实现新时代纪检监察工作高质量发展——在中国共产党第十九届中央纪律检查委员会第三次全体会议上的工作报告》，载《中国纪检监察报》2019 年 2 月 21 日，第 1 版。
2. 张杰：《〈监察法〉适用中的重要问题》，载《法学》2018 年第 6 期，第 121 页。

查工作在法治框架内开展，最为急迫的在于监察法与刑诉法的衔接。比较监察法和刑事诉讼法，两者具有同等法律地位，两者内容有诸多衔接之处。目前，监察法与刑诉法之间，监察法与刑法之间还留有很多空白和衔接不到之处。国家监察体制改革初期，学者主要关注监察法和刑事诉讼法的衔接，随着国家监察体制改革深入，与公务员法、人大代表法、律师法、行政诉讼法、国家赔偿法等法律的衔接也将提上日程。

一、法法衔接的前提——监察调查与审查起诉

做好监察法与刑事诉讼法的衔接，前提是厘清监察调查与审查起诉环节的关系，处理好监察权与检察权的关系。十八届四中全会《决定》提出了推进以审判为中心的诉讼制度改革的战略目标。此项改革旨在打破刑事诉讼中"侦查中心"主义，防止和减少冤假错案的发生。以往刑事诉讼实践中公检法之间的制约整体上是一种单向式制约，即前一道诉讼程序制约后一道诉讼程序。[1]监察体制改革后，为适应腐败犯罪隐蔽性、高智能的调查取证需求，赋予监察机关在监察调查阶段中诸如留置等强制性调查措施，通过调查权的整合实现了行政违法和职务犯罪查处的有机统一，增强了反腐败整体合力和对职务犯罪行为查处力度。即便如此，也有学者认为，仍要警惕国家监察权的"位高权重"引发职

---

1. 左卫民：《健全分工负责、互相配合、互相制约原则的思考》，载《法制与社会发展》，2016 年第 2 期，第 25—30 页。

务犯罪新"侦查中心主义"复苏的风险，可考虑加强职务犯罪审查起诉环节对前一道监察调查环节的监督制约。

《监察法》没有明确赋予检察机关对监察委员会调查的业务指导和领导权，因此，对监察委员会行使检察权尤其是对监察调查权的法律监督是否有效开展、检察机关能否对监察委员会形成刚性制约需要时间来检验。监察法与反腐败刑事法的法法衔接，主要是纪检监察机关调查职务犯罪与检察机关审查起诉的有效对接，要实现《监察法》与《刑诉法》、监察程序与刑事诉讼程序的精密衔接，一方面要保障监察机关监察调查权依法顺利行使，另一方面也要保障检察机关依法对其形成有效的制约监督。

二者衔接的重点之一则是证据规则的运用问题。我国《刑事诉讼法》第五十五条明确了"重证据不轻信口供"的原则。《监察法》对调查措施的程序性限制与《刑事诉讼法》对侦查措施的程序性限制并不完全一致。[1] 监察法第三十三条、第四十条明确了非法证据排除原则，这与以审判为中心的司法改革对统一证明标准、贯彻非法证据排除等证据规则的基本要求一致。[2] 即监察委员会收集的证据同样也应适用司法解释规定的不可靠证据排除规则。那么，何为"与刑事诉讼关于证据的要求和标准相一致"？监察法明确规定调查证据可以直接作为司法证据，是强调证据的证明力？还是证据的"三性"（合法性、真实性、有效性）？抑

---

1. 参见纵博：《监察体制改革中的证据制度问题探讨》，载《法学》2018 年第 2 期，第 119 页。
2. 参见陈邦达：《推进监察体制改革应当坚持以审判为中心》，载《法学科学》2018 年第 6 期，第 172 页。

或兼而有之？对于包括被调查人供述和辩解在内的言词类证据而言，在律师和司法机关无法介入监察程序的情况下是否适用和如何适用该原则尚需要进一步明确细化。

"标准相一致"派生出"疑罪从无"原则，在实际工作中，职务犯罪案件调查终结时"证据不足、无法形成完整证据链"的情况并不少见。这种情况下，《监察法》应当明确规定按照"疑罪从无"原则处理，即对证据不足的案件，监察机关应当自行撤销案件，从而消除相关法律规定缺失的灰色地带。[1]

依据《监察法》第十一条的规定，监察机关对涉嫌贪污贿赂、滥用职权、玩忽职守、权力寻租、利益输送、徇私舞弊以及浪费国家资财等职务违法和职务犯罪进行调查。这就意味着，检察机关在接到监察机关提交的起诉意见书及证据材料后，要严格按照刑事诉讼的证明标准进行审查，并且这种审查应该是实质审查，而非形式审查，按照实体法标准即刑法规定的职务犯罪的罪与非罪、此罪与彼罪、一罪与数罪的标准进行审查。

二、法法衔接的难点——"二元论"与"一体化"

我国监察立法体制以职务违纪二元论为基础，以职务违纪行为的不同程度和违反的法律法规性质为依据，从而形成职务违法与职务犯罪的区分。《宪法》和《监察法》赋予监察委员会调查、

---

1. 参见陈光中，兰哲：《监察制度改革的重大成就与完善期待》，载《行政法学研究》2018年第 4 期，第 9 页。

监督、处置的权能，并对涉嫌职务犯罪的案件，移送检察机关依法提起公诉，形成监察委员会负责调查、检察院负责审查起诉、法院负责审判的分段式办案流程，监察委员会在这一过程中承担职务犯罪的调查取证职能。对于不构成职务犯罪的，监察委员会依法作出处置决定，或交有关权力机关作出处置决定，或由纪律检查委员会作出党纪处分。

我国监察立法体制的职务违纪二元论是两法衔接的重点也是难点。从程序法角度来看，监察法与刑诉法之间的衔接，主要涉及强制措施和证据标准相关内容的衔接。依据《监察法》规定，监察机关同时承担着职务犯罪的调查权与职务违法的调查、惩处权，十二种强制措施对人身、财产的控制强度而言或轻或重，是不同的，采用何种强制措施主要是根据查清案件的具体需要而决定。

学者吴建雄认为，调查权作为一项监察基本职权，分一般调查和特殊调查，一般调查针对一般违反行政法规等违反政纪行为的调查，其中的特殊调查就指刑事侦查。[1] 学者陈光中也认为，调查权也要区分针对违纪和职务违法的一般调查和针对职务犯罪的特殊调查，而后者与侦查在性质上是一样的。[2] 二者法律依据不同，调查权主要受《监察法》以及其他行政法的约束，而侦查权除了受《监察法》约束外，还要受到《刑事诉讼法》的约束。这

---

1. 吴建雄：《国家监察体制改革的法理思考》，载《学习时报》2016 年 12 月 15 日，第 6 版。
2. 陈光中：《关于我国监察体制改革的几点看法》，载《环球法律评论》2017 年第 2 期，第 116 页。

是因为刑事侦查对当事人的权利影响更大，所以要受到更严格的限制，包括侦查法定原则（即针对已经达到立案条件的刑事案件才能启动侦查）、令状原则、侦查不公开原则、沉默权等。[1]

涉及对严重职务违法行为及职务犯罪行为实施的调查行为，或者说一般调查行为和特殊调查行为，虽然统称为调查行为，但其对监察法与刑诉法的衔接的意义是不同的，对职务违法行为人的调查行为，广义上具有"内部行政行为"性质，从学理意义上，被留置人有申请行政复议和提起行政诉讼的权利，并不涉及监察法与刑诉法之间的衔接问题；而对职务犯罪人的调查行为，因涉及监察机关移送检察机关审查起诉并链接往后的司法程序，则涉及监察法与刑事诉讼的衔接问题。

"纪刑一体化"调查模式对整合反腐败资源、加强监察机关各项调查的程序衔接、避免调查的重复和拖延有一定的积极作用。但若将党纪调查、政纪调查与刑事调查混为一谈，可能对刑事调查的程序限制放宽，难以兼顾刑事调查的特殊性，从而造成刑事调查的法制化水平的"人为拉低"；另一方面，又可能对党纪调查和政纪调查提出过于严苛的程序要求。[2]

---

1. 洪家殷：《行政调查与刑事侦查之界限》，载《东吴公法论丛》2014 年第 1 期，第 17—20 页。
2. 参见陈瑞华：《论监察委员会的调查权》，载《中国人民大学学报》2018 年第 4 期，第 17 页。

三、程序设计的"两分"

笔者赞同学者汪海燕的观点，即考虑到违纪违法行为与职务犯罪行为在调查程序启动之时是难以区分的，这就给自由裁量留下过大空间。为防止此权力滥用，有必要将监察委员会的内部违法违纪和职务犯罪调查机构与程序分离，并将监察调查程序法定化。[1]"两分"实施规则主要包括：

第一，内部机构职能设置"两分"。追究刑事责任的职务犯罪调查属于刑事执法活动，与政纪案件调查处置有重要区别，需进一步明确不同的立案条件，如对职务违法的严重程度作出规定，对监察对象的一般违法适用违纪立案程序，对已涉嫌职务犯罪的案件，适用刑事立案程序。[2]在内部部门分立的问题上，澳门廉政公署提供了可供参考的范例。根据澳门特别行政区第3/2009号行政法规《廉政公署部门的组织及运作》之规定，廉政公署下设廉政专员办公室、反贪局、行政申诉局三个部门。我国监察委员会可以参考此种模式，在内部实现一般调查处置部门和特殊调查处置部门的分立。[3]两个部门相对独立，前者统一实施党纪政纪调查，后者实施刑事调查。

1. 参见汪海燕：《监察制度与〈刑事诉讼法〉的衔接》，载《政法论坛》2017年第6期，第90页。
2. 参见龙宗智：《监察与司法协调衔接的法规范分析》，载《政治与法律》2018年第1期，第2—18页。
3. 参见郑曦：《监察委员会的权力二元属性及其协调》，载《暨南学报》（哲学社会科学版）2017年第11期，第74页。

第二，证明标准"两分"。对职务违法与职务犯罪是否采用相同的证明标准也是由监察机关统揽职务违法与职务犯罪的调查权、处置权等带来的"新问题"。与执政党纪律检查机关合署办公的监察机关同时履行执纪、执法和职务犯罪调查的职责，而在不同职责履行过程中，证据客观性、合法性和关联性的标准其实是有所不同的，这其实为非法证据排除规则的运用造成了困难。[1]笔者认同学者陈瑞华的观点：政纪调查活动带有内部纪律处分的性质，最严重的处分不过是开除公职基本上适用"自由证明"的原则，所获取的证据材料不受刑事诉讼法所确立的"严格证明"原则的限制。因此，这种政纪调查所要求的证明标准根本不需要达到"事实清楚，证据确实、充分"程度，不需达到"排除合理怀疑"的最高标准。[2]

第三，适用程序"两分"。从约束公权力运行的角度出发，程序对于法治具有基础性意义。有论者甚至认为，程序决定了法治与人治的差异。法律程序运行应遵循程序公开、程序透明、程序参与、权利保障等基本原则。除了上述原则外，在不同主体或者同一主体享有或行使多种权力时，为了促进不同程序目的、程序功能的有效实现，还应遵循程序分离原则。[3]监察委员会具有政务违纪违法调查和职务犯罪调查的复合性权力，其运行应遵循

---

1. 秦前红：《我国监察机关的宪法定位——以国家机关相互间的关系为中心》，载《中外法学》2018 年第 3 期，第 555—569 页。
2. 陈瑞华：《论监察委员会的调查权》，载《中国人民大学学报》2018 年第 4 期，第 13 页。
3. 冯俊伟：《国家监察体制改革中的程序分离与衔接》，载《法律科学》2017 年第 6 期，第 60—61 页。

程序分离原则。为实现提升反腐败能力、强化对公权力监督之目的，在程序分离的基础上，还应重视不同调查机构在人员配备、专业培训、工作机制、证据使用等方面的衔接。

也有学者并不赞同"两分"，认为"两分"与建立统一、权威高效的国家监察权的目的违逆。如果将一般调查和特殊调查进行分离，将会削弱调查权的功效。现实中的腐败现象非常复杂，违纪与违法在调查之初呈现出融合状态，尤其是犯罪问题，往往是在深入调查后才能有所察觉。另外，这种二元分立会造成经"一般调查权"取得的证据到后期无法作为刑事诉讼的证据使用。[1]还有观点认为在《监察法》并不严格区分职务违法调查与职务犯罪调查的前提下，会提高职务违法调查的门槛，同样有利于保障被调查人的权益。[2]

笔者认为，总体的发展方向是"两分"，应按照职务犯罪调查中适用调查措施的具体程序、要求和审查标准，严格执行刑事诉讼法的相关规范，把"与刑事审判关于证据的要求和标准相一致"落到实处；经过一段时间的执法情况，再全面总结、梳理职务犯罪立案调查中仅以严重职务违法行为的情形出现的概率和占比，研究相关配套羁押折抵制度和国家赔偿制度，综合评估权衡"两分"和"一体化"的科学性和执法成本后，再进一步明确今后的深化立法方向。

---

1. 王孟嘉：《法治轨道上的国家监察体制改革论思》，载《暨南学报》（哲学社会科学版）2017 年第 11 期，第 82 页。
2. 纵博：《监察委员会调查权运行法治化的若干问题探讨》，载《宁夏社会科学》2018 年第 3 期，第 57—63 页。

四、执法公平性角度下的"四种形态"和"零容忍"

党的十八大之后，党中央对于腐败一直保持高压态势，提出了坚持"老虎""苍蝇"一起打的策略，理论界普遍将其解读为对腐败行为的"零容忍"。监察职能整合统一的需要决定了监察改革体制的设计，坚持"老虎""苍蝇"一起打在反腐败政策的具体运用上，意味着不局限于职务犯罪的刑事处罚，还体现为违反党纪政纪的处分。一方面，按照反腐败"零容忍"原则，实现对反腐败打击上的平等，国家对所有腐败行为均应当进行处理的态度，并非是将所有腐败行为一律作为犯罪处理。从《监察法》意义讲，"零容忍"的刑事政策也需要从执法意义上进行理解，因为《监察法》不仅在监察的内容上将执纪和执法贯通起来，将违法与犯罪处理衔接起来，也强调执法上的平等。[1]

随着全面从严治党的深化，监督执纪"四种形态"成为惩治和预防腐败的有效制度和反腐倡廉的基本经验，其精髓在于抓早抓小，将问题防患于未然，其重点在于预防腐败，避免腐败的破窗效应。强化并实现执纪监督"四种形态"，其本意并不意味着把本属于职务犯罪的情况，通过不作为的方式将其降格为职务违法，而在于当职务违法尚未发展到职务犯罪时，通过提高惩罚概率的方式，避免国家公职人员由职务违法转向职务

---

1. 参见姜金良:《乐观与谨慎:监察体制改革对反腐败刑事政策的影响——以〈监察法〉出台为视角分析》，载《宁夏社会科学》2018 年第 5 期，第 79 页。

犯罪。

反腐败立法的终极目的是预防腐败，监察法与刑诉法的不同在于，它不仅涉及职务犯罪的调查，而且涉及职务违法的调查与处理。监察机关的留置对象包括涉嫌职务犯罪与严重职务违法的公职人员，当监察机关把留置的对象移交司法机关时，则涉及职务违法与职务犯罪在实体法上的区分标准。一方面，不能以职务违法代替职务犯罪，以免以政务处分代替刑事责任追究，也不能以职务犯罪替代职务违法，以免形成冤假错案。

近年来，中央纪委、国家监委强调深化运用监督执纪"四种形态"。"全国纪检监察机关共处理173.7万人次。充分运用第一种形态，约谈函询、批评教育110.4万人次，占总人次的63.6%，对如实说明情况且被反映问题不实的党员干部予以采信并反馈告知；妥善运用第二种形态，给予轻处分、组织调整49.5万人次，占28.5%；准确运用第三种形态，给予重处分、重大职务调整8.2万人次，占4.7%；果断运用第四种形态，依规依纪依法处理严重违纪违法涉嫌犯罪的党员干部5.5万人次，占3.2%。"[1]对受处分党员干部跟踪回访，对真心认错悔错改错的给予肯定和关心。监督执纪由"惩治极少数"向"管住大多数"拓展。

---

1. 赵乐际：《忠实履行党章和宪法赋予的职责 努力实现新时代纪检监察工作高质量发展——十九届中央纪委三次全会上的工作报告》，载《中国纪检监察报》2019年2月21日，第1版。

五、刑诉的修改

十三届全国人大常委会第六次会议通过关于修改《刑诉法》的决定以及制定《国际刑事司法协助法》，建立认罪认罚从宽制度、刑事缺席审判制度，完善我国刑事司法协助体制。[1]《监察法》的颁布实施和《刑诉法》的修改以及《国际刑事司法协助法》的制定，完整地体现了新的时代背景下，以党纪反腐为先导、监察反腐为主责、司法反腐为保障的鲜明特征。[2] 此次对《刑诉法》的修改多达 26 处，其中涉及反腐败和《监察法》衔接的条款有 14 处之多。

相关修订的重要内容包括：保留检察机关在诉讼活动中对司法人员涉嫌职务犯罪侦查权的规定；对于监察机关移送起诉的已采取留置措施的案件，检察机关应当对犯罪嫌疑人先行拘留，留置措施自动解除的规定；检察机关应当在留置案件拘留后的十日内作出是否逮捕、取保候审或者监视居住决定的规定；对于认罪认罚案件，彰显惩治职务犯罪刑事政策和预防教育价值；人民法院依法作出判决时，一般应当采纳人民检察院指控的罪名和量刑建议的规定；缺席审判程序为加强境外追逃工作提供了更加有力的法律手段。人民

---

1. 习近平：《习近平：决胜全面建成小康社会 夺取新时代中国特色社会主义伟大胜利——在中国共产党第十九次全国代表大会上的报告》，http://www.xinhuanet.com//politics/19cpcnc/2017-10/27/c_1121867529.htm。
2. 吴建雄：《刑诉法与监察法衔接的反腐逻辑与反腐理念》，载《新疆师范大学学报》（哲学社会科学版）2019 年第 3 期，第 66 页。

法院应当通过有关国际条约规定的或者外交途径提出的司法协助方式等，规范和填补刑事司法协助国际合作的法律空白，等等。

其中，修改后的刑诉法，保留了检察院在诉讼活动法律监督中发现司法工作人员利用职权实施的侵犯公民权利、损害司法公正的犯罪的侦查权。第十八条改为第十九条，第二款修改为："人民检察院在对诉讼活动实行法律监督中发现的司法工作人员利用职权实施的非法拘禁、刑讯逼供、非法搜查等侵犯公民权利、损害司法公正的犯罪，可以由人民检察院立案侦查。"这一规定既是对监察机关监察全覆盖职能的补充，又是对检察机关法律监督职能的强化。增加一条，作为第一百七十条："人民检察院对于监察机关移送起诉的案件，依照本法和监察法的有关规定进行审查。人民检察院经审查，认为需要补充核实的，应当退回监察机关补充调查，必要时可以自行补充侦查。"作为重要的衔接条款，该规定与《监察法》第四十七条保持一致。

刑事诉讼法的修改，完善了惩治腐败犯罪刑事法律，促进和扎牢了"不能腐"的笼子，完善了刑事诉讼与监察的衔接机制，有利于弥补职务犯罪证据链在获取上的不足，为深化国家监察体制改革顺利进行提供了重要保障。

第四节
纪法衔接

监督体系既包括政党监督也包括国家的职能监督，习近平总书记指出，既要加强党的自我监督，又要加强对国家机器的监督。[1] 监察体制改革的总体目标是，整合反腐败资源力量，加强党对反腐败工作的集中统一领导，构建集中统一、权威高效的中国特色国家监察体制，实现对所有行使公权力的公职人员的监察全覆盖。[2] 在纪检监察合署机制下，国家监察体制改革的根本目标之一就是在于通过改革形成与改革后的党的纪检体制相适应、相统一的国家监察体制。制定监察法，明确监察委员会的性质、地位，明确"各级监察委员会是行使国家监察职能的专责机关"，从而与党章关于"党的各级纪律检查委员会是党内监督专责机关"相呼应。形成党的纪检权在党内法规的轨道上规范运行，国家监察权在国家监察法治的轨道上规范运行的良好局面，确保依规治党与依法治国衔接统一，形成党集中统一领导下的反腐合力。

一、党纪与国法

（一）党的纪律

"没有规矩，不成方圆。"毛泽东同志早在解放战争时期就指出："加强纪律性，革命无不胜。"要实现党制定的路线、方针、政策和奋斗目标，必须有铁一般的纪律作保障，这也是我们党区别于其他政党的一个显著标志。中国共产党成立伊始，就强调立

---

1. 习近平：《习近平总书记在十八届中央纪委六次全会上的讲话》（2016 年 1 月 12 日）。
2. 中共中央纪律检查委员会法规室，中华人民共和国国家监察委员会法规室：《〈中华人民共和国监察法〉释义》，中国方正出版社 2018 年版，第 29 页。

规矩、讲纪律。在长期革命和建设实践中，经过不断丰富和发展，我们党形成了一个较为完备的包括政治纪律、组织纪律、廉洁纪律、群众纪律、工作纪律、生活纪律等六大纪律为主要内容的纪律体系。

党的纪律是什么？作为具有党内"宪法"地位的《中国共产党章程》（以下简称《党章》）就进行了最权威的阐释。《党章》第三十九条明确规定："党的纪律是党的各级组织和全体党员必须遵守的行为规则，是维护党的团结统一、完成党的任务的保证。党组织必须严格执行和维护党的纪律，共产党员必须自觉接受党的纪律的约束。"历史不断告诉我们，中国共产党从小到大，从弱到强，从苦难到辉煌，从革命党到今天执政并将长期执政的马克思主义政党靠的就是以严明的纪律保障全党意志统一、行动一致前进。纪律是管党治党的尺子，加强纪律建设是全面从严治党的治本之策。

（二）党纪与国法的关系

党的十一届三中全会公报指出："国有国法，党要有党规党法。"2015 年《中国共产党纪律处分条例》的修订开了"纪法分开"的先河。制定于 2003 年的《处分条例》，其规范的主体界限不清，包括国家公务人员，存在大量刑事法律规范与党内法规制度，在当时惩戒类规范不甚健全的背景下，具有一定积极作用。但随着国家法律法规体系逐步完善，惩戒领域的"无法可依"的问题已基本得到解决，尤其是 2007 年国务院颁布施行的《行政机关公务员处分条例》和监察部 2012 颁布施行的《事业单位工作人员处分暂行规定》，将公务员和事业单位人员的政纪处分纳入法治化轨道。因此，再将以上两类主体都作为《处分条例》的适用对象就没有必要了。2015 年《处分条例》的适用范围就已经明确限定在党组织和党员，把刑事犯罪种类以分结构体例分章节为标准改为以党的"六大纪律"为标准，做到党纪政纪处分"各就各位、各负其责"。[1]

　　总体而言，法律和纪律虽然都是行为规范，但功能定位是截然不同的，适用范围也不是完全相同的。党纪与党内法规互为表里，二者有严格的区分，通常认为，狭义的党纪就是党内法规，广义的党纪包括党内法规。法律规范体现的是国家意志，具有普遍性、一般性，是全体中华人民共和国公民的底线。而党的纪律是管党治党的尺子，是对党组织和党员更高更严的特殊要求。

　　1. 二者都具有"法"的属性特征。《中共中央关于全面推进依法治国若干重大问题的决定》中明确指出，社会主义法律体系包括"完备的法律法规体系"和"完善的党内法规体系"，并"注重党内法规同国家法律的衔接和协调"，党内法规也是中国特色法治体系的重要组成部分。因此，"法治反腐"的"法"主要包括国家的法律法规体系，也包括党内法规，党的纪律与国法都是国家治理体系的重要依据。因此，党纪和国法作为行为规范，都是中国特色社会主义法律体系的重要组成部分。

---

1. 马怀德，张瑜：《纪律处分条例有必要修订》，载《学习时报》2015 年 6 月 8 日，第 5 版。

2. 党纪严于国法。法律是对全体公民的要求，党内法规制度是对全体党员的要求。中国共产党是工人阶级的先锋队，同时是中国人民和中华民族的先锋队，是中国特色社会主义的领导核心，党纪严于国法是党的先进性和领导核心地位决定的。[1] 一方面，纪律规定的要求更为严格，无数案例表明，违法者，无不从违纪始。"挺纪在前"就等于多为党员干部的行为设置一道防火墙，让一些走偏了的党员干部在纪律面前能及时刹车，不至于自由滑向违法犯罪的深渊。另一方面，任何党组织、任何党员遵守党的纪律是无条件的，执纪没有时限，党员无论任何时候发生的违纪问题，都要严肃查究，绳之以纪。公民违法行为的法律追究则会受到法定追诉期与诉讼时效的限制。

3. 违法与违纪的惩处不同。党员违反党纪，对其经过教育、核查、调查等审查程序认定后，可采取批评教育、诫勉谈话、警告、严重警告、撤销党内职务、留党察看等处罚措施，情节特别严重的可以开除党籍（兼有国家职务身份的开除公职）。法律体现国家意志，是全体中华人民共和国公民的底线，而执行刑事法律规范最严厉的方式不仅仅是强制剥夺公民的人身自由、政治权利、经济文化社会权利，而且可以判处其有期徒刑、无期徒刑，直至死刑，依法剥夺生命。

---

1. 马怀德，张瑜等：《扎紧党纪的制度笼子——〈中国共产党纪律处分条例〉释义》，人民出版社 2016 年版，第 2—5 页。

二、党内监督法规

党内法规是党组织和党员的行为规范，是具有一定规范文件形式和效力层级的纪律的表现形式。"党内法规"一词最早出现于1938年党的伟大领袖毛泽东同志在六届六中全会上的报告《中国共产党在民族战争中的地位》，毛泽东同志在这份报告中提出，为了使党内关系走上正轨，除了"个人服从组织、少数服从多数、下级服从上级、全党服从中央"这四项最重要的纪律外，"还须制定一种较详细的党内法规，以统一各级领导机关的行动"。

党内法规体现着党的先锋队性质和先进性要求，使管党治党建设党有章可循、有规可依。时任中央纪委书记王岐山同志指出："拥有一套党内规则，这是中国共产党的一大政治优势。"经过近百年的实践探索，中国共产党已形成了一整套系统完备、层次清晰、运行有效的党内法规制度。党的十八大以来，党中央重拳出击、重典治腐，坚持不懈地推进反腐败斗争的纵深拓展，在加大反腐败力度的同时，党内法规建设的步伐明显加快，共制定和修订了140多部中央党内法规。同时，加强了党内法规的系统性和规划性，并于2013年11月出台了《中央党内法规制定工作五年规划纲要（2013—2017年）》。

党内监督法规指党内法规中规范党内监督工作的法规，随着党风廉政建设和深入推进反腐败斗争形势任务的发展，党内法规多部"重量级"的党内监督法规密集出台，2016年10月，随着

《中国共产党党内监督条例》颁布后，涉及党内监督的《中国共产党纪检检查机关监督执纪工作规则》《中国共产党巡视工作条例》《中国共产党党务公开条例（试行）》《中国共产党纪律处分条例》等多部法规相继颁施行并修订，党内监督法规的"四梁八柱"逐渐形成。除党内专门法规外，还有中央政策类规范文件，如近年中共中央办公厅、国务院办公厅颁发的关于生活待遇、工作待遇、厉行节约、禁止兼职、领导干部个人财产申报等方面的规定，对遏止腐败势头，巩固高压态势，深化源头治理同样也起到了重要作用。

三、纪法的衔接

（一）党政关系

纪法衔接的关键在于理顺党政关系，使二者既各就各位又衔接一致。改革开放以来，以邓小平同志为核心的党的第二代领导集体强调党政分开的重要性，极力反对以党代政、干涉政府的正常工作和活动。邓小平同志指出，"改革的内容，首先是党政要分开，解决党如何善于领导的问题，这是关键，要放在第一位"[1]，党的十三大报告即指出，"党政分开即党政职能分开"，而党政分开的基本目的就是为了避免党政不分、以党代政的弊端，使党能够处在超脱的、驾驭矛盾和总揽全局的地位，不使自己成为行政

---

1. 邓小平：《邓小平文选》（第3卷），人民出版社1993年版，第163、177页。

工作的执行者，成为矛盾的一个方面，从而摆脱各种繁杂事务的干扰，发挥"总揽全局、协调各方"的领导作用，并能够真正履行监督的职能。

国家监察体制改革的成就之一就是发展了党政关系理论，使纪检监察合署机制得以继承、改革和发展。"党政分开"理念注入了新的时代内涵，提升为"党政分工"。党政分工在明确党与国家机关明确的职能分工的前提下，更注重在具体工作中的联系、配合与协作，并通过组织形式上的"党政合体"为党政提供更加密切的相互支持、相互补充的互动关系。正如时任中央纪委书记王岐山同志所言，"党政分工才是我们中国应有的党政关系模式，即党权与政权既不能走极端的合一模式，也不能走极端的分开模式，而是应当既有区别又有联系的分工协作，共同致力于国家善治"[1]。这既有别于苏联模式的党政合一，还有别于西方国家的党政分开。无论"党政分开"还是"党政分工"，都是站在党权与国家权力的角度去思考的，都顺应了我国政治体制改革的时代形势和任务。"党政分工"已经逐渐成为中国党政关系的发展的新思路，也为纪检监察合署机制的改革明确了方向。

中央纪委、国家监察委大力推动纪法贯通，起草制定了《党组讨论和决定党员处分事项工作程序规定（试行）》《公职人员政务处分暂行规定》《中央纪委国家监委监督检查审查调查措施使用规定（试行）》等 30 余项法规制度，完善了信访举报、线索处

---

1. 新华社：《王岐山：构建党统一领导的反腐败体制》，http://www.china.com.cn/legal/2017-03/06/content_40415988.htm。

置、立案、留置、案件审理等方面制度规范。[1]

（二）纪检监察合署

纪检监察合署机制是党领导下反腐败工作的一条基本原则，是党的监督机关与国家监察机关一项重要的工作机制，也是科学处理党政关系的一条重要经验和制度建设成果。从反腐职能发挥及运行方面应实现基于反腐一体化要求的机构的科学设置和机构人员的资源整合，在党的统一领导下实行"双向负责，各司其职、有分有合"[2]，形成党内监督与国家监察的有效衔接和"一体化"的反腐机制。

在我国监督体系中，党内监督和国家监察发挥着十分重要的作用。党内监督是对全体党员尤其是对党员干部实行的监督，国家监察是对所有行使公权力的公职人员实行的监督。纪检与监察分属"党""政"两个序列，之所以合署，除合署的必要性，还有纪检与监察之间内在逻辑联系，这奠定了合署可行性的基础。[3]

首先，从监督执纪的对象上，二者之间存在大面积交叉重叠，我国 80% 的公务员和超过 95% 的领导干部是共产党员，这就决定了党内监督和国家监察具有高度的内在一致性，也决定了

---

1. 赵乐际：《忠实履行党章和宪法赋予的职责 努力实现新时代纪检监察工作高质量发展——在中国共产党第十九届中央纪律检查委员会第三次全体会议上的工作报告》，载《中国纪检监察报》2019 年 2 月 21 日，第 1 版。
2. 马怀德，张瑜：《修改〈行政监察法〉改革国家监察体系的建议》，载《改革内参》2016 年第 20 期。
3. 刘国栋：《纪检监察原理与方法精要》(第二版)，中国方正出版社 2010 年版，第 62 页。

实行党内监督和国家监察相统一的必然性。[1] 共产党作为执政党，其执政地位也体现在对干部工作的领导，体现在选派党员干部到国家权力机关、国有企业、公益事业单位任职方面。其次，从监督执纪问责职能的性质和实现方式上，也具有相当的相似性，在监督性质上均属"纪律监督"（纪检是党纪监督、监察是政纪监督）的范畴。监察权也包含执纪审查权，只是"纪"的范围不同而已，纪检权执的纪是党纪，而监察权执的是政纪，由此可见，监察权与纪检权在运行方式上具有很大程度的相似性。[2]

"合署办公"意味着职能上有分工但又密切配合，可以实现纪检监察信息的充分共享以及相关程序快速流转，从而实现国家监察和党纪监督的良好无缝衔接，提高反腐败工作的效率，形成国家监察的强大合力，实现监察的全面覆盖。[3] 实践证明，合署利于保障党对反腐败工作的集中统一领导，形成反腐合力，提升了监察工作的政治性和权威性，是一项极具中国特色的社会主义制度，必须长期坚持并不断完善，也必然随着实践的发展而完善。

随着法治战略的不断推进，以纪检监察为代表的中国权力监督机制出现了诸多困境和问题，已经无法适应社会发展和政治改革的需求，意味着必须在党政"二合一"监督的基础上，进一步理顺二者的关系，做更为科学合理的设计，以发展出更为集中统

1. 中共中央纪律检查委员会法规室，中华人民共和国国家监察委员会法规室：《〈中华人民共和国监察法〉释义》，中国方正出版社 2018 年版，第 33 页。
2. 张瑜：《从"应然"层面解析国家监察体制相关概念及内涵》，载《行政法学研究》，2017年第 4 期，第 33 页。
3. 江国华：《国家监察体制改革的逻辑与取向》，载《学术论坛》2017 年第 3 期，第 47 页。

一、高效权威的中国反腐模式。新形势下，合署不仅是一种纪检监察工作机制，更是提高国家党政机关工作效能的一种模式和发展趋势，十九大报告提出"在省市县对职能相近的党政机关探索合并设立或合署办公"，意味着合署办公有可能成为十九大之后党政机构设置的新路径和新模式。[1]

纪检监察合署体制为实现党内监督与国家监察的一体性、同步化的有利条件和重要基础。依规治党的成效直接决定了依法治国的成效。习近平总书记强调，共产党的执政是全面性的执政，涵盖立法、执法到司法，从中央部委到地方基层，都在党的统一领导之下。[2]纪检监察合署机制是"依法治国"与"依规治党"在反腐败领域实现有机统一的重要链接点，也为党内监督法规建设与国家监察立法的衔接统一提供了先决条件和坚实基础。

国家监察体制改革具有鲜明的问题导向，制定颁布《监察法》就是针对行政监察体制运行中的问题。国家监察体制改革前，我国初步形成了以《行政监察法》为主体、相关配套法规及规范性文件为补充的行政监察法律体系。1997 年制定、2010 年修订的《中华人民共和国行政监察法》作为一部重要的基础法律，无疑对促进法治政府、廉洁政府、高效政府建设，保持政令畅通等方面发挥了重要作用。但世异时移，面对严峻复杂的反腐败形势和依然艰巨繁重的任务，其滞后性、局限性日益凸显。主

---

1. 姜明安：《国家监察法立法的几个重要问题》，载《中国法律评论》2017 年第 2 期。
2.《习近平在十八届中央纪律检查委员会第六次全体会议上的讲话》，载《人民日报》2017 年 2 月 16 日，第 2 版。

要表现为法律位阶不够、监察对象范围过窄、监察权职责范围有限、监察手段欠缺、程序不够细化等方面相对发展滞后，从而形成党内监督法规与国家监察法治在制定机构"一高一低"、发展阶段"一快一慢"、覆盖范围"一全一缺"的极不协调的局面，造成反腐力量发散，实效性不理想。

监察体制改革成为党规与国法从理论层面落实到制度层面衔接协调的重要尝试，进一步理顺了纪检监察合署机制，改行政监察机关与纪检机关合署为国家监察机关与党内纪检机关合署，使改革调整后的国家监察机关与党内监督机关地位平行、机构统一、合力运行、步调一致，为党内监督法规与国家监督法治衔接一致、形成反腐合力提供有力支撑。"用留置取代'两规'"是国家监察体制改革过程中实现党纪和国法有效衔接的重要举措。

国家监察体制改革深化纪检监察合署机制，是实现干部监督管理一体化的重要契机。党管干部不仅管干部的培养、提拔、使用，还要对干部进行教育、管理、监督，对违纪违法的行为作出处理，加强对惩治腐败犯罪工作的领导。成立监察委员会作为专门的反腐败工作机构，与党的纪律检查机关合署办公，对所有行使公权力的党员干部、公职人员进行监督，对违纪的进行查处，对涉嫌违法犯罪的进行调查处置，直到司法机关追究刑事责任，这是坚持党管干部原则、加强党的领导的重要体现，是完善坚持党的全面领导体制机制的重要举措。[1]

---

1. 吴建雄：《刑诉法与监察法衔接的反腐逻辑与反腐理念》，载《新疆师范大学学报》(哲学社会科学版) 2019 年第 3 期，第 69 页。

对于中共党员中对公职人员处理的相关规定，需要明确处理的先后关系，主要分为两种情况，第一种是首先由纪检监察机关查处的涉嫌违纪违法犯罪的，《中国共产党党内监督条例》第三十七条第二款，应先作出党纪处分决定，再移送行政机关、司法机关处理。这就明确了先党纪后政纪的原则。《中国共产党纪律处分条例》修订后的第二十九条及《公职人员政务处分》第七条规定，也是采用原则上先作出党纪处分决定并按照规定给予政务处分，再移送有关国家机关依法处理的程序和流程。第二种是先依法受到行政处罚和刑事责任追究的，党组织、监察机关可以根据生效的行政处罚决定和司法机关的生效判决、裁定、决定及其认定的事实、性质和情节，依纪依法给予党纪、政务处分。当然，非中共党员的公职人员涉嫌犯罪的，就减少了国家监察与党内监督衔接的环节，就直接先由监察机关依法给予政务处分，再依法追究其刑事责任。

（三）纪法衔接的要点

纪法衔接是一项系统工程，首先需要科学理念的指导，进一步厘清纪检监察工作关系，在党政分工基础上，推进纪检监察一体化；不仅包括立法层面的，实现国家监察法治与党内法规建设的有机统一；也包括执法层面的，通过推进纪检监察合署机制建设，建设整体统筹、上下一体、指挥灵敏、密切配合的运行机制，实现"全国一盘棋"的局面，推动执法与执纪的有效贯通。

1.监督职责监督理念的一致性。党的十八届六中全会通过了《中国共产党党内监督条例》，明确规定党的各级纪律检查委员会是党内监督的专责机关，履行监督执纪问责职责，实现党内监督全覆盖。在纪律检查委员会、监察委员会合署办公体制下，纪律检查委员会的监督、执纪、问责与监察委员会的监督、调查、处置职责相对应，关键在于有效落实党内监督与国家监察双重职责，加强党对纪律检查和国家监察工作的统一领导，其在指导思想、基本原则上具有高度一致性。

2. 监督对象的高度重合性。"我国 80% 的公务员和超过 95% 的领导干部是共产党员，这就决定了党内监督和国家监察具有高度的内在一致性，也决定了实行党内监督和国家监察相统一的必然性。"[1] 如，在监察机关行使调查权过程中，《监察法》和《刑事诉讼法》只能对监察委的案件调查行为、措施进行规范，形式上不能规范党的执纪审查行为，但由于纪委与监察委的合署办公，纪检监察机构设置统一，一套人马，两块牌子，决定了实质上党的执纪审查与监察委的调查不可分割，法律对监察权的规制，实际上就间接地对党的执纪审查权也进行了规制。因此，纪法衔接的重点之一即是，纪检监察机关要统筹、有效、灵活运用两套规则，既要遵守执纪规则，又要遵守执法规则。

3. 监察立法与纪检立规的一体化趋势。《监察法》颁布后的党内监督法规建设坚持了监察体制改革的目标，突出了健全统一决策、一体运行的执纪执法工作机制，有利于把适用纪律和适用法律有机结合起来。2017 年 1 月 8 日，十八届中央纪委七次全

---

1. 中共中央纪律检查委员会法规室，中华人民共和国国家监察委员会法规室：《〈中华人民共和国监察法〉释义》，中国方正出版社 2018 年版，第 34 页。

会审议通过了《中国共产党纪律检查机关监督执纪工作规则（试行）》。党中央对纪检监察工作高度重视，决定根据新形势新任务对规则进行完善，并上升为中央党内法规。《执纪工作规则》将国家监察专责机关与党内监督专责机关一起表述为"纪检监察机关"，这就意味着《执纪工作规则》等党内监督法规对国家监察机关也具有约束力，利于把执纪和执法贯通起来，监督执纪和监察执法一体推进，统筹运用纪法"两把尺子"，在纪检监察一体化建设背景下，这类党内法规也是国家监察机关在履行监督职责时应遵循的依据。尤其在领导体制、监督检查、线索处置、谈话函询、初步核实、审查调查、审理、监督管理等方面对《监察法》的相关内容进行了深化、细化。党内监督法规与国家监察立法都是国家反腐败治理体系的重要组成部分，党内监督法规是对国家监察法相关内容的有益补充。

4. 执纪与执法执行程序和效果的"二合一"。习近平在中共中央政治局第十一次集体学习时强调："要牢牢把握工作职能，强化政治监督；完善各项工作规则，整合规范纪检监察工作流程，强化内部权力运行的监督制约，健全统一决策、一体运行的执纪执法工作机制。"[1]在具体案件查处实践中，充分吸收十八大以来纪检监察体制改革的有益经验，对既涉嫌违纪又涉嫌违法的案件，通常由纪检监察人员进行执纪审查和依法调查，二者同时启动、同步进行，履行一套程序，形成执纪审查、职务违法犯罪调

---

1. 央视新闻：《深化国家监察体制改革的初心是什么？习近平这样说》，https://www.sohu.com/a/282173590_363323。

查两份报告，审理部门对两个报告同时审核，依据党纪和国法分别提出两个处理意见，形成合力；在日常监督中，纪检监察机关注重将纪律监督、监察监督、巡视监督、派驻监督结合起来，既把党的纪律挺在前面，也把监察监督挺在前面，提高监察监督的实效性。

探索建立纪检党内法规转化为国家监察法律法规的有效机制和渠道。应当注重将十八以来纪检体制改革和党内法规建设的有益制度经验及时上升到法律，如强化党风廉政建设主体责任和监督责任"两个责任"、聚焦监督执纪问责、主责主业监督理念的"三转"、全面派驻纪检监察机构、巡视全覆盖的"两个覆盖"、纪检监察干部选拔任用及案件查办以上级纪检监察机关领导为主的"两为主"、把握运用监督执纪的"四种形态"等。[1] 以党内、党政联合性质的规范性文件及党内法规的形式，相继出台对公职人员的生活待遇、工作待遇、厉行节约、禁止兼职、个人财产申报、接受礼品等方面作出限制的从政道德规范。但总体而言，这些规定大部分是为了适应党风廉政建设和反腐败斗争的形势需要而制定的，具有较强的应急性、暂时性、试验性特征，加之预防性的法规偏少，急需将这些行之有效的制度措施纳入监察立法轨道予以固化，同时补充完善预防性法规。

---

1. 马怀德，张瑜：《通过修法完善国家监察体制》，载《学习时报》2016年7月14日，第4版。

第四章
监察权的配置

职权法定是公权力配置和运行的基本逻辑，监察权亦概莫能外，《监察法》也是监察委员会权力配置的赋权法。2018 年 12 月 13 日，习近平在中共中央政治局第十一次集体学习时强调："深化国家监察体制改革的初心，就是要把增强对公权力和公职人员的监督全覆盖、有效性作为着力点，推进公权力运行法治化，消除权力监督的真空地带，压缩权力行使的任性空间，建立完善的监督管理机制、有效的权力制约机制、严肃的责任追究机制。"[1] 监察委员会作为国家专门反腐败机构和实施国家监察的专责机关，是建立完善的监督管理机制的重要内容。必须具有能保障其职能有效发挥的权力配置，使其运行具有权威性。本章以历史对比和中外对比的视角，从全面梳理和重点介绍几类典型的监察体制下的权力配置开始，对《监察法》的监督、调查、处置职责进行全面深入分析。

第一节
不同时代和模式下的监察权配置

一、历史视野下的监察权配置

（一）我国古代监察御史制

我国古代监察御史的监察权涉及行政、民政、司法等方面，拥有对财政、军事、人事管理、立法、司法等领域的广泛权限，

---

1. 央视网：《深化国家监察体制改革，习近平这十句话意蕴深远》，http://www.xinhuanet.com/2018-12/15/c_1123857931.htm。

可以对领兵打仗、学校教育乃至民风民情等各方面实施监察，中央监察官还常被临时派出执行监军旅、监仓库、监考试、监治河、监漕运、监驿站等任务。

唐朝是我国古代监察制度发展的一个最为重要时期，正如日本学者池田温曾说："传统中国官僚机构的一个显著特征是监察制度的发达。在汉代以来的发展过程中唐代御史台组织与机能的完备是其典型的代表。"[1] 唐朝统治者重视监察机关对维护国家纲纪、澄清吏治方面的重要作用，认为"御史执宪、纲纪是司"[2]"彰善瘅恶，激浊扬清"[3]，将御史台置于唐代的政治生活的重要位置，御史大夫或御史中丞直接向皇帝上奏，御史可独立行事，甚至弹劾官吏等大事都可不经过宰相。同时，赋予御史台更大的权力和更广的权力范围，御史台除主掌监察外，还通过"三司受事""大三司""小三司"等制度兼掌部分司法权能。

总体来看，我国古代监察机构拥有极为广泛的监察范围和权限。从监察对象范围看，"自皇太子以下，无所不纠"，几乎除了皇帝之外的文武百官，若有罪御史都有权按劾。[4] 从行权方式看，发现公卿百官有违法失职行为或贪污贿赂、政策违失者有直接向皇帝提出检举的弹劾权；对官吏的一般违法失职行为有纠举权[5]；通过巡视方式对中央和地方官吏执法守纪情况有检

---

1. 胡宝华：《唐代监察制度研究》，商务印书馆 2005 年版，第 19 页。
2. 见《全唐文》卷二十九。
3. 见《唐大诏令集》卷一○○。
4. 见《通典》卷二十四《职官·御史中丞》。
5. 如秦汉时，御史大夫最主要的职权就是"制临百司，纠绳不法"。

查权[1]；在监察过程中就特定事项进行调查有调查权；通过检核清查官府文牍、案卷对司法官进行举正和纠察，受理冤案，以鞫狱平冤监督，有时还有直接参加重大刑事案件的司法审判的司法权和司法监督权[2]；在检查和调查过程中，具有搜查、拘捕、审问的侦查权[3]；有考察与举荐勤政廉洁政绩卓著的政府官员的考察与举荐官吏权；有履行财政的监督审计权；有纠正朝堂礼仪以维护皇帝尊严和封建等级以肃正朝仪的礼仪监察权；除此之外，谏官还有直言纠正君主言行和违失的谏诤君主权。[4]

（二）南京政府监察院制

监察院是将孙中山五权宪法理论运用于创设独立的国家监察机关的实践，是监察制度和宪法制度创新的产物，既对中国古代监察制度进行了取其精华、弃其糟粕式的承继和扬弃，又借鉴吸收了西方议会监察制度的精华，具有中西合璧的鲜明特点。

自 1927 年南京国民政府建立至 1947 年 12 月中华民国最后一部宪法实施前，这近 20 年称为"训政"时期，这时期是较好贯彻孙中山"五权宪法"理论独立设置监察权思想的时期。1927年南京国民政府颁布的《监察院组织法》及 1928 年颁布的《训

---

1. 如明清两朝，均建有巡案制度，据《清文献通考》记载，清朝十五道监察御史掌纠内外百司之奸邪，在内，刷卷，巡视京营，监文武乡会试，稽察部院诸司；在外，巡盐、巡漕、巡仓等，及提督学校，各以其事专纠察。
2. 如据《汉书》记载，御史大夫位次丞相"典正法度，以职相参，总领百官，上下相监临"。
3. 如西汉时，地方监察官刺史就有搜查、拘捕甚至处死不法官吏的权力。
4. 如唐朝时，凡遇大臣议政和朝廷进行决策，谏官有权与闻政事，并可当场对政策的得失发表意见。

政纲领》，确立了五院制，由独立的监察院行使监察权，设监察委员19名至29名，由监察院长提请并由国民政府任命。为保障监察官没有后顾之忧地执行职务，其人身安全受到法律的特别保护。[1]监察院还内设了隶属于监察院的审计部，审计部依法作为监察院的直属机关，独立行使财务监督。

国民政府监察院体系的设置借鉴了中国古代监察体系设置的蓝本：在"训政"时期的监察体制中，监察权具有独立性；监察院作为南京政府的最高监察机关，具有弹劾、审计、调查、纠举、建议这五项权力，虽在不同阶段呈现一定差别，各项权力随着时代历史条件的变化历经了一些调整，但就整体而言，都具有弹劾权、对公职人员任命的建议权、对公务员违法失职案件的调查权、审计权、监试权等权限。

（三）行政监察体制下监察权配置

行政监察体制是以在行政机关内部设置监察部门以行使行政监察为主体的，监督主体与监督对象之间存在着领导与服从的关系，这种体制模式是适应当时政治、行政、经济各方面百废待兴亟需迅速恢复监察制度的形势下作出的现实选择。

以发展的眼光来看，行政监察法赋予监察权限手段是有限的，这些手段属于调查的最基本手段也是最初级的手段，属于一

---

1. 根据南京政府颁布的《监察委员保障法》，规定除现行犯外，非经监察院同意，不得拘捕监察委员，非经监察院多数委员同意，不得随意惩戒。监察委员还享有言论免责权，监察委员内所为之言论及表决，对院外不负责任。

般调查权限，权威性、强制性不够高。如查阅、指定解释、责令停止违法违纪、检查权、调查权。行政监察机关具有检查权、调查权和建议权三种权力外，还拥有一定的行政处分权，但总体而言，这些权限措施相对于日益严峻的反腐败斗争形势而言偏软，监察机关的权限不够且监察措施的强制力有限，导致一些方式方法在实践中难以落实。尤其在一些急需进行证据保全的情形下，必须借助外部力量才能采取有效措施，协调起来时间等各方面成本高，不利于全方位有效预防和打击各种腐败行为。

二、比较视野下的监察权配置

纵观域外各国监察权的职能设置，以公务行为的合法性、效益性、廉洁性为监察主要内容，监察分为财务监察、廉政监察及效能监察等主要类型，涉及政治选举，行政行为，人事任免，司法行为，民政、国企、事业单位等单位公务事宜等广泛范围。不同类型又各有侧重，监察专员制强调社会监督的力量，通过向社会公开刊登给议会的年度报告对政府错误行为进行批评，借助舆论对政府官员施加压力。美国设置的监察长办公室具有系统内较大监察干部人事权，利于形成集中统一的领导力和高效运转的执行力。集中设置监察机构的国家，往往监察机关具有强大的调查手段和权限。在监审合一的国家，普遍重视财务监督的作用。

（一）瑞典

实施监察专员模式国家中的监察机关普遍拥有比较广泛的权

力和权威地位，广泛拥有接受申诉、调查、视察、批评、建议、提起公诉的手段和权限，还可通过质询权、弹劾权及不信任投票的方式实施惩戒，以制约政府的行为。在实施监察专员制的瑞典，公民若因政府违法不当行为侵害公民权益，都可以直接向监察专员或由会议转由监察专员提出控告或申诉，监察专员的法定职责主要是通过受理和处理公民对行使国家公权力的监察对象的控告和申诉以保障公民权益。除被动受理公民申诉之外还可主动发现被监察对象的问题线索，通过调查和评估行政机关的一般行政行为，以监督权力的运行状态。

为了保证执行公务，议会赋予监察专员有权在接到对其享有监察权的任何公权力部门和公务员进行调查，监察专员有权根据需要进入有关机关实地调查，调阅政府档案（机密文件除外），询问知情人员，被调查人必须配合。甚至在调查过程中，检察官都有协助监察专员工作的义务。在正式调查程序中，监察专员有以下处理权限：如果发现立法有漏洞，会提出修改某些不适当的法律或规定的建议；还可给有关行政部门给予由于行政过失受到损害的公民补偿以改善行政的建议；对犯有错误的官员提出批评和建议；监察专员的工作向新闻公开。

（二）美国

美国政府监察主要职能为财务监督，作为政府机关内部的防贪肃贪机构职能部门的监察长办公室（监察处），主要是对财政情况进行监督，保证财政合理合法地支出，并促使行政效率的提高。办公室的监察稽核部主要负责对政府各部门的财政工作进行审核；监察调查部主要负责对发现的违法违规或不合理的财政支出行为进行调查。各部监察长由总统任命，并经国会参议院同意，直接向总统和国会负责。美国监察长独立负责办公室的人事任免和人员的日常管理，有权任命监察机构的所有工作人员。监察长办公室通常设有稽核和调查这两个部门。[1]

（三）新加坡

新加坡贪污调查局也依法拥有类似的广泛的调查取证权，当在调查期间证明有任何违反刑法、廉政法等法律的行为时，反贪污调查局局长和特别调查员可依照《防止贪污法》逮捕有可靠情报或有理由怀疑的与贪污犯罪有关的任何人，行使刑事诉讼法赋予的一切公安机关行使的犯罪侦查权。

贪污调查局在调查重大案件时除一般调查权外，还享有特别调查权，可调查任何存款、股票、账户、报销等任何账目、资料和信息；有权要求被调查人详细说明其子女亲属的一切财产以取得途径、日期等准确情况；可进行武力搜查，有权要求任何人（包括当事人及其亲属或其他相关人）配合调查，对不配合调查、不配合搜查的行为，都将被视为犯罪并被单处或并处 2000 美元以下罚款或被判处 1 年以下监禁；享有对所有公务员暗中秘密跟踪的跟踪监视权，与其相配套的为公务员活动记录制度，公务员有义务将自己每天的活动记录在册，以备反贪污调查局对该公务

---

1. 参见李柯玖：《论我国行政监察机关的职权》，硕士毕业论文，中国政法大学 2007 年 9 月，第 30 页。

员进行跟踪调查时核实其记录的真实性。当然，还包含与香港地区廉政专员相同的公务员财产来源不明的定罪权。一旦经过调查确认有罪，报经总检察长同意，可以直接向法院起诉；依法全面享有针对腐败行为各项处理权限，尤其是具备职务犯罪的侦查、起诉权使其能够集中对腐败行为造成致命的打击。

（四）波兰

实行"监审合一"，即国家监察职能包括对公职人员的监察和对财务的审计这两部分。波兰最高监察院具有审计监督的职能，负责对国家财务预算、执法情况及行政运行情况进行"全口径"的监察。

第二节
国家监察权的配置

《中华人民共和国监察法》第十一条规定了监察委员会的监督、调查、处置的职责。三项职责实际上是监察权行使链条中的三个不同环节，这三项权力虽然具有相对的独立性，但同时又具有很强的承接性和关联度。

一、监督职责

学者钱小平认为，《监察法》明确了监察机关的三大职责，确立了预防性监督、发现性监督、惩治性监督三种监督形态，形成了腐败监督的中国模式。监督是监察委员会的第一职能，激活和强化监察委员会的监督能力，避免监督职能的虚化、空化、弱化风险，应当确立"一体化"的监督理念，加快推进预防性立法建设。[1]预防型腐败治理模式更为注重对公职人员、公权力的日常监督，关口前移，确保通过有效的监督保障公权力的运行自始至终不脱离、不偏离法治轨道，达到"全程安全"的效果。监督职责主要包括日常教育、派驻监察、批评教育和组织处理建议及监察建议权，主要包括教育、谈话、检查等方式，这些检查方式总体而言是以预防为主的方式。

（一）教育

廉政教育是防止公职人员发生腐败的基础性工作，可从根本上、思想上降低腐败意愿，从而减少和杜绝腐败问题的产生。廉政教育内容包括法纪教育、警示教育、廉政教育，可以通过签订廉洁自律承诺书和廉政建设责任书，进行日常廉政谈话及任前廉政谈话等方式开展，要将廉洁教育和廉洁知识纳入官员的教育培训和考核任用体系。通过廉政教育，强调积极意义上的正面引导，加强理想信念，强化公职人员的职业伦理，夯实不想腐的思想基础，引导公职人员牢固树立马克思主义的世界观、人生观、价值观和正确的权力观、地位观、利益观，形成正确的职业道德价值观，从而减少腐败的动机，增强"不想腐"的自觉，达到

---

1. 钱小平：《监察委员会监督职能激活及其制度构建——兼评〈监察法〉的中国特色》，载《华东政法大学学报》2018年第3期，第39页。

"不想腐"的积极效果。同时，可以在全社会范围内开展党风廉洁宣传教育，树立纪检监察机关的权威性，获得更多的社会对反腐败工作的认同感，营造崇廉拒腐的良好社会氛围。

（二）谈话

"谈话"是具有监督功能的典型措施，属于监察机关积极主动防止权力滥用、防止腐败发生、防止由违纪违法向违法犯罪嬗变的初始性举措。国家监察委主任杨晓渡强调："监察委员会做的大量工作，大概是日常拉拉袖子、提个醒的工作，是监督的工作，是防止人由小错误变大错误的工作。"[1]"谈话"措施无疑就是最为常见、灵活的监督手段。要做好反腐败源头治理，形成"不敢腐、不能腐、不想腐"的有效制约机制，就必须做到防范于未然。"谈话"重在对公职人员行使公权力实现事前和事中的全面监督，通过细致入微的谈话工作，从思想上提醒降低贪腐的倾向，从行动上监督减少贪腐的可能。

（三）检查

检查是监察机关对公职人员行使公权的合法性（依法履职）、廉洁性（秉公用权）、合纪性（道德操守）进行日常监督的手段和方式。从检查主体和被检查主体的天生博弈来看，检查要发挥效能做到无定式、无定法，根据实际情况灵活使用各种手

---

1. 李贞：《国家监察体制改革：中国特色监察体系的创制之举》，http://dangjian.people.com.cn/n1/2018/0320/c117092-29877671.html。

段。一次成功的检查，不仅能够及时纠正存在的偏差和解决已出现的问题，并且能够使监察对象从中受到教育，改善管理，强化问题的源头治理，达到长期预防的效应。

监察监督主要内容是公权力行使的合法性和廉洁性，除此之外，从抓早抓小、防微杜渐，对干部严管厚爱和维护国家机关权威性、公信力的角度，日常监督中要对公职人员的道德操守情况进行监督，具有显著特征。

一是监督的日常化。2018 年 12 月 13 日，习近平主持中共中央政治局会议时强调，"要创新纪检监察体制机制，做实做细监督职责，深化政治巡视，完善巡视巡察战略格局，着力在日常监督、长期监督上探索创新、实现突破"[1]。监察委员会是我国的反腐败专门机构，但绝对不仅仅是办案机构。纪检监察机关应当结合被监督对象的职责，加强对行使权力情况的日常监督，官员准入及日常管理的情况应作为日常监督的重点，及时了解被监督对象的思想、工作、作风、生活情况。日常监督部门一旦发现违反廉洁纪律的问题线索，统一移送给案件监督管理部门，涉及职务犯罪的问题线索由案件监督管理交由调查部门进行调查。日常监督主要运用提醒谈话、警示谈话、通报批评、批评教育、限期整改、纠正或责令停止违纪行为等方式开展，注重抓早抓小，防微杜渐，从根本上减少腐败问题发生的增量。

二是监督形式的参与性。监察监督的客体是公权力的运行情

---

1. 央视网：《深化国家监察体制改革，习近平这十句话意蕴深远》，http://www.xinhuanet.com/2018-12/15/c_1123857931.htm。

况，权力的运行情况往往通过其组织管理的效果来呈现。监察权的有效运行必须以参与为前提，只有通过参与才能掌握公权力运行中的相关情况和信息，比如通过列席会议、现场监督、文件的事先廉洁性审查及事后备案等方式即时掌握被监察对象、公权力的运行情况。监督权相对独立于行政管理权之外，管理本身包含监督责任，因此，监察监督行为是"管理之再管理""监督之再监督"，监察监督的参与具有间接性，是一种外部性的参与，这与行政权对社会生活实施的实质管理行为有着本质性的区别。"信任不能替代监督""监督不能替代管理"，必须按照法定的权限和程序进行监督。

三是注重腐败的预防。党的十五大后，党中央提出预防腐败和惩治腐败并举，开启反腐"广角镜头"模式，从全过程防控的角度，将反腐目标的视角延伸到预防腐败工作领域，铲除腐败现象滋生蔓延的土壤和条件，从源头上预防和解决腐败问题，提出建立健全教育、制度、监督并重的惩治和预防腐败体系的目标。[1]逐步实现从单个的制度建设，拓展到关注制度间的相互联系，升级了邓小平同志的系统性、整体性思维，提出要建立健全有利于防范腐败的体制机制，实现权力"取之于民、用之于民"的价值和角色回归。党的十八大以来，我国的腐败治理模式历经从"打击型"向"预防型"积极转型，深化"标本兼治"，着力构建不敢腐、不能腐、不愿腐的有效机制，监督执纪"四种形态"逐渐

---

1. 参见吴振钧：《权力监督与制衡》，中国人民大学出版社 2008 年版，第 99—107 页。

成为惩治和预防腐败的有效制度和反腐倡廉的基本经验，成为预防腐败的"代名词"和"亮丽名片"。强化并实现执纪监督"四种形态"，其本意在于当职务违法尚未发展到职务犯罪时，通过提高惩罚概率的方式，避免国家公职人员由职务违法转向职务犯罪。通过及时发现苗头性、倾向性问题或者轻微违纪问题，实现惩前毖后、治病救人，尽量让职务违法和职务犯罪行为止步于萌芽发展阶段。此外，纪检监察机关应当畅通来信、来访、来电和网络等举报渠道，建设覆盖纪检监察系统的检举举报平台，及时受理检举控告，发挥党员和群众的监督作用。

二、调查职责

（一）关于调查权性质

随着监察体制改革的深化，关于调查权性质的研究也不断深入。学者陈瑞华认为监察委员会的调查同时具有党纪调查、政纪调查和刑事调查的性质。[1] 学者左卫民等认为，根据新《宪法》确立的"一府一委两院"的新格局，监察委员会既不属于行政机关，也不属于司法机关，但实际上的权能兼具行政、司法的部分特质。基于此，监察委员会监察权的行使，特别是调查权的行使，都应当包含在检察机关法律监督的范围内。[2]《监察法》中对

---

1. 陈瑞华：《论监察委员会的调查权》，载《中国人民大学学报》，2018 年第 4 期。
2. 左卫民，唐清宇：《制约模式：监察机关与检察机关的关系模式思考》，载《现代法学》2018 年第 4 期，第 19 页。

于调查阶段的查封、扣押、讯问、通缉和采取强制手段的规定与《刑事诉讼法》的相关规定重合，体现出浓重的刑事调查特点。监察委员会借助犯罪调查权之名行刑事侦查权之实，其在性质上不属于刑事侦查权，而是国家监察权的一部分。监察委员会的调查权具备国家性、强制性、综合性等特征，其与侦查权的权力内涵及外延具有一定差异性，但也有不少相似之处。[1]

刑事侦查权在本质上也是一种调查权。一般而言，调查是侦查的上位概念，调查权的法律性质主要取决于案件性质，职务犯罪调查权针对的是刑事犯罪案件，故其在性质上类似于侦查权。监察调查与刑事侦查具有措施的强制性、调查目的的一致性，使其必然具有类似侦查之属性。第一，职务犯罪监察的调查程序事实上取代了原职务犯罪侦查功能。在检察机关自侦部门转隶后，职务犯罪侦查的主体不复存在，根据《监察法》相关规定，职务犯罪调查与原检察机关行使的职务犯罪侦查在内容上并无很大差别。第二，对比我国《刑事诉讼法》关于逮捕、查封、扣押、冻结之侦查措施的规定，两者的实施程序、救济措施皆十分相似，产生的效果亦大体相同，对公民财产权的限制程度亦无很大差别。第三，监察案件的调查程序与刑事侦查程序在职务犯罪案件的审前阶段发挥着实质意义上的相同作用。其规定的"补充调查"机制更加表明了调查与侦查在内容上的一致性。换言之，职务犯罪调查程序与原职务犯罪侦查程序的预设功能一致，皆为

---

1. 左卫民，安琪：《监察委员会调查权：性质、行使与规制的审思》，载《武汉大学学报》（哲学社会科学版）2018 年第 1 期，第 100 页。

"收集被调查人／犯罪嫌疑人有无犯罪行为、犯罪行为轻重的证据",以达成"查明犯罪事实"之目的。

另一方面,"类似"并非"是",职务犯罪的监察调查权与侦查权不完全相同,监察委员会调查职务违法、犯罪行为所适用的是监察法律规范,而非《刑事诉讼法》。《刑事诉讼法》修正案将第一百零六条改为第一百零八条,第一项修改为:"'侦查'是指公安机关、人民检察院对于刑事案件,依照法律进行的收集证据、查明案情的工作和有关的强制性措施。"将行使侦查措施的主体明确限定为公安机关、人民检察院,显然不包括监察机关。

检察机关对监察机关既有配合的一面,也有监督制约的一面,因此,要强调监察机关调查权与检察机关起诉权之间相互分离、各自运行的权属规则,进而实现司法权对监察机关调查权的制衡。检察机关通过审查监察机关所移交调查材料,依据审查起诉标准的规定,可以作出接受、部分接受甚至不接受的决定,调查权运行的"倒逼",监察机关也以符合起诉标准作为运行参照,从个案的遵循到整体的遵循,形成相对良性的权力运行模式。[1]正如香港廉政公署的处置权同样偏向于程序处置而非实体处置。廉署调查完毕后,一般转由律政司审查决定是否提出刑事检控,或转入公务员纪律委员会及被调查对象所在部门首长,决定是否给予纪律处分或行政处理。[2]我国监察机关发现监察对象涉嫌职务犯

---

1. 参见左卫民、唐清宇:《制约模式:监察机关与检察机关的关系模式思考》,载《现代法学》2018年第4期,第23页。
2. 陈永革:《论香港廉政公署制度的特色及其对内地廉政法治的启示》,载《清华法学》2003年第2期,第173页。

罪时，只能移送检察机关审查，而无权自行作出决定，从这个意义上讲，职务犯罪的调查权本质是一种"求刑权"，并非最终的处置权，对职务犯罪的处置权限本身应当是更偏重程序性质的，而非实体性质的。

（二）关于监察调查职责

监察调查是监察机关通过采用法定的方式、手段、措施针对已立案的涉嫌贪污腐败等职务违法、职务犯罪行为的案件进行搜集证据、查明事实、分清责任、提出处理意见的专门活动或过程。根据《监察法》第十一条的规定，监察委员会依照监察法和有关法律规定履行监督、调查、处置职责。

首先，监察调查是监察机关的一项法定重要职责，突出体现了监察委员会作为国家反腐败机构的职能定位，通过查清职务违法、职务犯罪事实，保障公权力的公益属性和廉洁运行，维护宪法和法律的尊严。其次，监察调查也可指监督公权力的一个工作环节，在监察监督和监察处置中处于承前启后的地位，通过对在日常监督检查中发现的公职人员的问题线索进行调查核实，查清职务违法、职务犯罪的事实，为处置环节作好准备，为将违法犯罪分子绳之以法奠定基础。

在调查中，监察机关可以采取谈话、讯问、询问、查询、冻结、调取、查封、扣押、搜查、勘验检查、鉴定、留置等措施。前文已介绍，按照目前学界通说，调查按照是否具有明显强制性分为特殊调查与一般调查。特殊调查措施对监察对象的人身、财产等基本权利限制较大，具有明显强制性。一般调查措施相对而言不具明显强制性。

（三）职务违法与职务犯罪之区分

1. 公职人员

我国监察立法体制以职务违纪二元论为基础，以职务违法行为严重程度和违反法律法规性质为依据，形成职务违法与职务犯罪的区分。违法是指一切违反国家的宪法、法律、法令、行政法规和行政规章的行为，其外延极为广泛。犯罪是触犯刑律的行为，违法行为必须同时是触犯《刑法》规定的行为才构成犯罪。

职务违法与职务犯罪的主体都是公职人员。《监察法》的颁布，拓宽和进一步界定了公职人员的范围。依据《公务员法》的规定，以是否具有行政编制为标准，界定公务员的范围为依法履行公职、纳入国家行政编制、由国家财政负担工资福利的工作人员。包括中国共产党各级机关、各级人民代表大会及其常务委员会机关、各级行政机关、中国人民政治协商会议各级委员会机关、各级审判机关、各级检察机关、各民主党派和工商联的各级机关这七类人员。2012年颁布施行的《事业单位工作人员处分暂行规定》，将事业单位人员的政纪处分也纳入法治化轨道，丰富和拓展了公职人员的内涵范围。《监察法》第十五条规定了监察对象意义上的公职人员范围，包括公务员、参公管理人员、法律法规授权组织中从事公务的人员、国有企业管理人员、公办教育等事业单位中从事管理的人员、基层群众性自治组织中从事管理的人员及其他依法履行公职的人员。

2. 职务违法与职务犯罪的区分标准

我国刑事犯罪与普通违法之间存在行为类型的交叉性，两者主要区别在于行为程度而非行为类型。[1] 以贪污罪为例，国家工作人员贪污数额较大的才构成犯罪，而贪污数额较小的则仅构成违法违纪。基于违纪违法和刑事犯罪在社会危害性上的差异，两类案件中适用调查措施的具体类型和强制程度也有不同。现代法治社会遵循比例原则，侦查权的适用对象是更具有严重社会危害性的犯罪行为，可适用的调查措施种类更多，调查措施的强制程度更高。[2]

为确保公权力规范、廉洁行使，保障"权为民所用"，其在履行公务过程中应当受到公务行为规范的约束。法律层面的规范主要包括《国家公务员法》《监察法》等基本法律，还有涉及行业性公务行为规范性文件，如《事业单位工作人员处分暂行规定》《公安机关人民警察纪律条令》《监狱和劳动教养机关人民警察违法违纪行为处分规定》《海域使用管理违法违纪行为处分规定》，及具有规章效力位阶的司法文件《人民法院工作人员处分条例》《检察人员纪律处分条例（试行）》等。

职务违法行为指公职人员在履行公共事务管理职责的过程中，违反公务行为法律规范，非法利用其所掌握的权力为自己或他人谋取私利，情节严重，应受到除《刑法》外其他法律、法规惩处的行为。

---

1. 李洁：《罪与刑立法规定模式》，北京大学出版社 2008 年版，第 12—48 页。
2. 谢登科：《论国家监察体制改革下的侦诉关系》，载《学习与探索》2018 年第 1 期，第 75—76 页．

职务犯罪则包括公职人员所实施的触犯《刑法》有关规定，应当追究刑事责任的贪污贿赂、滥用职权、玩忽职守和浪费国家资财等行为。刑事责任是一种最严厉的责任。职务犯罪责任由特殊主体犯罪构成，只有国家工作人员才能构成此类犯罪。《刑法》中将公共权力行使过程中不当行使，社会危害较大的贪污贿赂、渎职行为规定为贪污贿赂类、渎职类犯罪，这两类犯罪是最主要的职务犯罪类型。

总之，因监察调查对象包括职务违法和职务犯罪，不能统称为监察侦查，但其中对职务犯罪的调查具有侦查性质，应当遵循刑事诉讼法的规定。因此，在深化监察立法的过程中，对监察法如何适用刑事诉讼法应进一步细化。

（四）监察调查的主要内容

监察调查的主要内容包括涉嫌贪污贿赂、滥用职权、玩忽职守、权力寻租、利益输送、徇私舞弊以及浪费国家资财等七类职务违法行为。调查权性质的"两分"也决定其调查内容的"两分"，具体是否构成职务违法行为、职务犯罪行为需具体情形具体分析，根据违法的依据和程度，分为一般职务违法行为、严重职务违法行为，当职务违法行为符合《刑法》规定的犯罪构成并符合犯罪的量刑标准和立案标准时，则构成职务犯罪行为。

这七类行为是党的十八大以来发生概率最高的违法失职行为，这七类行为不属同一话语体系，实践中，这几类行为之间可能存在逻辑上的重叠与交叉，比如贪污贿赂往往是利益输送、权力寻租的结果，滥用职权的直接动机可能就是要实现利益输送，等等。贪污贿赂、滥用职权、玩忽职守、徇私舞弊这四类——对应具体犯罪类型，均在刑法典中有规定，是否构成职务犯罪取决于是否符合我国刑法典有关具体犯罪基本构成要件。权力寻租、利益输送往往作为职务犯罪的手段、环节或表现形式，浪费国家资财往往是权力腐败的结果，没有对应的具体罪名。

不同类型的犯罪涉及的法益和发生机理不同，分别设定定罪起点和量刑档次更为科学。2018 年 4 月 17 日，中央纪委国家监委全面梳理相关法律法规和司法解释的规定，印发了关于《国家监察委员会管辖规定（试行）》，对这七类行为中涉及犯罪的行为进行了全面梳理，明确了国家监委管辖的六大类 88 个职务犯罪案件罪名。

有一个问题需引起注意，2016 年国务院《政府工作报告》中提出要"健全激励机制和容错纠错机制"，容错机制可能成为渎职犯罪的阻却违法事由。[1] 目前，各地也已开始了对容错纠错机制制度化建设的尝试和探索。监察委员会作为容错机制审查机构，应当重视此情形对执法审查的影响并作出积极回应和制度安排，以保障执法的科学性和公平性。

（五）关于技术调查措施

《监察法》第二十八条明确赋予监察机关适用技术调查措施进行职务违法犯罪调查活动。但是，技术调查措施具有专业性强、技

---

1. 姜金良：《乐观与谨慎：监察体制改革对反腐败刑事政策的影响——以〈监察法〉出台为视角分析》，载《宁夏社会科学》2018 年第 5 期，第 76—83 页。

术要求高、隐秘性大等特点，必须由公安机关予以执行。在我国，公安机关在刑事侦查程序中承担着落实各类技术侦查措施的职责。近年来，随着硬件设施的不断完善以及技术水平的不断提高，依靠技术调查措施侦破案件已经成为公安机关办案过程中的常态。那么，在监察程序中，公安机关应运用自身的软硬件条件为监察机关提供技术调查方面的协助。为了保障公安机关的该项协助义务能得到切实履行，技术调查措施的制度化也应当被提上日程。目前，我国《监察法》仅第二十八条对技术调查措施进行了规定，大体包括记录监控、行踪监控、通信监控、场所监控等多种特殊调查手段，都属于对被调查人的通讯、行踪、谈话、会面等活动进行全程监控的秘密调查手段，会对被调查人的自由、隐私、尊严等权益造成不同程度的侵犯。虽然该法条已经对监察机关采取技术调查措施的案件范围、批准决定、有效期限等予以明确规定，但是究竟技术调查措施的内涵是什么、包含哪些不同类型，各种技术调查措施又分别对应何种适用情形、应当如何操作，监察法皆没有作具体规定。这些问题都将成为公安机关顺利完成技术调查任务的重大阻碍。对此，公安机关应当借鉴刑事诉讼程序中的技术侦查措施，以规范性文件的形式明确技术调查措施的内涵和程序机制，细化技术调查措施的类别及适用范围，以指导具体的协助实践工作。

三、处置职责

（一）处置的内涵及特征

处置权包括：对不构成犯罪的腐败行为的处分决定权，对涉嫌构成腐败犯罪行为的预审权，是否移送检察机关提起公诉的决定权和对国际反腐合作的代表权等。"对调查的违法问题依据相应的法律法规予以审查定性并决定给予何种处分和处理。"[1] 处置是调查程序的结果，是监察权行使的最后一个环节和落脚点，亦是彰显反腐败整肃吏治功能的"结果担当"。调查终结后，监察委员会要依法作出处置决定，这是监察权行使的最后一个环节。为了确保最终结果的正义性，最终处置决定的轻重程度应当与被调查者的违纪违法情节、主观恶性程度、社会危害性等因素相适应。处置职责含义较为丰富，涉及处理和惩治两方面，主要具有以下特征：

一是监察处置的综合性。监察处置是一种复合性权力，主要体现在其四项职能中，其中监察机关处置形式中的政务处分和问责职能与传统行政处分、问责权性质相似。移送案件职能则与普通刑事司法活动中犯罪侦查结束后的案件移送性质一致，这类权力非完全意义上的处分权力，即在被调查对象不构成犯罪的情况下，由其行使终局处分权；在被监察对象构成犯职务罪时，其并不享有终局处分权，相应的处分权应当由作为审判机关的人民法院行使。[2] 而监察建议作为具有强制力的建议，则与司法建议、检察建议相似但又具有一定的特殊性。总之，监察机关的处置权融合了行政系统内部的处分权、刑事司法活动的移送权、作为外部监督的建议权等多种权力形式。

1. 吴建雄：《监督、调查、处置法律规范研究》，人民出版社 2018 年版，第 64 页。
2. 吴建雄、李春阳：《健全国家监察组织架构研究》，载《湘潭大学学报》(哲学社会科学版) 2017 年第 1 期。

二是监察处置的强制性。无论是政务处分、问责决定或建议、案件移送、监察建议，都具有法律意义上的强制力，意味着如果不执行会承担法律上的不利后果。《监察法》第六十二条规定，即便是监察建议，也不同于一般的工作建议，如果有关单位无正当理由拒不采纳监察建议的，相关领导人员及直接责任人员将要承担相应的法律责任。可见，监察处置无异于监察机关的令齿利剑，利于确保监督实效，对于强化不敢腐的震慑，提供了重要保障。

三是监察处置的惩治性。监察处置的惩治性是指监察机关依据监督、调查结果作出的处置决定对监察对象具有惩罚性。政务处分和问责对监察对象的职业前景、名誉声誉、甚至经济收入产生即时、直接的不利后果。对涉嫌职务犯罪人员的移送措施，虽然对被移送人员的权利义务不产生直接影响，但其法律地位从被调查人转为刑事司法程序中的被起诉人，意味着调查阶段已经结束，可能需要承担更为严重的刑事责任。监察建议也具有惩治性后果，对相关问题或问题影响应采取措施进行整改，否则同样承担相应的法律责任。

（二）政务处分性质及政务处分立法

政务处分是本次国家监察体制改革使用的一个新的概念和范畴，是从行政处分基础上发展延扩而来。用"政务处分"替代"政纪处分"是这次监察法立法的一个亮点。

追溯"政纪"概念的内涵及发展不难发现，"政纪"的内涵随法治建设进程发展变化拓展。"政纪"是历史形成的，中国共产党早在陕甘宁边区就开始使用这一概念。改革开放以来，随着依法治国深入推进，我国法律体系不断完善，"政纪"不断进入国家立法，纳入《公务员法》《行政机关公务员处分条例》等法律法规规定的内容。《中华人民共和国行政监察条例》（1990 年）是新中国成立后首次在法律文件中使用"政纪"一词，《中华人民共和国行政监察法》（1997 年）没有再使用政纪概念，而是使用行政纪律的概念，自 2005 年《公务员法》颁布实施以来，在法律和法规层面较多使用行政纪律概念，规定凡违反行政纪律的公务员均应受到纪律处分，此种纪律处分即行政纪律处分。从《公务员法》开始，法律层面一般不再使用行政处分的概念，而使用行政纪律处分，简称"政纪处分"。2017 年 7 月 17 日，《中国纪检监察报》发表《使党的主张成为国家意志》一文，最先提出用"政务处分"替代"政纪处分"。

　　《监察法》第四十五条第一款第二项规定，监察机关有权对职务违法的公职人员作出政务处分决定，首次以法律的形式明确了"政务处分"这一法律概念，这意味着"政务处分"已经替代《公务员法》上的"政纪处分"。[1]政务处分取代政纪处分是由《监察法》确定的监察对象范围拓展扩大决定的。根据《监察法》第十五条规定，监察机关的监察对象是行使公权力的公职人员，这些公职人员已经大大超出了行政监察体制下的行政监察对象范围，用"行政处分"已无法准确定义对国家监察对象作出的处

---

1. 朱福惠：《国家监察法对公职人员纪律处分体制的重构》，载《行政法学研究》2018 年第 4 期，第 26—29 页。

分，已经不能全面涵盖公职人员范围。顺应改革形势，公职人员行使公权力的职务行为可界定为广义上的行政行为，以政务处分代替行政处分更加科学合理，也更加符合国家监察体制改革对国家监察机关的职能定位。

根据《监察法》的相关规定，政务处分是指监察机关根据监督调查结果对违法的公职人员作出处置的一种形式，对违法的公职人员依照法定程序作出政务处分决定，是监察法赋予监察机关的一项重要处置职责。具体来说，政务处分是指监察机关根据监督调查结果对违法的公职人员作出处置的一种形式，是在行政处分的基础上，适应行政监察对象扩大到国家监察对象而形成的一种监察处置方式或结果。

2018年4月16日，中共中央纪委国家监察委员会发布了《公职人员政务处分暂行规定》，为了确保监察机关作出政务处分决定有法可依，配合监察体制改革深化阶段的要求，从"立法试错"积累实践经验。根据《公职人员政务处分暂行规定》第十九条、二十条的规定，作出政务处分的主体包括监察机关和任免机关，采用"双轨制"，确立了对公职人员的同一违法行为，两处分主体"一事不再罚"原则。处分对象即监察对象，包括所有行使公权力的公职人员。在国家有关政务处分的法律出台前，监察机关可以根据被调查的公职人员的具体身份，参照现行有关处分规定实施政务处分，包括《中华人民共和国监察法》《中华人民共和国公务员法》《中华人民共和国法官法》《中华人民共和国检察官法》《中华人民共和国企业国有资产法》《行政机关公务员处分条例》《事业单位人事管理条例》《事业单位工作人员处分暂行规定》《国有企业领导人员廉洁从业若干规定》以及《农村基层干部廉洁履行职责若干规定（试行）》等。可见，《公职人员政务处分暂行规定》，弥补了《监察法》关于政务处分规定较为笼统的不足，对政务处分的适用范围、适用情形、程序、与党纪处分的关系、责任竞合、权利救济等都作了较为细致的规定。

《公务员法》作为我国干部人事管理中一部基础性的法律，已于 2018 年 12 月 29 日第十三届全国人民代表大会常务委员会第七次会议修订，于 2019 年 6 月 1 日起生效。《公务员法》的修订一方面是落实党的十八大以来党中央全面从严治党、从严治吏和习近平总书记关于"严管和厚爱相结合、激励和约束并重"的要求。另一方面，也是为了与《监察法》、新修订的党纪处分条例有关规定，在处分决定作出的原则、种类和适用、主体及权限、程序和救济途径等方面保持顺畅衔接。如第九章章名《惩戒》修改为《监督与惩戒》。从以上各个方面看，《监察法》关于政务处分的相关规定与《公务员法》等法律法规相关内容均保持了协调一致。

为了与《监察法》关于政务处分的相关规定相一致，《中华人民共和国公务员法（2018 修订）》专门对行政处分与政务处分的衔接问题作出明确规定。《公职人员政务处分暂行规定》专设多条"指引适用"条款，即在《公务员法》等法律法规针对某制度已作详细规定的情况下，可以依据"指引适用"条款直接适用《公务员法》等法律法规，以保证法律适用的衔接统一。[1]《监

1.《监察法在政务处分方面相关规定与公务员法等法律法规协调一致》，载《中国纪检监察报》2018 年 12 月 24 日，第 2 版。

察法》与《公务员法》等都隶属于中国特色社会主义法律体系，《监察法》关于政务处分的相关规定，无论是在内容还是适用上，均与《公务员法》等法律法规保持协调一致，这正是法律体系内在协调一致的生动反映，充分体现了坚持社会主义法制统一原则，有利于确保国家法律法规统一正确实施，实现政治效果、纪法效果和社会效果相统一。[1]

十三届全国人大常委会立法规划已将制定政务处分法列入第一类项目。目前，在统一的政务处分法出台前，《公职人员政务处分暂行规定》作为监察法的配套制度，是作出政务处分的重要依据。同时，该《暂行规定》作为试行规定在国家监察体制改革不断深入的背景下，具有探索性、实践性，为出台政务处分法奠定基础。笔者认为，政务处分法应当注意以下几个方面：

一是需要对一些衔接地带进行明确，如对同一违纪违法行为，是由公务员所在机关给予行政处分，还是应当由监察机关实施政务处分，法律并没有作出具体规定，需要立法进一步明确和厘清。

二是按照纪检监察一体化建设要求，应将党内法规中有关纪律方面的要求有机转化为对公职人员的公务行为规范要求。

三是提高立法的科学性。要坚持党纪、政务处分轻重程度相匹配，监察机关对公职人员中的中共党员给予政务处分，一般应

---

1. 中央纪委监察委员会网站：《关于政务处分，监察法和公务员法怎么规定》https://mp.weixin.qq.com/s?__biz=MzAxMDU0MDYwMQ==&mid=2653014360&idx=2&sn=7044ce337f5cdcc940653632337e5766&chksm=809baa0eb7ec2318ba570e5e7501cb15b32d8790595fe8127bd315a8d32b5612127519d3a9c8&scene=0&xtrack=1#rd。

当与党纪处分的轻重程度相匹配。做好政务、党务两类工作程序的衔接，既把纪律挺在前面，体现纪严于法的要求，又突出政务处分的特点和要求。[1]

四是注重与相关法律法规的衔接。监察机关对于经各级人民代表大会及其常务委员会选举或者决定任命的公职人员给予撤职、开除处分的，比如市长、副市长，区长、副区长，县长、副县长，人民法院院长，人民检察院检察长，等，应当先由人民代表大会及其常务委员会依法罢免、撤销或者免去其职务，再由监察机关依法作出处分决定。

（三）问责的法治化演进

各国政府在政府官员的行为规范、业绩考核等方面的规章制度各不相同，被问责的原因也因此存在差异，我国的行政问责制度是在 2003 年"非典"事件对失职官员问责的示范效应的推动下、受到香港 2002 年施行的"高官问责制"影响下开始形成并发展的，在一系列影响重大的问责事件中，被问责的对象多为担任重要职务或领导职务的官员。问责对象范围是由其制度定位决定的，遵循问责制度发展的脉络进行梳理可以发现，不论学术界还是实务界，对问责概念内涵的理解和把握存在广义和狭义之分。

广义的问责制可以指一切就官员的职务行为向其追究责任的

---

1. 瞿芃，孙灿：《今年将研究起草政务处分法监察官法》，载《中国纪检监察报》2019 年 2 月 15 日，第 1 版。

制度，正如最早提出"行政问责"概念的美国学者杰·M·谢菲尔茨所界定的"由法律或组织授权的高官，必须对其职位范围内的行为或其社会范围内的行为接受质问、承担责任。"[1] 按照广义上理解，问责制包含了对所有公职人员与职责有关行为的责任追究方式。狭义的问责制则强调其与传统责任方式——官员因违法、违纪行为而承担的刑事责任或纪律责任——的不同，特指通过官员的职务声誉受损或职务身份丧失、降低等方式使其对职务行为承担否定性后果的制度，这种责任方式关注官员的领导责任、政治责任。

我国的问责制多采用狭义意义上的，问责对象界定在具有领导职责的官员这个层面。狭义问责制度发挥作用的机理为：通过追责的倒逼机制，督促具有公权力的主体能在权责范围内履职尽责，对所管辖领域的人和事发生的不利后果承担政治责任和领导责任的制度。其有效运行能减少权力运行中可能带来的腐败，保证政府职能的高效和社会的稳定，实现有权必有责、用权受监督、失职受追究的"权责一致"重要法治原则。

我国的公务员分为领导职务公务员与非领导职务公务员。非领导职务公务员的履职侧重于法律或政策的具体执行，法律责任一般是依据《公务员法》《公务员纪律处分条例》及其他相关规范予以追究的。而领导职务公务员，则侧重于政策的宏观把握、

---

1. Jay M.Shafritz, The Facts on File Dictionary of Public Administration, New York：Facts On File Publications，1985，p.125. 转引自林鸿潮：《公共危机管理问责之中的归责原则》，载《中国法学》2014 年第 4 期。

对大政方针和发展方向的确定。施政失误实际上属于一种间接责任、领导责任，是一种特殊的责任。不适合用一般性、普遍性追究公务员的纪律责任的依据。虽然我国从新中国成立以来制定了一系列与公务员责任相关的法律法规，但是领导干部的责任追究一直是薄弱环节。

从我国党政一体化的政治传统来看，问责对象还应包括党的领导干部。从字面上理解，在 2009 年以前，我国大多数和地方的行政问责制文件，将问责对象界定于国家行政机关的首长或领导。但实际上，对某个地方或行业领域的治理、管理负有领导职责的，还包括党内系统的领导干部。在行政管理过程中，很多重大领导决策通常是由党政领导共同作出的，如出现重大事件或损失造成恶劣影响，行政机关领导干部被问责，而党的领导干部却"逍遥自在"的话，这既不符合基本的公平原则的法治要求，也不利于实现问责的总体制度目标。

问责与政务处分不同。政务处分往往针对公职人员直接违法行使职权的行为，而问责强调一定级别的公职人员（主要是指政府部门的领导人员）因其职责和义务履行情况而受到质询进而承担否定性后果（谴责和制裁）的治吏机制。其特殊性主要体现为以下三个方面：

（1）问责对象的特定性。问责对象应当限定为享有领导权力的领导干部，而不是一般工作人员。《监察法》第十一条明确了问责的对象是领导人员，结合《公务员法》第十七条、第十八条规定，根据公务员职位类别和职责设置公务员领导职务、职级序列，公务员领导职务根据宪法、有关法律和机构规格设置。问责对象应定位为具有领导职务的人员。

（2）责任范畴的有限性。根据《中国共产党问责条例》第二条，问责旨在落实党组织管党治党政治责任，督促党的领导干部践行忠诚干净担当。结合《监察法》第十一条规定，问责对象乃是针对履行职责不力、失职失责的领导人员，可见，在我国现实语境中，问责的责任范畴亦应当突出强调政府官员所承担的领导责任，即突出政府官员因失职失责而应当直接向人民承担的政治责任和道德责任，同时这也是能够切实解决党内问责与监察问责同步协调发展的应有逻辑。

（3）问责的过程性与动态性。现代民主框架下的问责过程应当是"看得见的正义"，即强调追责前问责主体对政府官员职责履行情况的过问以及政府官员对过问后的回应之特性，一方面体现为正当程序原则对问责过程的有效规制，另一方面通过问的过程强化被问责官员的内心认可程度并真正内化为其日后认真履职的道德约束力量，进而实现问责的预防与修复功能，故问责过程突出问责对象对问责主体进行解释说明回应的过程，其次才是问责主体实现责任对接进行实体层面的追责过程。

我国问责制度经历了应急性、制度化、法治化的发展过程。1995 年，《党政领导干部选拔任用工作暂行条例》首次提出建立辞职制度，1998 年《关于实行党风廉政建设责任制的规定》进一步发展了党内问责制，2000 年《深化干部人事制度改革纲要》明确提出要建立引咎辞职等党政领导干部辞职制度，2003 年《中国共产党纪律处分条例》对失职和渎职的后果作出了规定，2004 年《党政领导干部辞职暂行规定》实现了辞职形式的制度化和规范化，2007年第一次在党代会报告即十七大报告中提出问责制度，2009年《关于实行党政领导干部问责的暂行规定》的颁布初步实现了党内问责和行政问责的制度化。2016年《中国共产党问责条例》则明确提出问责的具体情形、问责主体和责任、问责方式方法，形成了一部针对性和可操作性比较强的基础性党内法规。

党内法规的先导性在问责制度建设中也表现突出，党内问责制度的发展引领、影响、推动了国家问责立法进程。2008年《关于深化行政管理体制改革的意见》明确提出要健全以行政首长为重点的行政问责制度、确定问责范围并规范问责程序，2010年修改的《行政监察法》实现了第一次明确将领导干部的行政问责写入法律。2018年《监察法》颁布施行，以"行使公权力的公职人员"作为监察对象，注重实质性要件，有效突破"党内"和"国家"之间的界限和壁垒，标志着行政问责作为国家监察权行使的重要形式，已正式开启法制化的进程。《公职人员政务处分暂行规定》进一步细化了相关规定，通过援引《中国共产党问责条例》《关于实行党政领导干部问责的暂行规定》的条款，进一步推进了党内问责与国家问责的融合发展。

问责既然作为一种法定责任方式，在问责的基本原则、问责的归责原则和构成要件以及问责范围、问责方式、问责程序等方面，均有区别于其他责任承担形式的特殊性。很多相关事项需要作与时俱进的制度安排，尤其在具体个案中，问责权与政务处分、问责、移送人民检察院依法审查、监察建议等权力边界如何确定，问责决定作出的实体条件和程序要件等问题，均有待于进一步细化和明确。特别是在党内问责已经有专门党内法规规范的基础上，通过援引《中国共产党问责条例》《关于实行党政领导干部问责的暂行规定》相关规定作为依据可以解决一些问题，但国家层面问责的进一步法治化亦应当同时提上议事议程，以保障在问责领域依法治国与依规治党的有机统一。笔者认为，可考虑在《监察法》的基本框架下，专门对监督和调查之后的问责相关问题作出配套、细化规定，以实现党内问责与国家问责的同步发展以及互相补充和协调。

四、抽象职权

三项职责就已全然展现国家监察权配置全貌了吗？以三大职责为中心向外拓展，学界对划分标准及其构成存在几种观点：

一是指导性权、行动性权与推进性权。有学者基于反腐败资源力量的整合和监察手段的丰富而提出监察立法建议权、反腐策略制定权、监督权、调查权和处置权"五权体系"说。[1] 提出在"五权体系"中，反腐策略制定权属于指导性权力，监督、调查、处置三项权力属于行动性权力，监察立法建议权属于推进性权力，由此形成指导性权力、行动性权力、推进性权力三大权力类型构架组成下的"五权体系"。

二是抽象监察权与具体监察权。学者江国华认为当前监察机关所拥有的三项职权并不能涵括其作为国家机关应当具有的所有职权

---

1. 参见李森：《国家监察委员会职权的立法配置与逻辑思考》，载《首都师范大学学报》2017 年第 5 期，第 66—74 页。

内容，提出监察委员会职权包括出台监察措施权、发布监察决定和命令权、根据立法权限拥有一定的监察法规和规章的制定权等在内的五项抽象职权。抽象监察权和具体监察权的划分以国家监察权的行动指向作为考量，抽象监察权指向不具有特定的对象，可以是规则、政策或章程的制定，具体监察权则具有特定的对象，可以是规范、决定或命令的行使。对国家监察权进行抽象监察权和具体监察权的划分，其合理之处在于能够明晰宏观规定与具体操作的界限。

三是"主权"与"辅权"。有学者立足于国家监察体制改革的初衷，聚焦于监察本身，对监督、调查、处置三项权能作进一步的延伸和解读，以权力的重要程度作为划分标准，提出国家监察权有"主权"与"辅权"之分。[1] 监察建议、规章制定、惩罚裁量都属于"主权"衍生出来的，"主权"到"辅权"应当是一个从非限制性到限制性的权能运作过程，"辅权"是"主权"的有益补充，使国家监察权的制动力部分的"主权"变得更为充沛和流畅。

四是惩治类和预防类权力。学者姜明安从控制腐败的不同阶段和方式进行划分，把惩治反腐分为四种模式：其一，即古时所谓"以刑去刑"，今时可谓"以惩抑腐"，通过严厉惩罚，使为官者"不敢腐"，主要包括调查、处置职责；其二，教化反腐，即古时所谓"灭心中贼"，今时可谓"净化灵魂"，通过理想信念教育，使为官者"不想腐"，主要为监督职责。[2]

---

1. 参见魏文松，覃晚萍：《国家监察权规范行使的程序构建与法律监督》，载《理论导刊》2018 年第 11 期，第 75—77 页。
2. 姜明安：《论监察法的立法目的与基本原则》，载《行政法学研究》2018 年第 4 期，第 21 页。

不管采取何种标准，都认为除了具体的三项职责外，还包括抽象性、普遍性的权力，如作为国家机关共有的法规制定权等权力。作为具有宪法地位的国家机关，具有出台监察政策措施权、发布监察决定和命令之权、根据立法权限拥有一定的监察法规和规章的制定权、向同级人民代表大会或者人民代表大会常务委员会提出监察议案权、领导下级监察委员会工作、改变或者撤销下级监察委员会发布的不适当的决定和命令权等抽象权力。[1]

通过赋予国家监委一定的抽象的监察法规制定权，这样也便于更好发挥国家监委对全国监察工作的领导力和行业的统筹力，增强改革的适时型和应变能力，由国家监委依据实际需要对《监察法》不断细化和深化，这样可以使国家监察立法总体供给不足的问题得以缓解，弥补目前监察立法中的短板和疑点。

第三节
延展方向——强化"不能"和"不想"

一、公职人员履职管理的细密化、日常化

2018 年 12 月 13 日，习近平主持中共中央政治局会议时强调，"要创新纪检监察体制机制，做实做细监督职责，深化政治巡视，完善巡视巡察战略格局，着力在日常监督、长期监督上探

---

1. 江国华，何盼盼：《中国特色监察法治体系论纲》，载《新疆师范大学学报》(哲学社会科学版) 2018 年第 5 期，第 61 页。

索创新、实现突破"[1]。《监察法》塑造了一个强大的腐败调查机制，监察机关"发现性监督"的能力得到极大提升，有学者也担忧这样势必挤压"预防性监督"的运行空间，导致预防能力的降低，与监督职责作为监察权"第一职能"的基本定位相背离。[2] 因此，应当加强预防性监督的作用，更加注重发挥监察监督职责在预防腐败中的重要作用，将公职人员准入及日常管理的情况作为日常监督的重点。

以被监督客体不同发展阶段为标准，将监督权的行使分为事前、事中和事后这三个阶段。理论上监察权主体对监察客体实施监察应有全过程全环节的介入机会。监督实践中至于何时介入最为科学，主要应根据最佳监察效能而定。事后监察的手段方式和内容侧重方面存在局限，更多的是重视对公务违法违纪行为的监督和打击，从介入时机来讲，追惩性的事后监督难以纠正和避免决策中的重大失误，这反倒使对权力极为集中的决策环节的监督存在放松和疏忽之嫌。结合历史和域外经验，预防性监督主要有以下制度机制：

一是设置专门的预防腐败职能。新加坡反腐经验很多，其中很重要的一点就是成功地将反腐的"治标"与"治本"进行了有效结合。首先，贪污调查局的职责本身就包括预防腐败，负责研究管理事务及工作程序中容易发生腐败的廉政风险，并提出能够

1. 央视网：《深化国家监察体制改革，习近平这十句话意蕴深远》，http://www.xinhuanet.com/2018-12/15/c_1123857931.htm。
2. 童之伟：《国家监察立法预案仍须着力完善》，载《政治与法律》2017年第10期，第70页。

减少风险实际发生的防控措施及建议。法国设立了专门预防腐败机构，即由税收、海关、宪兵、警察、司法等部门近 20 名技术专家组成的预防贪污腐败中心。该中心挂靠法国司法部，受总理直接领导，其基本任务是通过各种信息来源途径查找和发现各种国家机关及公职人员的腐败苗头性、倾向性问题；分析腐败案件的现实类型，总结在反腐败工作中的经验做法；研究如何利用新科技、信息、技术手段查找潜在的行贿受贿、贪污腐败问题，并及时研究新型新兴的违法犯罪形式和类型，向总理和司法部部长提交年度报告，就可能出现腐败特别是最容易滋生腐败的部门进行全面分析，并提出预防性建议或相关制裁措施。

二是严格的公职人员准入制度。文官制度为我国古代开创并被英国学习推广，对公务员廉洁自律起到了重要保证作用，其核心和精髓在于严把了"入口关"，加强了入职考核，从根本上降低了腐败问题产生的概率。通过实行公开考试选拔制度，严格选拔择优录取"德才兼备"的人员担任公职人员。奥地利公务员在试用期要对公务员进行基础知识教育，内容包括宪法的有关规定、组织机构、公务员法、工资法、公务员程序法等。合格者将按规定的等级晋升，不合格者将会被淘汰。

三是要对履职条件进行动态考核。确保进入公职人员队伍的人都要经过岗前业务培训以确保其履职适格，此后每年还要接受考核和测试，对其是否符合履职条件进行长期观测。新加坡政府注重在日常管理和公职人员履行管理职能的过程中预防腐败。首先，在政府工作指导手册中加入预防贪污的有关规定，让公务员更清楚地了解预防腐败的知识，以防止公务员卷入腐败案件或不良行为之中。贪污调查局的官员还负责对公务员进行筛选考查，特别是与那些执行机构的公务员谈话，确保对具有不良记录的人经常谈话，开展宣传腐败行为危害的警示教育，对他们提出切实的防微杜渐的建议和忠告，以防腐败之患于未然，有效阻断违纪问题滑向腐败犯罪的恶性行为的发展链条。此外，对公务员行为规范进行严格要求，公务员任何时候都不得有期限超过三个月的不确定的债务，不得利用官方信息牟取私利。

四是建立廉政档案制度。应当建立和动态更新公职人员廉政档案，主要内容包括：任免情况、人事档案情况、因不如实报告个人有关事项受到处理的情况等；巡视巡察、信访、案件监督管理以及其他方面移交的问题线索和处置情况；开展谈话函询、初步核实、审查调查以及其他工作形成的有关材料；党风廉政意见回复材料等。

二、干部人事监督纳入法定范围

根据党管干部原则，党不仅要管干部的培养、提拔、使用，还要对干部进行教育、管理、监督，对违纪违法的行为作出处理。成立监察委员会作为专门的反腐败工作机构，与党的纪律检查机关合署办公，对所有行使公权力的党员干部、公职人员进行监督。这既加强了对惩治腐败犯罪工作的领导，也是坚持党管干部原则的重要体现，是完善坚持党的全面领导体制机制的重要举措。[1] 党

---

1. 参见吴建雄：《刑诉法与监察法衔接的反腐逻辑与反腐理念》，载《新疆师范大学学报》（哲学社会科学版）2019 年第 3 期，第 69 页。

管干部对应到国家监察领域的工作就是人事监察工作。

2014 年 1 月出台的党内法规《党政领导干部选拔任用工作条例》将对干部任用的监督作为纪检监督权的重要内容，赋予了纪检机关对干部选拔任务用的考察人选和党风廉政情况提出意见的权力，依据规定负责对干部选拔任用工作进行监督检查及对党政领导干部选拔任用的责任等方面进行了规定。[1]但行政监察权中并没有人事监督的相关条款，即使可以通过列席相关会议，通过监察建议书的方式提出意见，但这仅仅是一种程序性的非实质性的权力，针对性和规范性都不够强，当然难以执行或执行效果欠佳。

以历史的视角看，人事监察权在我国监察制度发展史上曾经存在过并一度兴盛。我国古代的监察范围几乎都包含了人事监察，直接参与对官吏的选拔、考核，使监察机关具有一定的人事权，"人事监察主要是监督官吏选任与考课是否依法，有无失实、舞弊等行为"[2]。这种权力一定程度上保障和强化了监察权的落实。唐朝监察官的封驳诏书权就是在参与中实施监督的一项重要权

---

1. 《党政领导干部选拔任用工作条例》第三十一条："组织（人事）部门应当就考察对象的党风廉政情况听取纪检监察机关的意见……"第六十三条："实行党政领导干部选拔任用工作责任追究制度。凡用人失察失误造成严重后果的，本地区本部门用人上的不正之风严重、干部群众反映强烈以及对违反组织人事纪律的行为查处不力的，应当根据具体情况，追究党委（党组）主要领导成员、有关领导成员、组织（人事）部门和纪检监察机关有关领导成员以及其他直接责任人的责任。"第六十四条："党委（党组）及其组织（人事）部门对干部选拔任用工作和贯彻执行本条例的情况进行监督检查，受理有关干部选拔任用工作的举报、申诉，制止、纠正违反本条例的行为，并对有关责任人提出处理意见或者处理建议。"
2. 张晋藩：《中国古代监察制度史》，中国方正出版社 2013 年版，第 99 页。

力，也是行使人事监督权的重要手段。如监察官员对政令的封驳
权和副署权实际也含有一定的决策权，这种决策权只不过是以否
定的方式行使。唐朝谏官的职权多且权力大，实现对皇帝决策的
监督及与相权的相互制约。除了言谏权外，还有封驳诏书权，行
使封驳诏书权的显著成效主要集中在任命官僚方面，中央颁布任
命官吏的诏敕后，若谏官认为所任用官员不合适，可以用进谏的
方式进行反对，影响甚至改变原有的决定，最终导致皇帝撤回诏
令。[1] 封驳诏书的制度设计类似于当今对拟任命人选党风廉政情况
书面征求纪委意见的制度，但是其法律效力更强，不仅是一种参
酌，而且有否决的效力。

在南京政府监察院体制中，监察院享有对公职人员任命的建
议权，建议权有对人对事两种作用，是监察机关对政府公务行为
的事前监督，也是防患于未然的一种保护措施。[2] 这一制度与西方
议会制国家的议会各院对政府的质询或就有关行政或其他事项向
政府提出建议案的规定相似。虽本身并无法律强制性，采纳与否
主要由主管机关或其上级长官自行决定，但由于有弹劾权、纠举
权作后盾，对督促政府加强自律具有一定的约束作用，对约束政
府可能出现的不良行为也能形成震慑。

党风廉政意见回复制度是一种中国特色社会主义公职人员选

---

1. 参见胡宝华：《唐代监察制度研究》，商务印书馆 2005 年版，第 226—229 页。
2. 《非常时期监察权行使暂行办法》第五条："各机关或公务员对于非常时期内应办事项，奉
   行不力或失当者，监察委员或监察使得以书面提出建议或意见，呈经监察院审核后，送交
   各主管机关或上级机关。主管机关或其上级机关接受前项建议或意见后，应即为适当计划
   与处理。"

任监督制度，落实好该项制度是加强干部监督的重要举措。通过纪检监察集团对反映问题线索认真核查，综合巡视巡察等其他监督成果，严把政治关、品行关、作风关、廉洁关。2018 年，中央纪委认真落实"纪检监察机关意见必听，线索具体的信访举报必查"要求，共回复党风廉政意见 1291 人次。[1] 为保障纪检权与监察权相衔接，可考虑按照党风廉政意见回复制度建立廉政情况回复制度，规定在一定层级如县处级以上的干部进行考察前，听取监察部门对其廉政情况的意见，并赋予其对干部任免的日常监督权，对其日常的公务履职情况进行监督，全面掌握公职人员依法履职尽责各方面情况，廉政情况回复意见根据国家监察体制改革配套的需要不断强化其法律效力。

三、公职人员财产申报法定化

根据研究发现，目前在国际清廉指数排名靠前的国家，几乎都实行了全面严格规范的官员的财产申报公示制度，有的国家将财产申报的规范要求直接规定在该国廉政法规中，通过立法保障其实施效力，如美国的《政府道德法》、加拿大的《利益冲突法》、新加坡的《防止贪污法》、韩国的《公职人员道德法》等；有的甚至更进一步对官员财产申报进行专门立法，如墨西哥、泰

---

1. 赵乐际：《忠实履行党章和宪法赋予的职责 努力实现新时代纪检监察工作高质量发展——在中国共产党第十九届中央纪律检查委员会第三次全体会议上的工作报告》，载《中国纪检监察报》2019 年 2 月 21 日，第 1 版。

国都进行了官员财产申报立法专门化，以加强对此项工作的管控、规范和约束。

建立公务员财产申报制度对反腐败有两方面的作用：第一，早期腐败风险预警；第二，当申报财产与合理合法收入超过正常范围而作不出合理解释时，可以将财产申报的情况作为贪污、舞弊行为起诉的依据（在无其他证据证明的情况下）。[1]因此，联合国要求每一国家都制定公布公务员财产的规定。

纵观各国的财产申报立法，其内容一般包括：

一是财产申报主体，普遍立法经验主要为各类高级官员，其中甚至包括总统、副总统等，也有涵盖所有公务员的。如法国规定，上至总统候选人、议会议员下至管理人口超过三万人的市长及具有一定规模的企业负责人等高级公职人员，都必须在规定时间内进行财产申报。

二是财产申报内容范围广泛，一般包括个人现有财产、收入、债务的情况及与自己生活密切、有经济往来的配偶、子女的财产、收入情况。财产的范围不仅包括现金、存款，还包括资本投资、股票、债券、房地产、车辆等；收入则包括工资、额外报酬、股息、银行利息、租金、商贸收益、一定价值的礼品等所有财产性、劳务性收益；债务包括借款、贷款、银行透支等内容。如澳大利亚对高级官员和议员实行财产申报规定的范围非常广，且项目非常细致，不仅本人、配偶和子女的财产状况，还包括利

---

1. 联合国犯罪预防和刑事司法处：《反对贪污腐化实际措施手册》（1989 年 12 月）。

益；不仅包括持有的股份、名下的不动产、担任公司董事的报酬等，还包括个人储蓄和投资及每件价值 5000 澳元以上的其他财产、其他收入、接受礼品、旅游或款待、担任任何组织成员以及其他可能与议员公职发生冲突的任何好处等。通过全面"不留死角"式的财产申报，能全面掌握公职人员的财产状况，及时发现任何与其合法收入不相匹配的潜在问题。

三是财产申报的时间节点，一般分为取得候选人资格或任职前申报、任职届中的年度申报、离职时申报。

四是财产申报程序，包括申报书的填写、受理机关、保存期限、查阅方式等。

五是对违法申报进行惩处的措施，各国通过立法普遍对拒绝申报个人财产或弄虚作假者施以惩处性措施，如取消议员候选人的被选举资格、撤回对新任公务员任命、处以罚款或徒刑等，将从政道德责任上升为法律责任。

美国在政府人事管理局中设立了政府道德署，依据《政府道德法》负责全面全过程管理政府各级各类官员的财产申报及政府官员从政道德行为的日常监督。监察手段包括：接受和审查总统、副总统等高级行政人员的财产申报，并建立保存档案；监视和检查有关人员对财产的申报是否合于法律规定，以及行政部门中负责收受、审核、管理使用财产资料的人员处理问题时是否合乎规定；可命令有关行政人员对其行为采取改正的措施；可要求行政机关提出财产报告等。

1995 年 4 月，我国颁布第一个规范收入申报的党内规范《关于党政机关县（处）级以上领导干部收入申报的规定》。2010

年 7 月，颁布党内法规《关于党员领导干部报告个人有关事项的规定》。党的十八大以来，党内法规建设力度加大并日臻成熟，公职人员财产申报制度不断规范化、法治化。2017 年为了更好适应反腐败新形势新任务，在总结党的十八大以来贯彻执行报告制度的实践经验的基础上，对 2010 年的《规定》进行修订，同时颁布《领导干部个人有关事项报告查核结果处理办法》，将拒不申报或者不如实申报家庭财产的行为归为违反党的组织纪律的行为，切实维护报告制度的严肃性和权威性，使其在深入推进党风廉政建设和反腐败斗争中发挥更大作用。

目前，在党内法规中，将拒不申报或者不如实申报家庭财产的行为归为违反党的组织纪律的行为。但整个官员财产透明度不够高，违纪违法成本较低，震慑不够，法治化水平不够高。随着反腐败工作的不断深入，制度建设也应当随之深入，增强制度刚性。"对拒不申报或者不如实申报家庭财产的官员，可采用行政处分并引入刑罚机制，以确保家庭财产申报登记制度的全面实施。建议在刑法典中增设国家工作人员拒不如实申报财产罪。"[1] 将财产申报制度有序纳入制度化、规范化、法治化建设轨道，增加违法犯罪成本，最终通过立法，系统、全过程规范官员财产的申报、核查和公开制度。[2]

---

1. 李光明，寇学军：《权力监督与廉政法律制度建设研究》，经济日报出版社 2009 年版，第 165 页。
2. 姜明安：《论监察法的立法目的与基本原则》，载《行政法学研究》2018 年第 4 期，第 22 页。

四、利益冲突规则的充分运用

在廉政立法中，往往强调"利益冲突"原则在建设廉政行为规范中的作用，通过关注和研判官员或即将被提名的官员在公共责任和私人利益与活动之间存在的潜在冲突，制定避免这种冲突的准则、加强培训教育、审核财产申报报告等，着眼于源头治理，以保障公务行为的公益性和公正性，这对遏制政府公职人员的腐败能起到较好的抑制和预防作用。

美国实行回避制度法制化，其出台的《防止利益冲突法》明令禁止公务员及其配偶子女在与公务活动有关系的利益集团工作。由政府道德署负责相关利益冲突防控工作，经与司法部部长磋商，建议人事管理局制定有关行政部门人员利益冲突的认定与解决的规定；对于重大的利益冲突提供必要的咨询意见；协助司法部部长评估利益冲突法律的实施效果，并建议适当的修正。

任职回避制度及岗位轮换制度是突破利益冲突桎梏的两项重要制度。按照世界各国普遍立法经验，为防止利益冲突都实行任职回避制度，有地缘回避，如古代郡守、县令等地方长官不得到原籍任职的制度，也有亲缘回避，即在一定范围内的血亲及姻亲之间特定职务关系中的回避。各国公务人员管理立法都普遍确立了回避原则，一般对有夫妻关系、直系亲属及三代旁系亲属血亲及有利害关系的姻亲官员，不得形成上下级之间的直接领导关系，或若其中一方是监察工作、财务工作、审计工作的负责人，在对另一方具有监督权、财务监管权的情况下，不得将另一方安排在同一个单位工作，甚至还有国家规定议员应在涉及与个人利益具有直接关系的表决时进行回避。

除任职回避制度之外，同样，岗位轮换制度的意图在于避免公务员在一个部门时间长了形成利益冲突及利益固化从而影响监察的中立性、公正性原则，有的国家立法规定在政府机关特别在一些重要的、有实权的岗位实行一定任期期满后进行岗位交流。从执行监察法的角度看，任职回避制度、岗位轮换制度的执行情况也应作为日常监督的重点。

第四节
"双规"法治化及留置适用

《监察法》第二十二条设定了留置适用的条件，"监察机关已经掌握其部分违法犯罪事实及证据，仍有重要问题需要进一步调查"，并有法定妨碍调查行为的，可以采取留置措施。一般认为，《监察法》确立留置措施，以取代以往在实践中容易滥用的"双规"措施，这是监察体制改革取得的重大突破。

一、"双规"及其历史意义

1994年3月25日中共中央纪律检查委员会印发的《中国共产党纪律检查机关案件检查工作条例》（以下简称《纪检条例》）第二十八条规定，"调查组有权按照规定程序……要求有关人员在规定的时间、地点就案件所涉及的问题作出说明"，即所谓的"双规"。

从性质上讲，"双规""双指"是具有中国特色的党内监督和行政监察调查措施。正如有学者认为，"双规制度的正当性不是来自宪法，而是来自党章。双规制度的实施有利于维护人民民主专政自身的正当性"[1]。无可否认，"双规"和"双指"作为我国纪检监察机关查办案件时采取的一种特殊调查手段和组织措施，其在遏制腐败和监督党员领导干部方面发挥了重要作用。

贪污贿赂案件，特别是行受贿案件往往是"一对一"进行，有很强的隐蔽性，不易被第三人知晓。因此，查处职务犯罪案件一旦遇到障碍，若形成"攻守同盟"，许多案件难以突破。"双规"期间，涉案人员不知道哪些违纪违法事实已暴露，哪些事实已有证据证明。在信息不对称的状况下，有利于办案人员从政治上、心理上、证据上突破，从中查找到涉案人员的破绽和弱点，有利于办案人员收集固定证据。因此，"双规"在一定程度上降低了司法成本。[2] 正如有学者指出，"双规"成为反贪案件强制措施的等功能替代物原因在于，相对于普通刑事案件的反贪案件所具有的自然属性和证据、法律处遇的差异性。[3]

"双规"对我国特定历史结合和条件下的反腐工作发挥了显著作用，其运行机制基本是符合职务犯罪案件内在取证规律的。[4]

1. 白轲，王可任：《依宪治国与从严治党格局下党内反腐惩戒制度的法治考察——以"双规"制度为切入点》，王可任译，载《中国法律评论》2015 年第 4 期，第 234 页。
2. 范贤聪，顾晓明：《"双规"的法理反思》，载《法制与社会》2013 年第 5 期。
3. 刘忠：《读解双规侦查技术视域内的反贪非正式程序》，载《中外法学》2014 年第 1 期。
4. 参见汪海燕：《监察制度与〈刑事诉讼法〉的衔接》，载《政法论坛》2017 年第 6 期，第 89 页。

从整个意义讲，"双规"具有一定的时代合理性，一定程度上是案件顺利查办的关键性制度保障。

二、留置的意义

"双规"是在特定历史条件下我国刑事法总体供给不足及主要突出"治标"阶段的时代性产物。随着全面依法治国的深入推进，留置替代"两规""两指"[1]登上历史舞台。留置从创设开始就带有"双规"的基因，或者是"双规"为适应新形势新任务而与时俱进的发展形态，党的十九大报告明确指出"制定国家监察法，依法赋予监察委员会职责权限和调查手段，用留置取代'两规'措施"。这体现了深入反腐败推进法治化的趋势，也表明了中央全面推进依法治国的决心。

留置取代"两规"，并非形式意义上的"新瓶装旧酒"，认为留置是"行政措施"或"侦查措施"的观点，已不符合监察体制法治化改革的整体方向，要从国家设立监察委员会制度的初衷寻找其意义。[2] 监察委员会是一个新设立的国家机构，对这一新机构当然拥有一套新的制度措施，当然需要制定一套新的法律法规来调整，留置就是为了保障监察权权威高效运行的全新的法定手段措施。

法定的"留置"措施解决了"双规"正当性合法性的问题，

---

1. "两规"是纪委实施的党内调查手段，适用对象是党员；"两指"则是以监察机关的名义实施，是一种行政调查手段，适用于所有违反行政纪律嫌疑的人员。
2. 赵晓光：《监察留置的属性与制约体系研究》，载《中国社会科学院研究生院学报》2018年第2期，第118页。

中央纪委副书记吴玉良指出，赋予监察机关必要的调查权限，把现在使用的调查手段法律化，取代"两规""两指"，以法治方式惩治腐败。以留置权替代"两规""两指"，将其纳入法治化轨道予以规范，既是破解"双规"合法性质疑的绝好路径，也是保障监察权的调查职能有效发挥的措施升级。毋庸置疑，同为限制人身自由的措施，留置较之"两规"更加符合法治要求。公职人员首先是普通公民，留置措施可以对公民的人身自由进行限制，对其基本权利造成较大影响，按照法律保留原则，这种措施只能通过立法对其使用的实体和程序规则加以有效约束。

监察机关用法定的"留置"调查措施来代替"双规""双指"等措施，既发挥其作为反腐败"利器"措施的功效，又在实体适用主体、适用对象、适用条件及程序时间、地点、手段等方面进行严密规范，保障留置过程中公民的合法权益不受非法限制和侵犯，实现法治效果、社会效果、政治效果的完美统一。纳入法治化其目的"不是为了控制公权力本身，而是为了控制和规范公权力怎么行使，按照什么样的步骤和什么样的方式去行使"[1]。在《监察法》涉及留置措施的 7 个条文中，仅有 2 条属于授权性规范，其余 5 条都是义务性规范或者禁止性规范，旨在保障被留置人的合法权益。在此意义上，留置可以说是"因应'两规两指'法治困境的必要手段，承载着推进实现反腐法治化的历史重任"[2]。

---

1. 姜明安：《论法治反腐》，载《行政法学研究》2016 年第 2 期，第 3 页。
2. 刘艳红：《程序自然法作为规则自洽的必要条件——〈监察法〉留置权运作的法治化路径》，载《华东政法大学学报》2018 年第 3 期，第 9 页。

值得注意的是，"被留置人"的公职人员身份并不会影响其作为普通公民享有的宪法基本权利，因此法治化的改革反映了法治化的逻辑：实现惩治犯罪和保障人权目的的统一，必须最大限度地保障被调查人的基本人权。监察法第二十二条留置措施的适用规定了极为严格的适用条件，包括被调查人的行为严重危害程度条件、事实证据标准条件、留置的目的限制和审批程序以及具体的认定情形等，严格控制监察机关对留置措施的适用。由于留置措施严格限制被调查人的人身自由，执行机关除保证其安全健康和人道主义待遇外，特别要重视保证其程序性的权利。[1] 对此，监察法第五章针对留置措施规定了多方面的程序规范，确保监察机关对被调查人人身自由的限制接受正当程序的限制。

三、留置的强制性强度

《监察法》将"严重职务违法"和"职务犯罪"同时纳入留置范围，符合高效反腐与人权保障权衡的结果。鉴于职务违法、职务犯罪行为的取证难度，不论是"严重职务违法"行为还是"职务犯罪"的查处，适用限制人身自由的强制措施都具有一定必要性。

腐败犯罪行为人，在实施相应的腐败行为后，基于人类趋利避害的天性，必然会采取相应的措施，通过毁灭罪证、隐匿等方

---

1. 秦前红，石泽华：《监察委员会留置措施研究》，载《苏州大学学报》（法学版）2017 年第 4 期。

式，来逃避监察机关的调查和法律的制裁。因此，监察立法必须设定相应的强制措施，短期限制或剥夺被调查人的人身自由，来保障监察机关调查工作的顺利进行，履行其反腐败职权，这种措施就是留置。[1]

从目前立法情况看，留置权的强制性程度介于监视居住与逮捕之间，具有强制违法犯罪嫌疑人到案接受调查的功能。从案件突破、办案实效等现实维度考量，为适应反腐行动"魔高一尺，道高一丈"的现实需求，职务犯罪的侦查需要一种能够有效控制职务犯罪嫌疑人一定时间，从而为突破案件创造必要条件的强制措施。

2017年4月13日，山西省监察委员会官网挂出消息，对山西煤炭进出口集团有限公司原董事长郭某采取了留置措施，对其涉嫌严重违纪违法问题进行调查；根据山西省纪委监委网站报道，此前3月22日郭某已接受组织审查。4月14日，该省纪委监委网站又发布消息，经山西省监察委员会批准，运城市监察委员会对运城市水务局、林业局两名官员采取留置措施，对其涉嫌严重违纪违法问题进行调查。公开资料显示，"郭某案"是国内授权试点地区监察体制改革以来，山西省监察委采取留置措施的第一案，是试点地区监察体制改革的阶段性成果。[2]该案的重大意义在于探索了监察委员会采取留置措施的具体流程，明确了省级

---

1. 张咏涛：《留置措施的基本内涵与规范运行》，载《新疆师范大学学报》（哲学社会科学版）2018年第2期，第39页。
2. 魏琼：《我国监察机关的法理解读》，载《山东社会科学》2018年第7期，第16—29页。

监察委员会有权决定自己和下级监察委员会采取留置措施，监察委员会采取留置措施无须检察院的批准。

四、留置适用的"隐忧"

留置措施在试点地区的监察工作中使用较为广泛，据报道，北京地区试点期间留置了 46 名对象，浙江留置人员 113 人，其中 60 多人已经移送司法机关，对于留置措施的具体执行情况"都是严格按照相关规定执行"[1]。《监察法》第二十二条规定："被调查人涉嫌贪污贿赂、失职渎职等严重职务违法或者职务犯罪，监察机关已经掌握其部分违法犯罪事实及证据，仍有重要问题需要进一步调查，并有下列情形之一的，经监察机关依法审批，可以将其留置在特定场所……"留置通过监察法确定，已成为监察机关的法定强制措施。同时，也要看到，留置措施虽然已有法律依据，但法治化之路却刚刚起步。[2]虽初步实现了"有法可依"，但相关法律规定仍有需要完善和进一步明确之处。

（一）适用的公平性

在留置的适用条件方面，对"严重职务违法与职务犯罪"案件不加区分，均适用相同的留置规则，可能变相增加公职人员的责任负担。国家监察体制改革前，处置"严重职务违法"行为的

---

1. 徐天：《"两规"终结，留置登台》，载《中国新闻周刊》2017 年 11 月总第 827 期。
2. 屈超立，慈海威：《留置措施的法治化研究》，载《理论探索》2018 年第 6 期，第 115 页。

强制措施是"两指",其法律依据是原《行政监察法》,强制措施的性质是行政措施;处理"职务犯罪"的强制措施是逮捕,其法律依据是《刑事诉讼法》,强制措施的性质是刑事措施。留置适用条件为被调查人涉嫌贪污贿赂、失职渎职等严重职务违法或者职务犯罪,监察机关已经掌握其部分违法犯罪事实及证据,仍有重要问题需要进一步调查时。

按照办案的流程程序,立案是证明有需要依据党纪进行处理的违纪问题存在,犯罪行为的严重程度一定是重于违纪问题的,那么在案件初核立案的这个阶段是无法得出涉嫌严重职务违法或职务犯罪最终结论的。那么,立案后犯罪的证明标准一定是严于违纪行为的证明标准。如果统一使用严格的职务犯罪的标准,就可能造成最终证明只有一般违纪违法行为却采取了过严的标准。如果监察委员会调查阶段搜集的证据只能证明被留置的嫌疑人只是纯粹的"一般职务违法",只需要给予政务处分即可,不需要判处刑罚,此时留置期间对人身自由利益的损害既不能够折抵刑罚,也不能够获得国家赔偿,这显然隐含着法律规则的冲突。

如何实现对留置措施的有效规制,以达到监察调查与人权保障的价值平衡,是需要进一步深入考量的问题。既然"职务犯罪"留置都能够折抵刑期而获得法律上的利益,那么较轻的"严重职务违法"留置就更应该获得类似的法律利益。这种情形如何处理,需要进一步作出规定来加以指引。

还有个问题,留置适用对象方面可能拓展到不具公职身份的人员,《监察法》第二十二条第二款规定:"对涉嫌行贿犯罪或者共同职务犯罪的涉案人员,监察机关可以依照前款规定采取留置措施。"由于行贿犯罪与受贿犯罪是必要共犯关系,该款实际上是将职务犯罪的留置措施扩展到不具有公职人员身份的共同犯罪人员。[1] 对非监察对象是否可以采取留置措施存在不同观点。以往行贿受贿案件中,行贿人以私营企业主居多,大多不属于监察对象。鉴于受贿类职务犯罪多在私密场合发生,能见度低,取证困难。而行贿行为与受贿行为联系紧密,仅对涉嫌受贿人员进行留置可能难以查清案件,而需要对行贿行为与受贿行为同时展开调查。[2] 笔者认为,即便对于与案件相关的非监察人员也可根据案件查处需要适用留置程序,但要严格把握和控制适用条件与范围,同时,应当规定履行更为严格的审批程序,防止留置权滥用"伤及无辜"。

(二)工作程序的内部化

留置批准权与执行权集中到监察机关内部,存在法治隐患。无论是《监察法》出台前还是出台后,"监察程序中是否允许律师介入"一直是个关注的焦点问题。学者陈光中认为,既然监察机关的调查活动包含了特殊调查,为了在程序上与检察院的审查起诉相衔接和实现对公民权益的保障,公职人员开始接受调查时就应当允许辩护律师介入,不能让腐败犯罪案件成为例外。[3] 我国香港地区的反腐立法经验也显示,廉政公署在调查过程中允许律

---

1. 刘艳红:《程序自然法作为规则自洽的必要条件——〈监察法〉留置权运作的法治化路径》,载《华东政法大学学报》2018 年第 3 期,第 11—12 页。
2. 马怀德:《再论国家监察立法的主要问题》,载《行政法学研究》2018 年第 1 期,第 11 页。
3. 陈光中:《关于我国监察体制改革的几点看法》,载《环球法治评论》2017 年第 2 期。

师的介入。[1] 依据《监察法》第二十二条规定，留置的批准权与执行权都掌握在监察机关手中，这属于"自批自办"的做法。[2]

笔者认为，留置的决定与执行具有封闭、单向的行政属性，可能造成对被调查人人权之不当侵害。纪检监察机关的调查结果最终可能作为司法审判的证据材料使用，若无法获得专业的律师帮助，实质上就"变相剥夺"被调查的部分辩护权，也不利于对留置权的有效监督制约。

（三）批准程序的笼统性

从批准程序来看，仅有监察法第四十三条进行了原则性规定。规定留置措施的决定方式为"领导人员集体研究决定"，其审批程序为设区的市级以下监察机关采取留置措施需报上一级监察机关批准。《监察法》对被留置人家属的通知程序，虽然已经有了一定的程序安排，但仍有进步空间。《监察法》第四十四条规定："对被调查人采取留置措施后，应当在二十四小时以内，通知被留置人员所在单位和家属，但有可能毁灭、伪造证据，干扰证人作证或者串供等有碍调查情形的除外。有碍调查的情形消失后，应当立即通知被留置人员所在单位和家属。"实践中，由于该规定过于弹性，且关于"有碍调查"以及"有碍调查的情形消失"均难以准确界定与把握，很可能使得"不通知"

1.《廉政公署（被扣留者的处理）令》第四条："被扣留者须给予合理机会，以便于法律顾问通讯，并在一名廉署人员在场但听不见的情况下与其法律顾问商议，除非此项通讯或商议对有关的涉嫌罪行的调查或执法会构成不合理的阻碍或延迟。"

2. 屈超立，慈海威：《留置措施的法治化研究》，载《理论探索》2018 年第 6 期，第 114 页。

成为办案常态。此外，监察法对留置执行程序的规定非常原则化，仅规定留置场所为特定场所，公安机关可以作为执行协助机关等。

五、留置法治化的建议措施

第一，适当适宜地引入外部监督机制。笔者认为，基于我国反腐领域中职务犯罪严重性、调查困难性的现实语境，监察机关应被赋予更大权限，虽然不一定完全以普通刑事案件中司法机关对侦查活动的制约作为标准，而应当体现一种相对有限、事中或事后的司法参与，设计一定的程序保障这种参与落到实处。将留置批准权与执行权集中之后，留置若仅为同一权力体系的上下级审批，则可能不能充分实现对调查权的有效监督。因此，为更好防止因权力集中而滥用的风险，除对适用条件、决定程序、执行等配套制度规定予以完善并形成内部规制外，应适当建立留置外部监督机制。长远来看，允许律师介入留置措施的决定与执行程序，能有效加强办案的合法性与人权保障力度。[1] 更为治本之策是，将留置的决定权与执行权予以适当分离，逐步实现留置决定的司法化，由中立、客观的司法官员作出决定，这对于留置措施的法治化具有终极意义。

第二，按照职务违法犯罪"两分"探索留置"两分"构造。

---

1. 屈超立，慈海威：《留置措施的法治化研究》，载《理论探索》2018 年第 6 期，第 116—117 页。

职务违法犯罪行为的"两分",决定了留置强制措施功能上也存在"两分",鉴于此,监察机关的留置权应当区分行政意义上的和司法意义上的,并建构不同权力制约与监督体制。[1]为维护立法的稳定性,同时兼顾对被调查人合法权益的保护,可考虑通过实施细则对"严重职务违法"和"职务犯罪"情况进行形式上的区分,明确二者的实质差异。其中,关于《监察法》第四十四条第三款留置折抵刑期规定和《监察法》第二十二条之间存在隐含的规则冲突,针对"严重职务违法"调查的是职务违法行为,此种情形下的留置类似于行政强制措施;针对"职务犯罪"行为调查的是职务犯罪行为,此时的留置接近于刑事强制措施。二者属于不同性质的强制措施,适用的规则理应不同,如何折抵刑期的问题应当再深入研究。总体解决思路是,"严重职务违法"因不涉及刑事处罚,不涉及刑期折抵问题,可通过国家赔偿等途径予以补偿,应获得至少比"职务犯罪"刑期折抵更大的法律补偿利益。

第三,严格适用标准条件和程序规定。留置具有较强的人身强制性,会对公民的权利义务造成较大影响,一旦滥用将对公民人身造成较大损害,必须以审慎、谨慎的态度从严使用。首先,留置的对象要件应予限缩。对仅涉及违纪、违法的被调查人适用留置,明显违反比例原则。留置适用条件应当明晰限定,进一步明确细化"案情重大、复杂"的范围,防止办案机关随意扩大解

---

1. 姜涛:《国家监察法与刑事诉讼法衔接的重大问题研究》,载《南京师大学报》(社会科学版)2018年第6期,第107页.

释。完善相关的程序规定，对于留置批准程序，应进一步明确负责审批的领导人员的范围及集体研究决定方式；对被调查人已达留置条件，但因特殊情况如怀孕、疾病、存在唯一扶养人等不适宜留置的情形进行补充规定。

第五章
国家监察权的运行

国家监察委员会制度作为一项新生制度，其权力运行机制完善与否，直接关系到反腐败目标可否有效达到，国家监察体制改革目的能否最终实现。[1] 对比以往行政监察体制，国家监察法构建支撑的国家监察体制可谓实现了"质"的飞跃，但"徒法不足以自行"，反腐败形势任务日新月异，要进一步实现"构建集中统一、权威高效的中国特色国家监察体制"目标，必须进一步塑造科学公正、实施有效、监督到位的监察权运行制度。本章以《监察法》对监察权的赋权为基础，从监察管辖、监察权运行制度、监察程序、环境等动态运行的纬度进行目的性分析，以进一步凝练和明确监察立法延伸拓展、细化深化的方向和领域，推动立法工作适应形势，与时俱进。

第一节
监察对象范围的界定

一、行政监察体制下监察对象范围

国家监察体制改革前，行政监察体制下监察对象范围存在局部性、同体性、固化性等弊端：

一是监察对象的范围小于公务员标准。监察体制改革以前，行政纪律处分的对象主要限于党政机关和事业单位的工作人员，

---

1. 王迎龙：《监察委员会权利运行机制若干问题之探讨——以〈国家监察法（草案）〉为分析蓝本》，载《湖北社会科学》2017 年第 12 期，第 127 页。

重点是公务员。国有企业中从事管理的人员、基层群众自治组织中从事管理的人员、公办事业单位中从事管理的人员等，这些管理人员行使的是公权力，但法律和法规没有规定其纪律责任，并不适用行政纪律处分。[1] 这带来的最大弊端在于监管漏洞，这部分实际享有公权力的机构和人员不受专责国家监察职能的覆盖，有违于"权责一致""有权必有责、用权受监督"的权力制约监督的基本原则。

二是与党内监督对象范围不衔接。依据《中国共产党党内监督条例》等党内法规规定，党内监督从覆盖面来讲包括了所有党组织和党员，做到了党的政治权力运行的"全覆盖"。相形之下，以往行政监察覆盖面太窄，与国家监察权定位的行使公权力的公职人员"全覆盖"的目标存在差距，其监察面仅限于政府职能部门、各级政府以及政府任命的工作人员这部分，不能对人大、法院、检察院、政协、社会团体等运用公权力的机关和人员实施监察，与党内监督的"面"未能有效衔接。对于非党员的公权力行使者，纪委却难以监督，只能由国家监督机关进行监督，而这部分又不完全是行政监察对象，造成监督"盲区"。

三是职责范围的重叠交叉造成监察对象不周延。监察机关虽从不同层面和不同阶段对公职人员进行监督，但有的时候效果却不理想，可谓"九龙治水"却水而不治。[2] 基于权力分工，行政监

---

1. 朱福惠：《国家监察法对公职人员纪律处分体制的重构》，载《行政法学研究》2018 年第 4 期，第 30 页。
2. 参见冯铁拴：《中国监察体制改革论析：过去、现在与未来》，载《甘肃政法学院学报》2018 年第 2 期，第 17 页。

察机关、审计机关、检察院反贪反渎部门在打击公权腐败问题上各有侧重。其中行政监察机关作为国务院的组成部门,其监察的范围仅限于行政机关及其任免的公职人员,对于司法机关以及立法机关系统的公职人员的违法、违纪乃至犯罪行为都难以监察;审计机关依据审计法的规定固然可以对与财政相关的一切违法行为予以调查,但却只限于国家资财领域,存在范围狭窄的问题;检察院反贪反渎部门固然可以对一切滥用公权者进行打击,但也只有在受监督对象的行为构成犯罪时才能介入。

二、比较立法视野下的监察对象范围及借鉴

在瑞典,其宪法规定:监察对象主要包括行使行政权的中央和地方政府机关的官员、法官、检察官;按照法定委托从事公益事业的公立学校的教职员工、医师和护士、公立养老院的职员以及军队的下士以上军官;接受行政机关协议委托代行实施实际公务的雇员和非正式职员等。除立法机关选举的内阁部长、大法官、议会和地方议会的议员、中央银行的董事等少数公职人员由立法机关的议会予以监督外(宪法委员会和大法官可以对他们进行监督),几乎一切行使公共权力的机关都纳入了监察对象范围。

丹麦反腐败立法将监察范围规定为包括所有由国家财政支付薪水的公职人员(仅司法机关除外),包括大学教授、博物馆馆长、牧师、芭蕾舞导演和监察官等人员。

英国反腐败立法(Public Bodies Corrupt Practice Act)将反腐败对象范围界定为一切依法行使公共职能的公共机构人员

的履职行为。防腐败立法进一步将公共机构的范围扩大到一切地方性和具有公共性的机构。

在埃及、日本，划分监察对象范围以"是否履行公务"的契约标准为准。[1]

这种契约标准或公权力标准，是一种实质性标准，以是否具有公权力的实质运行为准，官员往往通过法律赋予或协议授权实际掌握一定的决策权限，监察机关往往不对没有独立决策权限的下级官员实施监察。

国有企业、事业单位实际上也与国家存在着接受国家委托行使对公益事业、国有公共资源的经营管理权的"契约"，这是一种实质的"准行政权力"。国有企业管理人员，依法享有管理国企的权力，其实质是对国有资产进行管理、配置，其管理活动关涉到国有资产及公共利益，因此也应当纳入国家监察的对象。经营管理国有资产也是国务院的一项基本职能，国有企业按照宪法的规定，通过国务院的授权经营协议取得了经营管理权；事业单位和国有企业中的员工，履行职责依据在于行政授权的再授权即"第二次协议"（与单位签订的人事合同及单位的岗位职责），取得履行公共职能的权力。根据《事业单位登记管理暂行条例》第二条的规定，事业单位是由国家机关举办的从事某一领域公共管理事务的单位，其行使的权力是介于国家公权力和社会公权力之间的"准行政权力"，从这个意义上讲，国家机关关于设立某事

---

1. 参见姚文胜：《论〈行政监察法〉的立法缺陷与完善》，载《深圳大学学报》（人文社会科学版）2000 年第 6 期，第 63 页。

业单位的审批决定，应当属于一种行政法意义上的公共契约或行政许可。

《监察法》第十五条对国家监察的对象进行了列举，进一步明确监察机关对六类人员实施监察，对"全覆盖"范围进行了进一步界定，主要包括五类人员：公务员和参照公务员管理的人员，法律、法规授权或者受国家机关依法委托管理公共事务的组织中从事公务的人员，国有企业管理人员，公办的教育、科研、文化、医疗卫生、体育等单位中从事管理的人员，基层群众性自治组织中从事管理的人员。

国有企业属全民所有，是我们党和国家事业发展的重要物质基础和政治基础，国有企业监察工作是我国国家监察的重要组成部分。2009 年 7 月 12 日出台的《国有企业领导人员廉洁从业若干规定》明确了国有企业领导人员的廉洁从业行为规范。2015 年 8 月出台的《中共中央、国务院关于深化国有企业改革的指导意见》，要求切实落实国有企业反腐倡廉"两个责任"。根据以上规定及国有企业党风廉政建设工作需要，作为监察对象的国有企业管理人员，首先应指国有独资企业、国有控股企业（含国有独资金融企业和国有控股金融企业）及其分支机构的领导班子成员。除此之外，还指对国有资产负有经营管理责任的国有企业中层和具有管理职责的基层管理人员。[1]

---

1. 中共中央纪律检查委员会法规室，中华人民共和国国家监察委员会法规室：《〈中华人民共和国监察法〉释义》，中国方正出版社 2018 年版，第 111—112 页。

三、身份标准到契约标准的流变

为什么不同时代不同监察体制模式下的监察范围不尽相同？这就涉及监察对象范围确定标准的问题，目前主要存在两类标准：

第一类是以固定公职身份为依据的身份标准，通常以在国有性质、公共性质的机关、单位、企业中具有公职人员的身份为标志。早在上世纪 80 年代，作为中国行政法学创建者的王连昌先生在其文章中提出，国家监察权对象应是"国家机关及其工作人员"，[1] 就是采用的固定公职身份标准。国家监察体制改革启动后，在身份标准基础上马怀德教授提出财政供养标准，认为监察对象范围不应仅限于具有机关或事业编制身份，还应覆盖所有依靠国家财政供养的行使国家公权力的组织（包括但不限于法院、检察院、医院、学校等）和人员。[2] 增加国家财政供养这一要素的身份标准更为科学合理，监察对象范围更为广泛，利于监察全覆盖目标实现。固定公职身份标准也存在狭义和广义之分，由窄到宽存在四类标准范围：一是行政机关内部公职范围；二是行政机关及其委派公职范围；三是国家机关公职范围；四是国家机关公职及其委派公职范围。

第二类是以公共契约的委托授权为依据的契约标准。随着民

---

1. 王连昌：《建议重建国家监察机关》，载《西南政法学院学报》1981 年第 3 期，第 24 页。
2. 马怀德：《监察委不能有侦查、批捕、公诉等权力》，载《新京报》，2016 年 11 月 30 日。

主法治进程的推进，契约标准日益成为法学理论及廉政立法的采用的主流标准。《联合国反腐败公约》中对公职人员的认定采用的就是契约标准，规定公职人员包括为公共机构或者公营企业履行公共职能或者提供公共服务的任何其他人员。采用契约标准意味着公权力不管是依据法律法规直接取得，还是通过公共契约委托授权取得，只要涉及公权力的运行，都应纳入监察范围。契约标准并不注重行为人身份这一外在形式，而是关注其实质是否存在公权力，是一种动态标准。

在当前党风廉政建设和反腐败工作新形势新任务下，仅采用身份标准容易造成监察盲区。公职身份是相对静止的，而权力的运行却是动态的、变化的。尤其随着政府职能转变改革的深入，高校等事业单位通过公共契约获得行政机关下放职权的情况将会越来越多。事业单位人员的范围应当按照是否履行公共事务为标准进行有效地界定和区分，"科教文卫体等事业单位的工作人员。此类事业单位依法行使一部分国家公权力，履行公共管理职能"[1]，如公立医院依法实施卫生防疫，公立大学依法授予学位等都是在行使某种公共管理事务，此类事业单位的公职人员当然属于国家监察对象。

监察委员会的监察对象将是所有"行使公权力的公职人员"。这采用的是身份标准和公共契约标准相结合的标准，虽然这种标准范围不是最宽，但从循序渐进、稳妥审慎推进改革而言，是符

---

1. 马怀德：《公务法人问题研究》，载《中国法学》2000 年第 4 期，第 42 页。

合我国目前反腐败工作实际和国家监察体制改革所处阶段的。[1]"契约标准",即"是否实际履行公权力"或"是否违反廉洁义务",按这两个标准来划分监察对象范围。就其本质而言,"公职人员"是指依法履行公共职能或提供公共服务的人员,依法承担相应的廉政义务。"契约标准"经受了国内外监督实践和廉政立法的检验,从长远来看符合深化国家监察体制改革和深入开展反腐败工作的需求。[2]

需要注意的是,现代国有企业规模大、组织结构和组织形式多样化、分层化,监察委员会既无可能,也无必要对所有国企的工作人员实施监察,而应当主要针对国企管理人员这一层面,但管理人员具体界定为哪一层级也是个需要研究的问题,建议参照对领导干部的界定标准,对国企中层以上管理人员实施监察。另外,国有企业中既包括全资国有企业,也有国有控股参股企业,还有混合所有制企业,对这些企业的管理人员如何界定?笔者认为应当遵循几个可供考虑的标准,一是其职务是否是由国家机关任命,被任命的人员往往具有在企业中的决策权;二是是否具有对人、财、物的具体管理权;三是达到中层(企业内部组成部门负责人及相当层级的管理人员)以上的层级。事业单位中还存在

---

1. 马怀德,张瑜:《修改〈行政监察法〉改革国家监察体系的建议》,载《改革内参》2016年第20期,第32页。

2. 根据《联合国反腐败公约》第二条的规定,"公职人员"包括三类人:一是无论是经任命还是经选举而担任立法、行政、行政管理或者司法职务的任何人员,无论长期或者临时,计酬或者不计酬,也无论该人的资历如何;二是履行公共职能,包括为公共机构或者公营企业履行公共职能或者提供公共服务的任何其他人员;三是有关法律界定为"公职人员"的任何其他人员。

大量保障机构组织运转的工勤人员（如食堂、车队、后勤工作人员等），这些人员是否应当包括在国家监察的范围内，应当认真甄别，但从工作性质上来看，工勤人员更多从事服务类工作，而未参与对社会的管理，因此不应纳入监察对象序列中。

《监察法》第十五条采用列举式规定，由于实践中行使公权力的公职人员包罗万象，不能穷尽所有依法行使公权力履行公职的人员，前面五种情形可能无法涵盖所有的形态，尤其是随着实践的深入，行使公权力的公职人员或许又有了新的形态，为避免挂一漏万和不合时宜，规定"其他依法履行公职的人员"也属于国家监察的对象范围作为兜底条款，为国家监察体制改革实践的深化预留必要空间。以公立医院系统为例，医院的院长、各个科室领导毫无疑问属于管理人员，但主治医生、护士长等是否属于管理人员则尚不明确，所以留给未来立法以空间去对相关范围做进一步的细化。[1]

《监察法》监察对象范围界定确立了"公权力"与"公职人员"这两大识别监察对象的标准。国家监察全覆盖范围已经超越了对传统"公权力"的理解，是包括公权、公职、公务、公财等实质要件为要素组合构成的一种新型公权力。[2]具体判断一个人是否属于国家监察的对象，尤其在适用兜底条款时要采取审慎的态度，防止监察对象范围的随意和无限扩大，要综合运用公权、公职、公务、公财四个要素情况，根据具体的情形进行精准识别。

1. 马怀德：《再论国家监察立法的主要问题》，载《行政法学研究》2018 年第 1 期，第 10 页。
2. 参见谭宗泽：《论国家监察对象的识别标准》，载《政治与法律》2019 年第 2 期，第 66 页。

四、公办事业单位监察对象范围的界定和细化——以高校为例

公办事业单位的人员范围较宽泛,《监察法》未对"管理人员"进行具体定义,可能在实践中会造成认定困难。按照国家监察法规定,高校监察对象为管理人员。究竟高校管理人员范围如何界定,需由国家监察法下位的法律法规进一步细化,依据监察法治精神和综合运用公权、公职、公务、公财几类识别标志的契约标准进行研判,高校管理人员主要涉及以下几类:

(1)学校党政负责人、内设职能部门负责人,高校依法自主招生、授予学位等都是在行使某种公共管理事务,此类人员往往具有一定的决策权,首先应成为监察对象;

(2)考试招生、国有资产管理、科研项目管理等涉及公权力行使和国有性质财政资金使用部门中从事管理工作的职员;

(3)教学科研二级单位党政负责人。

除以上三类人员,高校还存在其他两类主体,是否应纳入监察对象尚存在分歧。一类是教学科研人员。一种观点认为,不应界定为监察对象,考虑到目前的监察机关人员大都缺乏教育行业背景,对高校的公权力运行规律掌握不够,担心对高校自治权、教学科研人员的学术自主权造成过度干预,损害高校创新活力,以至于影响高校可持续健康发展。另一种观点认为,应界定为监察对象。教学科研人员在纵向科研课题的经费使用、自主招生考试、研究生入学考试中同样拥有公权力或准权力。司法实践中,

明确将高校教学科研人员认定为刑法规定的国家工作人员，判以职务犯罪刑罚。若不将其界定为监察对象，就会使这些廉政风险集中的领域、环节成为监察盲区，造成日常监督的弱化，使高校违纪违法问题得不到及时纠正，增加职务犯罪案发率。另一类是教辅和后勤工作人员。这些人员虽不是事业编制内员工，也可能因协议委托行使公权力，如在承担食堂、学生军训等大宗物质采购、实验室设备采购、国有资产出租管理等工作中，也可能涉及公权力的行使及国有资金使用的情形。

笔者认为，按照契约标准，综合全覆盖目标要求及高校自主管理权及教学科研人员学术自治权保护等因素考虑，高校教学科研人员不应直接界定为监察对象。同理，教辅和后勤工作人员也不应直接界定为监察对象，应有条件地纳入监察工作范畴。具体而言，在监察机关监督、调查、处置三项职责中，以管理事项为准，这两类人员在涉及公共资金使用及管理类性质公权力使用时的管理事项纳入国家监察监督工作管理，有针对性加强廉政教育和管理事项的廉政风险防控，这两类人员在特定事项的职务违法和职务犯罪行为理应属于国家监察调查、处置职责范畴。

五、经济社会发展的必然——
从"随人而动"到"随权而动"

反腐经验表明："腐败在一个国家特定的发展时期，也就是在社会制度发生重大变化期会特别猖獗。新的经济领域不断产生，如证券市场、房地产市场等。"[1]正如 1982 年 4 月 10 日邓小平同志在同中央领导同志讨论《中共中央、国务院关于打击经济领域中严重犯罪活动的决定》时指出：改革开放不过几年时间，就有大批干部被"糖衣炮弹"腐蚀，要坚决刹住这股贪腐风，一定要从严从重从快处罚，否则我们的国家就会发生"改变面貌"的问题。[2]20 世纪 80 年代初期，中国在全面推进第三次现代化进程中再次面临腐败的严峻挑战，腐败治理"中国模式"开启了"党和国家"二元主导的体制转型，腐败蔓延与膨胀趋势得到有效遏止。20 世纪 90 年代后期，我国开启了预防腐败的立法进程，相继制定了一批反腐性法律。[3]

经济基础决定上层建筑，理想的情况是政治体制改革的步伐与经济体制改革的步伐一致，同频共振，市场需要多少自由，国家就下放多少权力，同时对这些下放权力进行监督。反腐倡廉的要求寓于各项政策和措施中，使制定的制度同改革开放和经济建设重大措施的实施紧密结合起来，防止急于求成或者过于滞后，有利于促进改革开放和经济发展。[4]但往往政治体制改革相对滞后，正如习近平总书记上任后，在中纪委的第一次讲话就指出腐败愈演愈烈是政治体制改革没有跟上经济体制改革的步伐所致。

1. 参见吴振钧：《权力监督与制衡》，中国人民大学出版社 2008 年版，第 160—164 页。
2. 邓小平：《邓小平文选》（第 2 卷），人民出版社 1994 年版，第 403 页。
3. 李森：《国家监察委员会职权的立法配置与逻辑思考》，载《首都师范大学学报》（社会科学版）2017 年第 5 期，第 66—67 页。
4. 董瑞丰、李洁：《反腐法规制度建设高悬利剑》，载《瞭望新闻周刊》2016 年第 35 期，第 29 页。

　　在市场经济条件下，从发展市场经济的需要出发，政府需要转变职能，下放权力，进行简政放权，扩大政府职能的民营化。在政府承担的众多业务中，那些没有充分理由证明必须由政府承担而民间却能做得更好的就应尽量交由民间去做。在提高政府部门的生产性的同时也能减少腐败产生的可能性。[1]据统计，2013年以来国务院分9批取消和下放行政审批事项共618项，其中取消491项、下放127项。[2]随着政府职能转变改革的深入，公权力重心下移到基层，授权社会组织、公共机构实施原由政府实施的某项职权的现象将会越来越多。确立"契约标准"，即以"是否实际履行公权力的实际"为标准实现"随权而动"，从而实施对公权力的廉政监督全覆盖。

　　还有一个问题值得注意，《监察法》规定监察委员会的监察范围是"所有行使公权力的公职人员"，但针对私营单位的"腐败犯罪"如职务侵占、商业贿赂的侦查却属于公安机关经侦部门，不在监察委员会监察对象范围之内。然而，国家公职人员不可能脱离社会生活存在，当前商业经济领域腐败也有越演越烈之势，如果监察范围仅面向公职人员，对纯正商业贿赂犯罪的打击就难以形成高压态势，可能导致体制内外执法"两重天"的巨大反差。在坚持反腐败"国家·社会"双本位刑事政策模式下，对商业贿赂和公职人员贪污贿赂都要予以重视，监察范围可适度扩

---

1. 参见崔炳善，司空泳浒：《政府规制与腐败》，李秀峰译，载《国家行政学院学报》2002年第5期，第83页。
2. 国务院审改办：《2013年以来国务院已公布的取消和下放国务院部门行政审批事项》，载《人民日报》2017年2月10日，第9版。

展到商业行为领域，以形成整体反腐系统性工程。中央纪委国家监委颁布的《国家监察委员会管辖规定（试行）》，详细列举了国家监委管辖的六大类 88 个职务犯罪案件罪名，也包括了非国家工作人员受贿罪等 3 个非国家工作人员贿赂犯罪。[1]

六、监察"对事权"延展的展望

《监察法》删除了《行政监察法》规定的对机构的监督，将监督对象限定于公职人员，即"对人"监督。《中国共产党纪律检查机关监督执纪工作规则》第七条中明确规定，纪委国家监委除负责监督检查和审查调查领导干部外，还包括党的工作部门及党组织的涉嫌违纪或者职务违法、职务犯罪问题。取消国家监察的"对事"监督权后，将造成与纪检机关监督范围不一致的问题。同时，这种取消还意味着撤除权力滥用的源头预防机制，可能造成预防性监督制度缺口的风险。

根据政治体制的自洽性原理，监察机关不对立法机关进行监督具有合理性。同时，基于司法权的独立性和检察监督的法律监督机关定位及对监察机关的有效制约，监察机关不必将司法机关整体纳入监察范围也"情有可原"。然而，监察机关不对行政机关进行监督却值得斟酌和商榷。《行政监察法》废止后，原本对行政权的弱监不但没得到加强，反倒可能成为"真空地带"。在

---

1. 姜金良：《乐观与谨慎：监察体制改革对反腐败刑事政策的影响——以〈监察法〉出台为视角分析》，载《宁夏社会科学》2018 年第 5 期，第 80 页。

既有政治体制下,检察机关的法律监督权虽然具有"对事"监督的属性,但通常是事后监督,这也决定了监察机关对行政机关的监督具有不可替代性。

因此,笔者认为,在对行政机关的监督中贯彻"人""事"一体化的监察理念,有助于解决"系统性""环境型""塌方式"等腐败问题,通过对行政机关及其行政公职人员的"全覆盖""全流程"监督,最大限度减少权力被滥用的风险,从而推进"公权净化"运动,实现"善政"目的。通过进一步设置行政特别监察制度,将监察监督对象扩张至行政机关,真正弥补《监察法》在预防制度上的短板,实现"全覆盖"的总体目标。

权力清单制度实质化和监督外部化,是监察"对事权"延展的发展趋势和有利契机。2013 年党的十八届三中全会通过的《中共中央关于全面深化改革若干重大问题的决定》提出"推动地方各级政府及其工作部门权力清单制度,依法公开权力运行流程"。习近平总书记在中共中央政治局第十一次集体学习时强调,要强化对公权力的监督制约,督促掌握公权力的部门、组织合理分解权力、科学配置权力、严格职责权限,完善权责清单制度。[1]权力清单制度是政府及其职能部门依法以清单公开的形式对行政权力事项进行清理,以锁定政府职权边界,强化行政问责与监督的一种权力制约机制。[2]

---

1. 央视新闻:《深化国家监察体制改革的初心是什么?习近平这样说》,https://www.sohu.com/a/282173590_363323。
2. 张力,任晓春:《论我国权力清单制度的运行逻辑与现实考量》,载《东南学术》2016 年第 5 期。

从权力清单制度到权责清单制度，一字之差，突出权力与责任的统一。从实施主体和实施程序而言，权责清单制度本质上仍是行政权力内部的自我监督，尚未触动权力结构、权力关系和权力配置体系，无法对权力的生成、分配过程进行有效监督，存在任务泛化、目标不清等问题，监督效果有限。在深入推进监察体制改革背景下，可考虑将权责清单制度升级改造为合规审查制度，由监察委员会负责对行政权力的合规性进行审查，从内部监督转向外部监督，提升实效。

合规审查制度的核心思想为，对行政权力的权力主体、运行程序、权力范围、权力对象等逐项清单化列明并依据权力清单加强监管。具体而言，监察委要对各公权力部门的权力清单进行合规性与合法性检查，对于不合规与不合法的情形，可以要求公权力部门即行整改，而对于规章制度或立法疏漏，则可以向行政机构或立法机关提出修改行政法规与规章或立法与修法建议。[1] 同时，建立清单动态管理机制，实行权力清单评估制度，由监察委对权责清单进行腐败风险评估，规范清单内容，通过监察监督，加快推进行政机构、职能、权限、程序、责任法定化。

在监察委员会体制下，可考虑在预防部门之下设立"合规审查处"，负责对行政性权力设立、权力行使的合规性进行审查，负责对权力集中的重点工作岗位的廉政风险防控评估工作。[2] 权力

1. 李森：《国家监察委员会职权的立法配置与逻辑思考》，载《首都师范大学学报》（社会科学版）2017 年第 5 期，第 74 页。
2. 参见钱小平：《监察委员会监察职能激活及其制度构建——兼评〈监察法〉的中国特色》，载《华东政法大学学报》2018 年第 3 期，第 47—48 页。

设立审查通常发生在事前阶段，主要对权力的产生是否符合法律法规、规章制度，是否履行相关程序进行审查。未通过合规性审查的，由监察委员会出具合规审查报告，向相关立法或行政部门建议废止与上位法相冲突的行政规范或授权性命令。权力行使审查主要是权力实施是否符合国家法律法规、规章制度、政策决策以及勤政标准进行的审查。监察委员会履行对权力运行合规性的评估与检验职责，降低权力运行风险。

第二节
监察权运行原则

一、监察法定原则

从世界各国反腐败建设的历程来看，反腐败权的运行轨迹都有一个从严格控制犯罪到人权保障、遵循正当程序、对接诉讼证据标准转变的发展趋势。虽然监察权的属性有待法理的进一步论证，但其运行也必须坚持底线，即凡是关涉到公民基本权利的保障问题，就应该遵循法治原则。

法治反腐思想是监察权规范行使的基本要求。正如反腐专家李永忠所言，反腐败工作战术上靠查案，战役上靠用人，战略上要靠制度。从长远来看，制度反腐、法治反腐才是治本之策。[1] 关

---

1. 李永忠：《制度反腐才能治本》，载《北京日报》2016年8月22日，第16版。

于制度反腐，亚里士多德谓以法律"消除兽欲"，去除腐败；习近平总书记谓"把权力关进制度的笼子里"，即通过建立完善的制度，使为官者"不易腐""不能腐"。党的十五大明确了依法治国的领导、途径、主体及对象等内容。党的十五大后，在制度反腐、坚持用制度管权的基础上，执政者更加注重制度对惩治腐败的源头治理的根本性作用。

现代法治国家的法律在国家治理中具有权威地位，法律优先原则已成为一项普遍的具有宪法性位阶的原则；我国《宪法》中也确立了法律优先的原则，《宪法》第五条[1]关于任何法规、任何组织及任何人都不得违反宪法的规定就是这项原则的体现。法律优先原则是公法领域中的一项基本原则，指一切公权力的行使，都应受到法律的拘束，所有权力都必须有法律的授权，并且不得有违反法律的行为，具体而言就是"职权法定"。法律优先原则在监察权运行领域的运用体现为监察法定原则。只有依法监督，才能克服监督的盲目性和随意性，才能实现真正意义上的监督。[2]监察法定原则还意味着监察权从构成的各个方面到运行的全过程都应受法律的拘束。[3]任何超越管辖权和权限的监察行为均为法律上的无效行为。另外，监察法定原则还必然包含对违反法律的行为进行审查、纠正、处理的含义。

---

1. 《宪法》第五条：……一切法律、行政法规和地方性法规都不得同宪法相抵触。一切国家机关和武装力量、各政党和各社会团体、各企业事业组织都必须遵守宪法和法律。一切违反宪法和法律的行为，必须予以追究。任何组织或者个人都不得有超越宪法和法律的特权。
2. 许连纯：《新时期干部权力监督概论》，中共中央党校出版社 2001 年版，第 158 页。
3. 参见许宗力：《行政机关若干基本问题之研究》，载台湾经建会：《行政程序法之研究》，第 240—241 页。

学者应松年认为，法律优先可以有狭义和广义两种理解。[1]
从狭义上讲，法律在效力上高于任何其他规范。从广义上说，法
律优先是指上一层次的法律规范效力高于下一层次的法律规范，
下一层次的法律规范只能是对上一层次法律的细化，不得创设新
的权力类型或扩大权力适用范围，并且不管内容方面还是精神方
面都不得与上层级法律抵触。法制统一是建设法治国家的前提和
基础，通过在各级各类国家立法中遵循该原则，能达到各层次各
系统的法律规范上下左右之间保持和谐一致。

在法法衔接意义上，监察法定原则意味着应当遵守罪刑法
定原则。1997 年《刑法》修改后，确立了三个基本原则，即罪
刑法定原则、平等适用刑法原则、罪刑相适应原则。其中，罪
刑法定原则为首要原则。《刑法》第三条明确规定："法律明文规
定为犯罪行为的，依照法律定罪处刑；法律没有规定为犯罪行为
的，不得定罪处刑。"针对职务犯罪进行的监察调查其性质相当
于对普通犯罪进行的刑事侦查。针对职务犯罪进行的调查活动同
时也应当严格依照刑事诉讼法的规定，或者监察法关于对职务犯
罪进行监察调查的规定应当与刑事诉讼法的规定相一致。这涉
及国家法治的统一、完整和尊严。但其中某些概念却非法律概
念，内涵不够清晰，实施起来难以界分。因此，更有必要强调罪
刑法定原则，是否构成犯罪、构成何种犯罪，只能以刑法为唯一
依据。

---

1. 应松年：《行政法学新论》，中国方正出版社 1999 年版，第 45—46 页。

二、人权保障原则

人权保障原则主要适用在对人身权影响较大的监察调查行为，尤其是留置措施的适用。从我国人权保障的立法实践来看，《宪法》第三十三条明确提出了"国家尊重和保障人权"的基本要求，并分别在宪法的第三十七条、三十九条和四十条规定了国家对公民人身自由、公民住宅和公民通信自由的保护，这些条款事实上从原则和具体内容两个方面完整地确立了国家在刑事司法领域对公民各项人权的保障原则。作为宪法的基本原则，"国家尊重和保障人权"的原则也在刑事诉讼法中有充分的体现，除总则部分的规定之外，还通过"辩护与代理"一章对律师如何参与到刑事诉讼活动的各项程序进行了明确规定。[1]

人权保障原则要求切实保障被调查人的合法权利，就是保障有效提升办案质量，尤其是保障调查结果更为准确，防止出现事实认定错误，影响审判公正，这点极为重要，也正是刑事强制措施采取过程中进行相关人权保障制度设计的意义和初衷所在。正如英国哲学家培根曾经指出的："一次不公正的审判，其恶果甚至超过十次犯罪。因为犯罪虽是无视法律——好比污染了水流，而不公正的审判则毁坏法律——好比污染了水源。"[2]

---

1. 江国华，何盼盼：《中国特色监察法治体系论纲》，载《新疆师范大学学报》（哲学社会科学版）2018年第5期，第64页。
2. 习近平：《关于〈中共中央关于全面推进依法治国若干重大问题的决定〉的说明》，http://www.xinhuanet.com/politics/2014-10/28/c_1113015372.htm。

关于涉嫌职务违法犯罪的公职人员是否应当同样贯彻人权保障的问题备受关注。从限制公民权利的角度看，冻结、查封和扣押限制了财产权，留置限制了人身自由权，而搜查同时限制了两种公民基本权利。有观点认为，这是公职人员个人权利的必然"让渡"。现代西方法制国家普遍奉行"公职人员私权利有限原则"，即公职人员必须让渡一些私权利而服从公共利益的需要。[1] 有相反观点认为，按照我国《宪法》第三十三条第二款规定："中华人民共和国公民在法律面前一律平等。"该条第四款规定："任何公民享有宪法和法律规定的权利，同时必须履行宪法和法律规定的义务。"《宪法》规定的是"任何公民"都享有宪法和法律规定的权利。[2] 担任公职的公民当然也不应排除在公民群体之外，强制性措施的行使毫无疑问将影响被调查人权利的实现，虽然这类人员处于行使公权力的特殊社会地位，但这不能构成对该群体赋予较低权利保障的合法性。[3]

笔者认为，在职务犯罪案件调查过程中，公职人员一旦被列为嫌疑对象，监察委员会便可以对其采取一系列调查措施，以保障被调查人及时到案并固定与追诉相关的证据，这是应有之意义。但同时，应兼顾被调查人的自我防御能力，尤其是辩护权的保护。遵循"尊重和保障人权"的宪法原则是党和国家权力行

---

1. 聂资鲁:《防止公职人员利益冲突立法的理论与实践》，载《中国法学》2013 年第 6 期，第 157 页。
2. 童之伟:《国家监察立法预案仍须着力完善》，载《政治与法律》2017 年第 10 期，第 73 页。
3. 陈卫东:《职务犯罪监察调查程序若干问题研究》，载《政治与法律》2018 年第 1 期，第 20—21 页。

使的共同底线。对调查对象的"人身"采用留置等强制措施,对"财产"采取搜查、扣押、冻结等强制措施等处置决定不服,需要制定专门的救济程序,赋予被调查对象专门救济权,使"国家尊重和保障人权"的宪法原则在国家监察程序法中得到体现和贯彻落实。[1]

解答这个问题背后的逻辑是调查与侦查是否具有同质性,或者换句话说,监察调查中对公职人员的强制措施是否已经达到严重影响公民权利的程度而需要保护。《刑事诉讼法》在规定刑事侦查强制性措施的同时,也赋予犯罪嫌疑人如聘请律师、提出取保候审、要求侦查人员回避等权利,这些权利既是犯罪嫌疑人的权利,也是形成与司法机关抗衡力量以防止司法权滥用的有力武器。前文已论述,监察调查权具有刑事侦查权的属性,监察调查中有些措施是相当严厉的,如搜查、扣押、留置、技术调查等措施,其强制性、严厉性和对公民权利影响的程度并不亚于刑事侦查措施。如果完全排除适用《刑事诉讼法》有关侦查权的规定,就容易出现人权保障的漏洞。[2]

另一个备受关注的问题是如何保障被调查人的辩护权。目前,几乎所有国家(地区)的宪法和刑事诉讼法均把嫌疑人和被告人获得辩护的权利作为基本的诉讼权利。联合国 1990 年通过的《关于律师作用的基本原则》规定,任何人都有权在刑事诉讼

---

1. 徐汉明:《国家监察权的属性探究》,载《法学评论》2018 年第 1 期,第 19 页
2. 刘艳红:《监察委员会调查权运作的双重困境及其法治路径》,载《法学论坛》2017 年第 6 期,第 10 页。

各个阶段选择一名律师为其辩护。我国《刑事诉讼法》第三十三条规定了犯罪嫌疑人在侦查期间委托律师作为辩护人的权利。聘请律师的权利还派生出两项子权利，即被告知有权聘请律师和无能力聘请律师时免费获得律师帮助的权利。《关于开展法律援助值班律师工作的意见》《关于开展刑事案件律师辩护全覆盖试点工作的办法》相继出台，犯罪嫌疑人、被告人的法律帮助权、辩护权得以更强有力的保障。笔者认为，尽管被留置人的身份不能完全等同于犯罪嫌疑人、被告人，涉嫌职务犯罪的被留置人是大多数，理应享有委托律师作为辩护人的权利。即使最终证明只涉及职务违法的少数被留置人被赋予了法律帮助权、辩护权也仅仅是社会成本的一定程度增加而已。

综上，笔者认为身份特殊的公职人员也首先是公民，不应排除人权保障原则的适用，被监察者在接受监督、调查、处置过程中，也应当保障其享有基本的程序权利，这些权利主要包括知情权、申辩权、律师介入权等。通过司法权力机关适度、有限地参与，使监察委员会调查权得以在法定程序框架下规范行使，使反腐功能发挥到最优。[1] 应允许其聘请律师，引入律师帮助制度。律师作为法律共同体的重要成员，整体而言，对法治反腐的推动作用无疑是远远大于阻碍作用的。

---

1. 左卫民，安琪：《监察委员会调查权：性质、行使与规制的审思》，载《武汉大学学报》（哲学社会科学版）2018 年第 1 期，第 104 页。

三、法律保留原则和比例原则

"法律保留原则"是指宪法关于人民基本权利限制等事项，必须由代表人民意志的立法机关通过法律规定。"法律保留原则"的理论逻辑在于，公民自己才有权放弃自己的权利，当然，公民不会无故这样做，只可能存在于为了共同的安全利益，法律代表了人民的整体意志，因此，对公民人身自由进行限制的措施必须通过立法活动确认才能为之。我国宪法第三十三条第三款"国家尊重和保障人权"的增设，标志着人权保障之宪法原则的确立。《立法法》第八条第五款规定"对公民政治权利的剥夺、限制人身自由的强制措施和处罚"属于法律保留事项，国家监察立法可以实施制定关于限制权利的具体条款，但同时也必须遵守宪法的基本权利规范。[1]

监察权的运行还应遵守比例原则。比例原则，是国家干预公民基本权利时所必须遵循的基本原则，它要求国家机关干预人民基本权利的手段和其所欲达成的目的之间，必须合乎比例，考虑到法益平衡，具备相当性。比例原则的思想最主要的功能是显现于基本权领域的，尤其可说是有助于带动基本权的保护作用以及发挥其实际的效用。刑事诉讼法强调办案机关采取侦查措施，特别是强制性措施时，应与案件情节、嫌疑人人身危险性以及追诉

---

1. 王孟嘉:《法治轨道上的国家监察体制改革论思》，载《暨南学报》(哲学社会科学版) 2017 年第 11 期，第 83 页。

目的相适应，也即在比例原则的规制下行使调查权。监察委办案人员在查办贪腐案件的过程中要牢记，调查权的行使，尤其是采取搜查、扣押、留置此等对基本权影响较大的措施时，应当审慎而有节制，禁止"大炮打小鸟"，杀鸡用牛刀。[1]

第三节
领导体制及工作机制

一、纵横交错的领导体制——从"双重"到"三元"演进

习近平总书记在十八届中央纪委第三次全会上强调，"要加强反腐败体制机制创新和制度建设"，因为这一体制既不完全同于《人民检察院组织法》和《人民法院组织法》规定的国家检察机关、国家审判机关的体制，也不同于《地方组织法》规定的地方政府的体制，而可能具有"比检察机关内部领导关系和政府系统内部纵向关系的领导型更强的特性，与人民法院内部的纵向关系更有较大差别"。此外，还应当注意的是，国家机构体系中的监察机关与执政党纪律检查机关合署办公，这对监察机关的定位和监察权运行也将产生很大程度的影响，注重监察权运行的实际

---

1. 汪海燕：《监察制度与〈刑事诉讼法〉的衔接》，载《政法论坛》2017 年第 6 期，第 86 页。

轨迹首先就应当研究合署办公体制。[1]

从我国以往行政监察法的相关条款规定来看[2]，行政监察机关接受本级人民政府和上级监察机关双重领导，在 20 世纪 50 年代只受本级人民政府领导的"块管理"的基础上强化了"条管理"，这一调整有利于减少本级行政机关对监察权运行的干扰。但鉴于监察权必需的独立性属性，很多专家提倡应实行完全垂直的监察管理体制。既然如此，为什么没有选择完全垂直管理体制呢？有学者认为之所以社会主义国家普遍将监察领导体制塑造为"条块管理"双重领导型的，主要是为了防止监察权过大不受控制，加强对其制约是现实的需要，这与深刻汲取历史上共产国际"肃反经验"的惨痛教训有关。[3]

国家监察体制改革启动前，《党章》和行政监察法规都明确指出"地方各级纪检监察机构，既要接受服从同级党政的领导，还要接受和服从上一级纪检监察部门的领导"，这种双重管理体制决定了纪检监察机构对本级党委、政府的依附性，从而产生了一个逻辑性和结构性悖论：各级纪检监察机关既是同级政府和党委的监督者，同时又是它们的被领导者，这种既为监督者又为附

---

1. 参见秦前红：《我国监察机关的宪法定位——以国家机关相互间的关系为中心》，载《中外法学》2018 年第 3 期，第 569 页。
2.《行政监察法》第十一条规定："县级以上地方各级人民政府监察机关正职、副职领导人员的任命或者免职，在提请决定前，必须经上一级监察机关同意。"第七十条规定："国务院监察机关主管全国的监察工作。县级以上地方各级人民政府监察机关负责本行政区域内的监察工作，对本级人民政府和上一级监察机关负责并报告工作，监察业务以上级监察机关领导为主。"
3. 参见孙富海：《社会主义监督体制研究》，载《政治与法律》1996 年第 1 期，第 14 页。

属者的身份困境，导致纪检监察机构缺乏独立性，无法有效开展监督工作。不同于"条块"双重领导体制，域外普遍采用"单轨制"，监察机关直接受最高行政首长的单向领导。如波兰最高监察院，它向全国所有 16 个省派出分支机构，分支机构只对最高监察院负责，不受当地行政机构管辖。[1]

《行政监察法》（2010 年修订）确立了监察机关实行由同级政府和上级监察机关双重领导的体制。纪检监察机关的上级机关主要负责业务工作。[2] 接受本级政府的领导虽然有利于监察机关及时了解和全面掌握所在行政区域或部门在行政权力运行的各种情况，便于及时收集信息有针对性地开展监察工作，但其弊端显而易见，最为突出的就是受地方政府牵制太多，容易破坏监察机关在组织机构和法律地位上的独立性，从而影响监察权行使的公平公正性。

从行政监察权的实际运行效果来看，双重领导实际上是由所在政府的领导为主导的，地方政府或所在部门对监察机关及人员的制约性和影响力较之上级监察机关更强。加之上级监察机关在人事任免方面通常尊重各级地方政府的自主权，监察机关更加不能摆脱所在政府或政府部门的影响与控制。[3] 行政监察机关在履行职责过程中往往缺乏底气和应有的权威，尤其如果地方政府领导

---

1. 郭增麟：《波兰国家行政监察体制》，载《当代世界社会主义问题》2004 年第 3 期，第 38 页。
2. 徐伟红，杜钢建：《关于构建垂直管理的国家纪检监察系统的思考》，载《湖南大学学报》（社会科学版）2016 年第 4 期，第 153 页。
3. 参见陈宏彩：《从行政监察体制改革审视我国行政监察专员制度的建立》，载《四川行政学院学报》2009 年第 4 期，第 19—20 页。

对某些干部问题情况或案件持宽容、放任或包庇态度，监察机关首长负责制就更是难以得到落实，监察工作则会受到极大影响甚至受到阻碍。行政监察双重领导体制下的监察机关对行政权依附过度，行政权是监察权的主要监察对象，违反了监督学的"利益冲突规则"，监察权的行使容易缺乏相对独立性。且"合署办公"机制下纪委地位不断得到发展和强化，行政监察职能相形之下就显出明显弱化和虚化的问题。

2005 年 1 月，中共中央《建立健全教育、制度、监督并重的惩治和预防腐败体系实施纲要》首次论及腐败治理体制，首次将中国反腐败领导体制定义为"党委统一领导、党政齐抓共管、纪委组织协调、部门各负其责、依靠群众支持和参与"的模式。国家监察体制改革及《监察法》的出台，重塑了国家监察权，也构建起中国特色腐败治理新的"三元领导体制"，即执政党的政治领导、权力机关的监督性领导、上级监察机关的业务性领导。

"三元"的"第一元"首先指的是党的政治领导：中国共产党领导是中国特色社会主义最本质的特征，是中国特色社会主义制度的最大优势。《监察法》第二条规定了"坚持党对国家监察工作的领导"作为中国特色国家监察体制建设的领导体制的首要原则，首次通过立法明确了中国共产党对国家腐败治理的政治领导权。

"三元"的"第二元"指权力机关的监督性领导：从横向来看，监察委员会由同级民意机关产生，并对其负责。《宪法》第三条、一百三十八条、六十七条和一百零四条分别规定了"负责制"与"监督制"原则，即其他国家机关向同级国家权力机关负责、接受同级人大常委会的监督。根据《监察法》规定，监察委员会由本级人大产生，对人大负责，向人大汇报工作，实行对立法机关负责的属地管理，以代替对行政机关负责的属地管理。由行政机关领导到对立法机关负责这一变化将从结构上突破原有监察权内部性及其同体监督模式的框架束缚和弊端。

三元的"第三元"为上级监察机关的业务性领导。《监察法》从内外部关系两个方面，对治理权能进行了体制更新。《监察法》第十条规定："国家监察委员会领导地方各级监察委员会的工作，上级监察委员会领导下级监察委员会的工作。"以"业务领导权"为中心，监察"一体化"是防止监督权力地方化、监督失灵的有效机制，也是监察领导体制的重要内容。地方监察委向上一级监察委负责体现在三个方面：一是《监察法》第四十二条规定的重大事项报告制度，二是《监察法》第四十九条规定的监察决定复核制度，三是《监察法》第六十条规定的监察活动复查制度。

下一步，应强化业务领导权，使业务领导权的内容法定化、明定化、实定化，突出上级监察机关在腐败治理中的领导权、监督权与决策权，这是优化监察委员会腐败治理的重要基础，对此，仍有待立法加以完善。[1] 此外，在建立健全三元领导体制下，强化纵向协作联动和资源整合机制，建立安全高效的中央纪委、省级纪检监察机关、地市级纪检监察机关三级指挥中心系统和纪检监察人才库，有效实现案件的远程指挥、异地协查、请示汇

---

1. 魏昌东：《〈监察法〉与中国特色腐败治理体制更新的理论逻辑》，载《华东政法大学学报》2018 年第 3 期，第 32—38 页。

报、证据传送、大案要案管理、情况信息收集汇总及各级办案人
才库查询管理等功能。[1]

二、强化横向"全覆盖"——派驻制度

派驻统管体制是对我国纪检监察领导体制的一次重大革新，
也是保障监察权独立行使，增强监察实效的有效措施。2004 年，
经党中央决定全面实行中央纪委监察部对派驻机构的统一管理，
派驻机构脱离驻在部门领导，由双重领导改为由派驻机构直接领
导。中央部委层面的派驻机构干部考察任用直接由中央纪委、监
察部负责，派出机关派出的派驻机构或人员，对派出的纪检监察
机关负责并报告工作，为派驻机构独立开展监督提供了组织人事
和经济保障。2005 年 9 月，中央纪委、国家监察部联合发布了
实施意见，明确规定对所有纪检监察机关派出机构的人、财、物
权实行统一管理，这是我国纪检监察体制改革进程中的一次重大
发展。2010 年《行政监察法》修订确立了监察派驻制度，明确
规定监察机关对被派驻的机构进行统一管理等。

派驻制度优势在于在保障派驻监察机构"上派"的权威性的
基础上，隔断其与驻在部门——被监察对象在人事、经济上的联
系，使派驻机关处于一个更为独立超脱的、利于监督功能发挥的
位置，利于"驻"的贴近监督优势的发挥。十八大之后，对派驻

---

1. 参见王希鹏：《完善国家监察领导体制及推进纪检监察一体的思考》，载《湖南社会科学》
   2018 年第 2 期，第 115 页。

机构人、财、物统管改革的步伐明显加快，[1] 对改进和强化监察机关的独立性及监察活动的权威性产生了深刻和深远的影响。

党的十八大以来，派驻监督已经成为党实现自我监督的重要形式。2016 年 10 月 27 日，《中国共产党党内监督条例》审议通过，其中明确将派驻监督纳入党内监督的基本制度体系，并对纪委派驻纪检组与派出机关的工作关系、派驻纪检组的职责任务、派出机关的领导方式等问题作了明确规定。党的十九大修改的党章亦明确规定，党的中央和地方纪律检查委员会向同级党和国家机关全面派驻党的纪律检查组。

《监察法》沿用并拓展了派驻制度的适用范围，赋予各级监察委员会向监察对象所在的机关、组织和单位派驻监察机构或者派出监察专员，这对于确保我们党和国家形成巡视、派驻和监察"三个全覆盖"的一体化和法治化的权力监督格局意义重大。《监察法》第十五条明确了作为监察对象的六类主体。《监察法》第十三条明确了派驻监察机构以及派出监察专员的职责规定。为了实现监督的全面性、持续性和有效性，监察委员会可以向行使公权力的公职人员所在的机关、组织、单位以及所管辖的行政区域、国有企业派驻监察机构或者监察专员。

鉴于国家监察旨在实现对所有公职人员监督的全覆盖，公职人员所在的机关、单位和组织就成为了派驻或者派出监察机构

---

1. 2012 年 11 月，党的十八大报告中强调"完善派驻机构统一管理"，请参见胡锦涛：《坚定不移沿着中国特色社会主义道路前进为全面建成小康社会而奋斗》，人民出版社 2012 年第 55 页；中央纪委提交的工作报告中提出"强化派驻机构统一管理"，加强上级纪检监察机关对下级纪检监察机关的领导和工作指导。

或者监察专员的当然场所。考虑到行使公权力的公职人员所在工作单位属性上的差异，将派驻或者派出监察机构、监察专员的机关、组织和单位类型主要细分为以下五种：（1）本级中国共产党机关，包括本级党的地方委员会及其组织部门、宣传部门等；（2）本级国家机关，包括本级权力机关、行政机关、审判机关和检察机关等；（3）本级法律法规授权或者委托管理公共事务的组织和单位；（4）所管辖的行政区域，主要是指街道、乡镇以及不设置人民代表大会的地区、盟等区域；（5）本辖区内的国有企业。

关于监察机构、监察专员与派驻或者派出它的监察委员会之间的关系问题，《监察法》第二款明确了监察机构、监察专员只对派驻或者派出它的监察委员会负责的领导体制。鉴于派驻机构和派出专员与驻在部门的关系是监督与被监督的关系，同时要注意派驻机构和派出专员与驻在部门的相对独立性问题，确保监督者能够公正行使监督权，实现派驻的预期目标，保障派驻机构和派出专员在行使监察权过程中免受驻在部门的过度、不当干预。同时，鉴于党的纪律检查部门与本级监察委员会合署办公，对于监察委员会派驻或者派出在某一机关、组织和单位以及所管辖的行政区域、国有企业的监察机构、监察专员，与本级纪委派驻或者派出的纪检组，亦应当在驻在部门合署办公。

从理论上看，监察机构、监察专员之所以有权对驻在部门的公职人员进行执法监督，实际上是在行使职务代理行为。按照职务代理行为的基本原理，派驻的监察机构、派出的监察专员的权力来源于所属的监察委员会，其对驻在部门行使监察权，本质上就是在行使授权行为，监察委员会依法享有的监察权及其权力行使方式以及权力边界等规则，相应地，也同样适用于派驻的监察机构、派出的监察专员。因此，派驻或者派出的监察机构、监察专员在履行职责的过程中要严格按照职权法定和授权原则行使监察权。监察委员会必须严格依法履职，派驻或者派出的监察机构、监察专员对驻在部门公职人员的监督亦必须依法实施。

此外，派驻或者派出的监察机构、监察专员能够监督的公职人员的级别等问题，立法并未作出具体规定。实践中，监察委员会可以根据实际情况作出决定。当然，监察委员会对派驻或者派出的监察机构、监察专员的授权存在法定边界，即监察委员会仅能在其依法享有的监察权范围内进行，不得超越其法定职权，否则就会构成违法而要受到相应制裁。

根据《监察法》第十三条规定，派驻单位根据授权进行监督。实践中，监察委员会授权给派驻监察机构和派出监察专员的调查和处置权到底有多大，哪些案件派驻监察机构和派出监察专员有权直接实施调查并作出处置决定，哪些案件派驻监察机构和派出监察专员必须上报给所属监察机关，没有作出明确规定。此外，派驻的方式、派驻机构和派出专员的前提条件、派出专员的规模等问题也尚未作出具体规定。随着《监察法》的施行，日后是否要对此问题作出统一规定，还是赋予监察委员会更多的裁量空间，尚需随着实践的发展不断进行总结并予以完善。

三、强化纵向领导——"两为主"制度

2013 年,《中共中央关于全面深化改革若干重大问题的决定》提出了"两为主"[1],这一举措是深化纪检监察垂直领导机制的又一次深化和改革创新,是对垂直领导机制主要以业务为主的领导,转变为以更为实质的对人事干部领导权的拓展,这一改革措施利于弱化地方政府对监察机构的人事控制,利于减少监察权对行政权的依附性,对保障监察权相对独立、权威的行使创造了更为有利的条件。

2014 年,中央出台了党的纪律检查体制改革的实施方案,在深化双重领导体制的基础上,强化了上级纪委对下级纪委的领导;为了屏蔽各级纪委反腐败工作中的外在干扰,落实党风廉政建设责任制,党委负主体责任,纪委负监督责任,即"两个责任",细化"两个为主",并确定建立并试行下级向上级报告工作制度。在纪检监察合署原则下,监察委员会也应借鉴纪委"三转"之后的纪委副书记的产生以上级纪委提名为主,查办案件以上级纪委指导为主的模式,实行监察机关的正职及副职负责人由上级监察机关提名为主,查办腐败案件以上级监察机关的指导为主,深化和拓展垂直管理。《党内监督条例》第二十六条对"两为主"进行了规定和固化。《中国共产党纪律检查机关监督执纪

---

1. 即查办腐败案件以上级纪委领导为主,线索处置和案件查办在向同级党委报告的同时必须向上级纪委报告。各级纪委书记、副书记的提名和考察以上级纪委会同组织部门为主。

工作规则》第三条第二款再次重申和发展了"两为主",坚持纪律检查工作双重领导体制,监督执纪工作以上级纪委领导为主,线索处置、立案审查等在向同级党委报告的同时应当向上级纪委报告。

"两为主"的落实还涉及与干部人事部门的组织协调,实践中,尤其是"各级纪委书记、副书记的提名和考察以上级纪委会同组织部门为主"这一规定的落实就存在制度方面的障碍。涉及可适用的法规包括《党内监督条例》《党政领导干部选拔任用工作条例》,二者虽然效力层级相同,都属于党中央制定的党内法规,但由中央纪委、中央组织部不同的部门牵头制定及负责具体解释,造成执行中不协调、不配套、不落地的问题。《党政领导干部选拔任用工作条例》中并没有针对纪委书记、纪委副书记提名和考察方面的专门性、针对性的特殊性规定,以组织部门为主导的党的干部选任工作,是否执行"两为主"往往仅仅取决于各级党组织及党的组织部门的自觉性,导致随意不执行、执行不到位的"变形走样"甚至"形同虚设"。下一步,还需推动纪检监察工作双重领导体制具体化、程序化、制度化,带动整个纪检监察系统提高履职质量。

四、组织工作原则

民主集中制乃是普遍适用于执政党和国家政治生活的一项重要原则,且有着颇为丰富的指向和内涵。中国共产党在全国执政以后,把这种原则和制度运用于政权建设,在国家机构中实行民主集中制的原则。我国现行《宪法》第三条规定了民主集中制原则，并将其作为一项国家机构的组织原则，该原则成为国家机关产生及相互间关系运行的遵循和基础。集体领导原则是中国特色民主集中制的组织要求和体现。有鉴于立法层面和操作层面共同的制度选择，可以基本判定监察委员会将奉行集体决策制度，与首长负责的方式相比，这一模式更能体现出监察权运行的自身特点和内在规律，可以实现对监察手段的审慎运用以及保证监察权的公正规范运行，并起到对被监察对象基本权利最大程度保护的目的。[1]

民主集中制集合了独任制和合议制的优点。独任制和合议制二者存在不同的价值取向，独任制偏重效率，其优点在于反应和行动迅速灵活，责任明确，缺点则在于首长高度集权，可能会减损决策的民主性、科学性和公正性；合议制偏重公平，实行少数服从多数的原则，其优点在于群策群力，充分发扬民主，其缺点则在于反应迟钝，甚至久议不决，责任分散且不明晰。监察监督活动的开展，究竟是采取独任制还是合议制，宜具体事项具体分析。[2]

笔者认为，适用独任制还是合议制要根据事项的性质、轻重缓急程度、对基本权利影响程度决定。涉及同一级监察机关内部实行合议制还是委员会主任负责制，抑或是实行某种折中的体制的安排，主要有三种分类标准：

---

1. 江国华，何盼盼：《中国特色监察法治体系论纲》，载《新疆师范大学学报》(哲学社会科学版) 2018 年第 5 期，第 59 页。
2. 参见李洪雷：《论我国监察机关的名与实》，载《当代法学》2018 年第 1 期。

第一种是以监察事项属内部还是外部为分类标准。涉及对内的工作程序事项应突出效益优先和责权统一原则，责任实行独任制；对一些外部事项，对监察对象重要法律权利造成影响要采取强制性措施的，应当采取合议制。如，按照《监察法》第四十三条规定，监察机关采取留置措施，留置作为限制人身自由的强制措施，就应当由监察委员会集体研究决定，对留置措施设定更为严格和审慎的审批程序，应当由监察机关领导人员集体研究决定，采用少数服从多数的决定机制，而非领导人负责制，防止专断和权力滥用。

第二种是以监察事项的属性特征为分类标准。基于监察权的复合性，有必要在业务细分的基础上，建立起与其职能相对应的差异化的办案组织形式。[1]在职务犯罪侦查中可能针对监察措施的不同，对于留置、冻结、查封、扣押、搜查等五项特殊调查措施的启动，更强调行动的高效与统一，应当由监察委员会的正职领导决定，谈话、讯问、询问、查询、调取、勘验检查、鉴定等七项一般监察措施的启动，可以授予监察委员会分管领导一定的审批权限，由其决定是否批准；对于案件审查部门而言，其工作性质则更多地具有司法的属性，强调办案人员的独立判断，独任制监察官的模式更适合其对相关材料的严格把关。

第三种是以监察对象的身份特征为标准。[2]对同一级党委管

---

1. 江国华，何盼盼:《中国特色监察法治体系论纲》，载《新疆师范大学学报》(哲学社会科学版) 2018 年第 5 期，第 59 页.
2. 魏文松，覃晚萍:《国家监察权规范行使的程序构建与法律监督》，载《理论导刊》2018 年第 11 期，第 78 页。

理的干部启动监察措施，应当由监察委员会的主要领导通过集体
会议的形式研究决定，对其他普通公职人员，可以按监察措施的
不同，依照相应的审批流程进行审批。

五、深化事业单位监察体制改革的方案—— 以高校为例 [1]

《监察法》细化了"对行使公权力的公职人员国家监察全覆
盖"的对象范围，在原行政机关任命的公办高校校级领导干部之
外，将高校所有从事管理的人员纳入国家监察机关监察对象范
畴。这一新形势"牵一发动全身"，将从体制、制度、机制各层
面对原有高校监察工作产生"革命性"影响。《关于深化中央纪
委国家监委派驻机构改革的意见》明确要求，分类施策推进中管
企业、中管金融企业、党委书记和校长列入中央管理的高校纪检
监察体制改革。当前，如何构建与国家监察体制协调一致的高校
监察体制、行业性公权力领域的监察工作中双重领导体制如何侧
重以实现干部监督与干部管理二者的衔接一致，已成为亟待研究
的重大理论和实践课题。

（一）改革近景：建立派驻国家监察专员制度

依据《中华人民共和国国家监察法》第十二条规定，各级监

---

1. 参见张瑜：《国家监察体制改革背景下高校监察制度模式设计探索》，载《国家教育行政学
   院学报》2018 年第 6 期。

察委员会根据工作需要，可以向本级管理公共事务的单位派出监察机构、监察专员。派驻监督是在党中央集中统一领导下，强化自上而下组织监督的重要形式，在党和国家监督体系中具有十分重要的作用。由于高校作为事业单位本身不能产生监察机关，只能由监察委员会直接或通过派驻监察机构或监察专员的形式实施监察。与国家监察机关直接实施监察相比，向高校派驻监察机构或监察专员的模式能形成就近监督，更利于日常监督和廉政风险防控工作的开展，也可有效避免改革初期国家监察机关直接监察对象过多而造成的过大压力，确保改革有序平稳推进和监察工作取得实效。

实践证明，派驻制度既利于保障监督的相对独立性，也利于保障监督的权威性，是一项符合我国党风廉政建设和反腐败工作实际的、极具中国特色的行之有效的工作制度。"上派"不仅通过向上级机关"借力"增强派驻监察机关的权威性，同时也隔断其与驻在部门监察对象在人事、经济上的种种牵扯，使派驻机关处于更为超脱的独立的地位；"下驻"又使其从距离上贴近监察对象，发挥就近监督的优势，增强监察实效。改革初期目标为构建派驻国家监察专员制度，其中应注意把握以下几个原则：

一是按照"谁负责监督，谁负责派驻"的原则明确派驻主体。构建高校国家监察派驻制度首先应明确派驻主体。按照《中华人民共和国国家监察法》第九条的规定，有权向高校派驻的国家监察机关有国家监察委员会、驻部监察机构、所在地方省级监察委员会、省级监察委员会驻地方教工委教委监察机构四个。应按照"谁负责监督，谁负责派驻"的原则确定派驻主体，如部属高校由国家监察委员会负责派驻，地方高校由省级监委会负责派驻，按照干部管理权限，部属高校可由国家监察委员会授权委托驻教育部监察机构负责派驻，地方高校可由所在区域的省级监察委员会授权委托地方教工委教委监察机构负责派驻。这一原则立足改革初期的国情，有力地保障了监察体制改革能够循序渐进，取得实效。

二是坚持国家监察与党内监督协调一致原则。《关于深化中央纪委国家监委派驻机构改革的意见》明确要求，推动驻在部门党组织担负起全面从严治党政治责任，建立定期会商、重要情况通报、线索联合排查、联合监督执纪等机制，为党组（党委）主体作用发挥提供有效载体，形成同向发力、协作互动的工作格局。[1] 中共教育部党组出台《中共教育部党组主动接受中央纪委驻教育部纪检组监督的实施办法》，将《党章》《党内监督条例》《关于新形势下党内政治生活的若干准则》《中国共产党问责条例》《关于中共中央纪委派驻纪检组履行监督职责的意见》等党内法规中规定的专责监督职责事项，通过"角色反转"按照底线要求提出党委（党组）及其成员应当主动接受监督的"规定动作"，并在全面从严治党主体责任、严把选人用人廉洁关、执行民主集中制、持续推动中央八项规定精神的贯彻落实、做廉洁自律表率等方面结合实际按照高线要求提出"自选动作"，实现了"监督"与"主动接受监督"的有效对接。目前监察委员

---

1. 新华社：中办印发《关于深化中央纪委国家监委派驻机构改革的意见》，https://news.sina.cn/gn/2018-10-31/detail-ifxeuwws9703563.d.html?vt=4&pos=3。

会由人大产生,,与纪委合署办公,与国家行政体系对应只在地方设立,未明确在高校等基层单位设立。但纪委从中央、地方、基层都会设立。这意味着纪委与监委可实现合署办公,而在高校内部只设有纪委没有监委。因此,建议派驻国家监察专员同时任高校的纪委书记,监察专员办事机构与纪委办事机构合署办公。

三是需厘清高校国家监察专员与内部监察机构的关系。例如,在日本的高校治理实践中,在国立大学法人化改革时即实行了大学法人监察制度,由此从制度层面加强国立大学自律,而非此前将国立大学全然置于文部科学省的控制之下[1],明晰二者之间的领导工作关系和职责范围界限。按照国家监察法规定,监察机关负责对监察对象行使监督、调查、处置三项职能,可采取谈话、讯问、询问、查询、冻结、调取、查封、扣押、搜查、勘验检查、鉴定、留置等措施。由此,派驻高校的国家监察专员根据授权的范围可享有相同的职能和相应的监察措施。为避免与国家监察机关名称混淆、职能职责混同,高校内部监察机构可统一改称为监察专员办公室,改革初期内部监察人员的编制类型和人事关系保持不变。监察专员办公室采用首长负责制,由派驻国家监察专员领导,专员办公室接受监察专员的指令执行工作任务,另外,负责组织实施学校党风廉政教育和廉政风险防控日常工作。

---

1. 袁自煌:《日本高校法人的自律》,载《教育》2013 年第 29 期,第 63 页。

（二）改革远景：构建中国特色行业监察制度

域外针对行业性权力的监察制度对我国事业单位监察体制改革方向具有一定的借鉴意义，有的国家则在国会监察制度之外，针对社会生活中的突出问题设立专门领域的监察专员，如瑞典的"儿童监察专员"和匈牙利的"少数民族监察专员"等。法国督察团制度作为一种监督行业性公权力的制度设计和实践，从保障监察专业性和垂直程度具有很好的效果。法国政府虽然没有设置行政监察机关，但在中央政府各部门设有直接隶属于部门行政负责人的督察团，如在教育部设有由教育部部长直管的国民教育监察总局，内设 14 个专业组和 156 名督察人员，在社会事务、劳动与团结部等部门也设有类似的督察团。督察团中的督察员可以接受部长指令，进行专项调查，承担诸如为高级官员作出评价、为重要岗位物色人选、被抽调承担某一行政事务等任务。其监督范围包括所有行政部门、公共组织、基金会，甚至私人组织。不仅有事后惩处式职权，还有在事前对不合法的行政决策或管理事务中的严重差错、漏洞提出预防性建议的权限。为了确保督察员的独立性和督查队伍的稳定性，督察员实行年资晋升制。[1]督察团非常类似于我国国家监察机关派驻各部委的机构，国民教育监察总局类似于国家监察委员会派驻到教育部监察局。

宪法修改、国家监察法的颁布标志着国家监察体制改革进入

---

1. 参见尤光付：《中外监督制度比较》，商务印书馆 2013 年版，第 152—154 页。

了依法推进的新阶段，集中统一、权威高效的中国特色国家监察体制已初步形成，国家反腐败力量分散到行政监察、预防腐败、职务犯罪查处等不同部分——"九龙治水"的不利格局已得到根本改善，党统一领导下的各级监察委员会成为集中行使国家监察职能的专责机关。当前，"分散"已不是深入国家监察体制改革亟需解决的主要问题，在国家监察权集中基础上结合各行业领域特点实现监察的专业化、行业化发展，如何在保障权力规范运行的基础上进一步提高监察效能已成为改革亟待研究和着力解决的主要问题。

改革后的高校监察体制不仅要体现"中国特色"，还要展现"高校特色"。为了实现"两个特色"，一方面，要将高校监察体制改革有机融入国家监察体制改革，主动适应和积极贯彻落实各项决策部署；另一方面，还要紧扣教育行业实际及高校公权力构成及运行的特点，构建保障和促进高校改革发展稳定的监察体制。

在我国，相比国家权力机关，高校权力结构更为复杂，不论从学校治理层面还是教育教学科研人员个体层面，都涉及行政权力与学术权力交织的现象，根据《高等教育法》的相关规定，高等学校的权力划分为三大块：政治权力、行政权力、学术权力。高校的权力腐败问题也具有很强的行业特征，如高校教师利用职务之便在高校招生考试（尤其是自主招生考试、研究生入学考试等自命题考试）、评审评比评估"三评"中接受请托、以权谋私、钱权交易、弄虚作假等滥用学术评价权的违规问题，如科研项目负责人、科研人员在科研经费管理和使用中贪污挪用问题，如校办企业管理人员借改制之机或通过内幕交易侵吞国有资产、违规使用校名或职务发明创造等造成国有资产流失等问题。这些问题虽然具有公权力滥用导致的腐败问题的普遍特征，但也具鲜明的行业特点。

因此，高校监察体制改革长远目标定位，应考虑教育行业性质特点及高校公权力运行的特殊性，以派驻监察专员制度为起点深化垂直领导以形成上下贯通的中国特色高校行业监察制度，主要包括以下制度设想：

一是强化高校监察工作的垂直领导。应充分考虑教育行业性质及高校纪检监察工作实际，结合"两为主"要求和干部管理权限一致原则，在双重领导中深化垂直领导，逐渐形成垂直领导为主、属地领导为辅的模式，干部选任、监察业务应以派驻监察机关领导为主，所属监察委员会负责协调处理区域内的监察事务。《中国共产党纪律检查机关监督执纪工作规则》确立了这一原则，其第八条规定，对党的组织关系在地方、干部管理权限在主管部门的党员、干部以及监察对象涉嫌违纪违法问题，应当按照谁主管谁负责的原则进行监督执纪，由设在主管部门、有管辖权的纪检监察机关进行审查调查，主管部门认为有必要的，可以与地方纪检监察机关联合审查调查。地方纪检监察机关接到问题线索反映的，经与主管部门协调，可以对其进行审查调查，也可以与主管部门组成联合审查调查组，审查调查情况及时向对方通报。随着改革的深入推进，不断提高垂直领导权，最终实现上级监察机关对派驻高校监察机构在人事、业务、经费方面全面的垂直领导，形成自上而下的高等教育行业的监察系统。

二是推动专员派驻向机构派驻发展。根据监察体制改革的实践和深入推进，可考虑将高校内部监察机构人员有效整合、有序纳入派驻机构统一管理，编制类型及人事关系进行系统内部调整，根据形势任务发展需要，可经过监察官资格准入制度补充部分专业人员。由此，派驻专员拓展为派驻机构，国家监察专员成为高校派驻监察机构负责人，可称为监察长，高校内部监察机构调整为上级监察机关派驻的监察机构，形成上级监督，提高监察工作的实效性和权威性。

三是增强高校监察工作的专业性。根据高校党风廉政建设工作需要，高校监察工作范围应拓展到行政部门、国有资产等公共组织、基金会、甚至私人组织，全面覆盖涉及高校公权力运行的公职人员。不仅有事后惩处权，还有权在事前对违法决策、过失决策等行为或管理事务中的严重差错、漏洞提出预防性、制度建设的监察建议。[1] 跨学科组织理论、实务专家深入开展高校监察体制改革理论研究、专题调研，为高校监察体制改革实践提供科学理论指导。加强对监察人员国家监察业务、履职能力的培训，不断增强监察人员的教育行业业务管理知识与执纪监督问责技能"双本领"。[2]

四是加强行业监察立法以巩固改革成果。由国家监察委制定颁布单行的《事业单位监察条例》或《公办高等院校监察条例》，对高校监察工作作出规定或授权驻教育部监察机构对规范高校监

---

1. 尤光付：《中外监督制度比较》，商务印书馆 2013 年版，第 152—154。
2. 张瑜：《国家监察法治研究》，博士论文，中国政法大学，2017 年 6 月。

察工作作出规定，确保高校监察体制改革在法治的轨道上顺利推进。

第四节
监察程序

一、监察程序的目标内涵

监察程序是监察机关在依法履行监督、调查、处置职责过程中应当遵循的方式及步骤。监察程序的规范化水平不仅关系到监察措施实施的合法性、正当性，还直接影响监察体制改革的成效。习近平总书记指出，"我们要增强依法执政意识，坚持以法治的理念、法治的体制、法治的程序开展工作"[1]，推进依法执政的制度化、规范化、程序化。国家监察体制改革是事关全局的重大政治体制改革，是强化党和国家自我监督的重大决策部署。要构建集中统一、权威高效的国家监察体制，实现对所有行使公权力的公职人员的全覆盖，离不开严格、规范的程序制度保障。

程序法治是指通过建构和完善程序法律制度来实现国家法治目标的模式。程序法治的核心是程序正义，就是说通过正当的法律程序，保障诉讼结果的公正性，同时保障法律实施过程中的正

---

1. 习近平：《加快建设社会主义法治国家》，载《求是》2015 年第 1 期。

当性、合理性，抑制权力的恣意行使，防止权力的异化滥用，加强诉讼中的人权保障，以人们看得见的方式实现公正，或者说"让人民群众在每一个司法案件中感受到公平正义"[1]。香港廉政立法就越来越重视正当程序原则的运用，以迎合市民对香港廉署的期望由有效打击腐败演变为执法方式体现正当程序的时代需求。立法也进行相应调整，香港廉署由过去单一的犯罪控制价值发展为对正当程序价值的同等关照并力求二者平衡。[2]

作为公权力运行的基本要求，正当程序原则既是所有程序立法的理论根据，又是程序立法重要的制度参考。监察机关在监督、调查和处置过程中应引入正当程序原则和权利保障原则。正当程序的引入主要体现在监察权运行过程中依职权、依程序运行，充分尊重被监察人的陈述、申辩及抗辩权；权利保障主要表现在调查过程中充分尊重被监察人的人权，赋予被监察人获得申诉、抗辩及获得法律帮助的权利等。[3]一方面，由于职务违法或犯罪案件通常具有高度隐秘的特点，为保证反腐败机构能够顺利查办案件，需要赋予其一定的强制性调查措施，而这些措施的实施又无疑会对被调查人的权利产生一定影响。二者需要权衡和平衡，通过严格的程序规范已成为一项世界通行做法和有益经验。

1. 卞建林：《监察机关办案程序初探》，载《法律科学》2017年第6期，第52—53页。
2. 参见阳平：《论我国香港地区廉政公署调查权的法律控制——兼评〈中华人民共和国监察法（草案）〉》，载《政治与法律》2018年第1期，第30—31页。
3. 参见王孟嘉：《法治轨道上的国家监察体制改革论思》，载《暨南学报》（哲学社会科学版）2017年第11期，第83页.

《联合国反腐败公约》第三十二条明确规定，各缔约国即使在采取保护证人、鉴定人和被害人的措施时，也应当以"不影响"包括正当程序权在内的"被告人权利"为前提。此时，程序正作为一种制度要求与被调查人的合法权益紧密联系在一起，成为限制权力、保障人权的重要手段。

二、程序正当原则的价值

第一，程序正当是促进法治实现的重要手段。要求监察机关严格遵守程序，是以法治思维和法治方式开展反腐败工作的应有之义。党的十八届四中全会提出，"加快推进社会主义民主政治制度化、规范化、程序化"是全面深化改革、建设社会主义法治国家的一个重要方面。强调"程序化"的作用在于能够为公权力的运行提供制度约束，保证公权力行使的正当性。[1]正如学者所言，任何权力都必须受到约束，监察权也不应例外，若无监督，不仅会出现"灯下黑"风险，也会从深远意义上阻滞中国法治的发展。对监察机关的监督、调查活动施以程序方面的约束和控制，是防止监察权的运行游离于法治之外的有效手段。

第二，规范监察程序是强化监察机关内部监督的有效途径，要求监察机关严格遵守程序，是确保监察机关正确行使权力、依

---

1. 李红勃：《现行纪检监察模式的困境及其法治化改革方向》，载《环球法律评论》2017 年第 2 期。

法开展工作的基础。为公权力机关设定严格、规范的工作程序本身就是一套行之有效的内部监督机制，对于防止权力过于集中或权力机关恣意行权都具有重要作用。[1]《监察法》为监察工作的合法、有序开展提供了明确的制度指引，既对线索受理与处置、立案调查、证据收集、作出处置等关键环节作了具体规定，也对采取讯问、询问、留置、搜查等措施的程序性要求作出规定。这些规定正是监察机关正确、及时、有效地行使职权、履行职责的依据、遵循和保障。

第三，规范监察程序还具有保障监察对象合法权益免受侵犯的价值。要求监察机关严格遵守程序，是增强监察措施正当性、保证监察工作符合人民群众期望的必然要求。任何法律制度的权威性都来源于公众的确信和认同。要获得社会成员的普遍认可，制度的实施应当符合公平、正义的要求；而在界定具体措施是否公平的问题上，程序的正当、合理又具有决定性作用。正当程序作为"形式"能够保障作出"内容"正确的决定，这一过程本身就具有使公民觉得自己权益受到了尊重，从而乐于接受有关的决定的实体性价值。[2]因而，从这个意义上讲，监察机关能否严格遵循程序还关系到监察措施实施的社会效果。

此次《监察法》对于监察机关的调查程序作了更为全面、细致的规定，为破除相关工作中的程序困境提供了重要契机。只

---

1. 参见姚科铸：《强化内控机制把权力关进制度笼子》，载《中国纪检监察》2018 年第 6 期。
2. 应松年：《行政法与行政诉讼法》（上），中国法制出版社 2009 年版，第 61 页。

要各级监察机关严格执行既定的监察程序，必然有助于增强监察制度的权威性，提高人民群众对于反腐败斗争的支持和信心。

三、监察程序立法的发展及难点

为促进监察机关正确、依法履行职责，防止监察权力滥用，《监察法》专门设置"监察程序"一章，对监督、调查、处置工作程序作出严格规定，在不断扎紧、织密制度笼子的同时，也强化对监察对象与相关人员合法权益的保护。围绕规范监察机关履行职责的程序展开，从工作机制、审批权限、实施流程、时限等方面对各个关键环节的程序作出了明确规定，为监察工作的合法、有序开展提供了清晰的制度指引。

第一，规范了问题线索的受理、处置程序。问题线索的受理与处置，是监察机关开展工作的前提和基础，直接关系到腐败治理的成效以及监察工作的深度与广度。《监察法》对监察机关依法受理报案、举报，建立问题线索处置、调查、审理各部门相互协调、相互制约的工作机制，以及对问题线索的分类处置办理作出了具体规定，不仅明确了监察机关各部门的职权分工，也强化了对问题线索受理、处置工作的内部监督及制约。

第二，规范了职务违法和职务犯罪的立案调查程序。立案调查是监察机关查办职务违法和职务犯罪案件、依法履行职责的重要阶段及程序，也是实践中比较容易出现风险的环节之一。对立案调查环节管理不到位，不但会影响监察工作的质量，还容易滋生以案谋私、选择性办案等违纪违法现象。因而,《监察法》对监察机关的立案调查程序作出了全面、细致的规定。其中,关于留置程序的规定是一大亮点,明确采取留置措施的集体研究决定制度和严格的审批程序、留置期限,以及保障被留置人员合法权益的相关制度,充分体现了以法治思维和法治方式推进反腐败工作的精神及要求。

第三,规范了监察机关的处置程序。处置是《监察法》赋予监察机关的重要职责。《监察法》对监察机关依法履行处置职责的方式,以及对涉案财物的处理作出明确规定。这对规范监察机关的处置工作,保障监察对象的合法权益,具有重要意义。

第四,规范了监察程序与刑事诉讼程序的衔接机制。监察机关办理职务犯罪案件,应当与检察机关互相配合、互相制约,共同构建严密、高效的腐败案件惩治体系。《监察法》不仅规定了监察机关移送案件的标准及程序,同时也对检察机关依法、及时履行审查起诉职能提出了明确要求,这些规定为确保监察机关与检察机关在办理职务犯罪案件过程中的有序衔接和相互制约提供了必要保障。

职务违纪、违法、犯罪行为调查的同步性或者说调查的"多元性"决定了监察程序建设的难点和困惑,也决定了未来监察程序的发展必将以深化针对性、类型化设置为重点。在同一个监察案件中,被调查对象在涉嫌违法犯罪的同时也可能涉及大量违纪行为,承办人将同时负责调查违纪、违法和犯罪行为,这是以往不曾有的现象,这也是国家监察立法下一步需要予以明确的重要问题之一。[1] 具体而言，被调查对象同时涉及违纪和违法犯罪事实，一个被调查对象在两个以上的调查程序中接受调查，而此时调查主体却仍是固定的一组人员，在这种情况下有必要对两类程序适用的原则、条件及边界进行进一步划分和界定。

1. 叶青：《监察机关调查犯罪程序的流转与衔接》，载《华东政法大学学报》2018 年第 3 期，第 22 页。

第六章
对监察权的监督

　　"有权必有责，用权受监督"，如何有效监督监察机关、保障国家监察权规范行使是全社会普遍关注的问题。"通过监督制约，把位高权重的各级监察委员会的活动约束在宪法、法律的范围内，是设立国家监察机关这一事关全局的重大政治体制改革获得成功的必要条件。"[1] 正如法谚所言，所有拥有权力的人，都倾向于滥用权力，而且不用到极限决不罢休。所以必须坚持有权必有责，用权受监督的理念，这一理念包含对监察权行使两个方面的要求：其一，监察机关作为国家监察机构，应当实现对所有行使公权力的公职人员的监察全覆盖，避免出现空白和盲区；其二，监察权作为一种公权力，当然具有权力的普遍属性，也同样具有"任性"的一面，同时作为一种综合性监督性权力，更应加强对其自身的监督，更需进行特殊化、高强度的监督制约，通过立法监督、司法监督、公民监督、舆论监督等外部监督及通过科学合理分权、内控机制建设、监察官职业准入等内部监督，内外结合、多维度、全方位、全过程加强对国家监察权运行的监督，确保把监察权关进制度的笼子，把各级监察委员会的活动约束在宪法法律的范围内，保障其在民主、法治的轨道上规范运行。

---

1. 童之伟：《对监察委员会自身的监督制约何以强化》，载《法学评论》2017 年第 1 期，第 8 页。

第一节
监督方式

一、权力制约与权力监督

围绕规范公权力的科学分配和有效运行，现代文明国家几乎都在国家政治体制中采用了控权方法，基于不同的法治文化、历史背景和政治体制，各国形成了不同的控权思想及不同的控权制度体系及法治实践，归根结底主要有以权利制约权力、以权力制约权力两种。从监察权的工具性价值来讲，以权利制约权力在我国主要体现为处理好监督权利与监督权力的关系，在我国，公民权利是国家监察权力的来源，不管是公民监督权的直接行使还是间接行使，都有权对权力运行进行监督。

什么是权力制约？"从宪政控权的角度来理解和分析，'制约'概念包含三层含义：一是控制，二是约束，三是阻止。"[1] 所谓制衡即制约平衡，典型特征就是在工作流程中相互设制度性关卡或限制，符合标准就放行，否则不予放行。制衡的本质在于不同权力主体在同一事项中的共同参与和相互牵制。权力制约主要包括权力对权力的制约和权利对权力的制约两种形式。

以权制权通过"分权"的方式，即把公权力分成不同的权力

---

1. 侯志山，侯志光：《行政监督与制约研究》，北京大学出版社 2013 年版，第 52 页。

单元，由不同的权力主体掌握和行使，使之互相制衡，形成一种"老虎虫虫棒棒鸡"式相克相生的权力系统，以减少权力过于集中而被滥用的风险。以权力制约权力主要包括权力分立制约制衡和通过国家监督职能发挥作用两种方式。权力集中不受监督必然导致腐败，正如邓小平同志在对苏联亡党亡国原因分析时，认为苏联解体的真正深层次原因，就在于苏联建成了高度集权而缺乏必要的民主监督的政治经济体制。除此之外，还包括道德制约，主要通过对监察人员队伍的高标准、专业化、职业化准入和队伍建设来完成。

制约包括两个方面，一是内部制约，即《监察法》要求监察机关在内部设立相互分工、既相互协调又相互制约的工作部门，分别履行线索管理、监督检查、督促办理、统计分析等不同职能，同时要求问题线索处理、调查、审理各部门之间建立相互协调、相互制约的工作机制；二是外部制约，即监察机关与审判机关、检察机关、执法部门（特别是检察机关）在行使职权方面的制约[1]，《监察法》专设监察程序一章（共 15 个条文），规范监察权的行使，确立程序制约机制。

在现代社会，权力制衡是一种状态，权力制约是一种手段，具体包括通过权力合理配置、权力制约、权力监督三大手段[2]以权力制约权力，典型特征是不同权力主体在同一工作流程中给相互没有隶属关系的工作伙伴设置制度性关卡或牵制。相对制约而

---

1. 姜明安：《论监察法的立法目的与基本原则》，载《行政法学研究》2018 年第 4 期，第 16 页。
2. 侯志山，侯志光：《行政监督与制约研究》，北京大学出版社 2013 年版，第 45 页。

言，监督是单向的、高效率的，但是永远存在谁来监督监督者这一难题。[1] 监督一般是单向关注、审视并时刻准备按某种既定的标准评价乃至影响被监督对象的言行。制约虽然也可以分为单向的和相互的，但比监督更有刚性。[2] 对公权力的制约不能以单一机制来完成，应当综合权力制约和权力监督等等机制，以达到一种权力制衡的理想效果。

二、异体监督与同体监督

从监督者与被监督者的关系来看，分为异体监督和同体监督。通常同体监督也被称为内部监督，异体监督也称为外部监督。形成异体监督关键在于监督主体与监督对象之间法律地位的独立性，换言之，形成异体监督就必须保障监察权主体相对于被监察对象具有独立的地位，二者不存在任何正向或负向的利害关系。

同体监督模式中，将监察机关作为政府的必设和内设部门，优势在于熟悉情况，监察机关职责履行具有广泛性、及时性，贴近监督便于发现行政违法和不当行为的天然优势，以作出相应调整或纠正的迅速反映。然而，在同体监督模式中，监督主体与监督对象在地位上的同质化及利益上的同向性，破坏了监察主体地

---

1. 夏金莱：《论监察体制改革背景下的监察权与检察权》，载《政治与法律》2017 年第 8 期，第 57 页。
2. 童之伟：《对监察委员会自身的监督制约何以强化》，载《法学评论》2017 年第 1 期，第 2 页。

位的独立性。在这种模式中，监察官员最大的顾虑就是担心滥用权力的官员用各种办法对他们进行报复，或干扰他们的工作。这违背了有效监督行为的基本规律，使监督效能大打折扣。

香港廉政公署在加强对廉政公署的内外部监督方面积累了成功的经验，其在行使腐败调查权的时候也受到包括《香港基本法》在内的诸多法例的制约，甚至针对廉政公署设立了完备的监督制约机制，如廉政公署专员需定期向行政会议汇报（行政监督）、需出席立法会议解答相关问题（立法监督）、在行使某些权力前需获得法庭准许（司法监督）。[1]

一方面，通过发挥外部委员会对监察权内部运行的监督作用。为了使廉政公署的工作处于社会监督之下，廉政公署还成立了各种委员会，这些委员会的成员来自廉政公署之外具有专门知识和经验的人士，分别对各方面的工作进行监督。例如廉政公署事宜投诉委员会，负责审理对廉政公署及其职员的投诉；贪污问题咨询委员会负责监察廉政公署 3 个重要部门的工作；审查贪污举报咨询委员会监督执行处的工作；社区关系市民咨询委员会监督在求得市民认同和支持方面的工作。这些委员会具有实质的监督作用，如凡廉政公署决定调查的案件，必须一查到底；如要中止某项调查，必须经外部有关委员会批准。这些外部委员会的存在对于维持和改进廉政公署的工作，加强对监察工作的外部监督起着重要的作用。

---

1. 童之伟：《对监察委员会自身的监督制约何以强化》，载《法学评论》2017 年第 1 期，第 4 页。

　　廉政公署还有一套完整的严格的内部工作纪律和工作程序来保障监察权的自我约束和规范化：举报中心 24 小时接受市民的举报，负责调查案件的部门对案件情况每日会商，对于调查结束的案件实行的书面报告及必要时要向举报人通报查处结果。廉政公署内部纪律严明，对工作人员要求严格，违反条例要受到惩治。其中重要者如工作人员不得泄密，以保障举报人的利益和安全；如果工作人员向嫌疑人通风报信，就要受到被解职、判 2 万元罚款及 1 年监禁的严厉制裁；廉政专员可以对品德受到任何怀疑的职员进行无理由地解职，解职行为具有最终法律效力，不可提出上诉。

　　我国监察制度发展漫长历史长河中也不乏教训和反证，如唐朝曾发生的节度使叛乱就源于此，节度使原作为监察官，本来让他去监督地方官的，但在运行过程中，既集中央之权威监察权，又长期雄踞在地方，久而久之，集地方党政军大权于一身，与被监察对象的权力发生了"混同"，结果不但监察职能不能有效发挥，甚至对地方政治的稳定都带来了颠覆性的破坏。再如，宋朝实行的由地方监察官兼领监察"行政长官与监察长官合一"的体制，其结果是对地方官吏监察失控，造成官吏间互为推诿，上下勾结之弊。

　　重视和忽视外部监督的正反实例都表明，科学运用内外部有机结合的监督机制强化监察权的监督制约，不仅决定了监察权的职能发挥，更是对整个监察制度的运行实效都具重要影响。应当综合发挥立法监督、司法监督、民主监督、舆论监督、群众监督等外部监督的作用，充分发挥异体监督模式对监督结果公正性的优势。

在国家监察体制改革背景下，监察权作为一种专职监督其他权力的国家公权力、一种政治属性较强的公权力、一种"治权之权"，对监察权的监督制约，相比对其他公权力的监督制约更具特殊性和必要性，这决定了单纯依靠自我监督效果是很难达到立法者初衷的，尤其《监察法》中对监察人员的职业伦理要求难以衡量和把握，配合自我监督机制还需考量其与整个监督体系的配合。[1]因此，必须外部监督与内部监督结合，自律与他律双管齐下。

鉴于内外监督结合的考虑，建议在监察机构的监督内部化的同时加强外部监督，充分发挥好特邀监察员的作用，进一步加强特邀监察员的专业咨询职能，推动特邀监察员制度成为强化外部监督的有力抓手。2018年8月24日，中央纪委国家监委印发《国家监察委员会特约监察员工作办法》，决定建立特约监察员制度，并对特约监察员工作进行指导和规范。2018年12月17日，国家监委召开第一届特约监察员聘请会议，优选聘请50名特约监察员。笔者认为可借鉴香港廉政公署聘请律师、大学老师、会计等专业人士担任四名外部咨询委员的做法，如廉政公署规定，执行处受理的案件若决定不予调查必须向执行处外部委员会报告，说明理由并取得同意才能为之。该程序设计将大大减少瞒案、压案和以案徇私的问题发生的可能性空间。

---

1. 张杰：《〈监察法〉适用中的重要问题》，载《法学》2018年第6期，第123页。

三、法定监督方式

以习近平同志为核心的党中央高度重视纪检监察干部队伍建设，反复强调信任不代替监督，监督无禁区，任何权力都要受到监督，要求监督别人的人首先要监管好自己。习近平总书记在十八届中央纪委二次全会上提出，要解决好谁来监督纪委的问题，三次全会上强调严防"灯下黑"，五次全会上要求清理好门户。2017年1月，十八届中央纪委七次全会审议通过了《中国共产党纪律检查机关监督执纪工作规则（试行）》，2019年1月两年后正式印发，这标志着将纪委权力关进制度笼子的又一重大制度建设成果，在纪检监察合署办公原则下，国家监察体制改革后的监察机关权力和责任都更大了，必须以更高的标准、更严的纪律强化自我监督，自觉接受监督。对违纪违法的坚决查处、失职失责的严肃问责。《监察法》第七章集中规定了对监察机关和监察人员的监督，主要有以下几种方式：

一是党的领导和监督。所有监督中第一位的是党委的领导和监督。党的十九大报告强调，党政军民学，东西南北中，党是领导一切的，提出党的建设新的伟大工程在"四个伟大"中起"决定性作用"。加强对反腐败工作的集中统一领导是国家监察体制改革的重要目标之一，其实质就是加强党的领导。《监察法》总则第二条开宗明义，强调坚持中国共产党对国家监察工作的领导。在党的纪律检查机关与监察机关合署办公的体制下，党的领导本身就包含对纪检监察工作人员的教育管理和纪检监察工作的监督，加强党委对纪委监委的管理和监督，是构建党统一指挥、全面覆盖、权威高效的监督体制的内在要求。

二是接受人大监督。人大监督也被称为立法监督、国家权力机关的监督，在国家的权力体系中，人民代表大会在整个国家机构体系中居最高地位、发挥主导作用。与西方国家"三权分立"政体不同，我国的政体是人民代表大会制度。全国人民代表大会是最高国家权力机关，它的常设机关是全国人民代表大会常务委员会。全国人民代表大会和地方各级人民代表大会，都是由民主选举产生，对人民负责，受人民监督。人民有权选举代表，也有权罢免或撤换代表。国家行政机关、监察机关、审判机关、检察机关由人大产生，对其负责并受其监督。人大监督具有民主性、权威性、全局性等优势，是宪法和监督法赋予各级人大及其常委会的一项重要权力，也是人大经常行使的最能够发挥人大职能作用、体现人大权威的一项权力。

三是强化自我监督。在监察机关中设立专门的自我监督部门实施监督，其监督内容程序与党的纪律检查机关监督执纪工作规则相统一、相衔接。《监察法》制定时，将党内监督制度中有效做法借鉴转化吸收入国家监察法治中，规定了对打听案情、过问案件、说情干预的报告和登记备案制度，规定了监察人员实施回避制度，规定了对监察人员脱密期管理和辞职、退休后从业限制等自我监督的制度。这既体现对纪检监察合署工作机制的坚持，也体现了党内监督法规与国家监察法治的有机统一，这也是在反腐败制度体系建设中实现"依规治党与依法治国相统一"的原则。

四是建立健全监察机关与审判机关、检察机关、执法部门互相配合、互相制约的机制。检察机关履行对职务犯罪侦查的法律监督，法院负责司法审查，形成对监察机关调查行为的双重监督，不仅能彻底改变对检察机关职务犯罪自侦、自捕、自诉的不合理格局，也能发挥检察机关的侦查监督职能，从而整体增强司法反腐的公信力。另外，通过程序方面的规定来规范监察机关的职务犯罪调查行为，如规定监察机关在收集、固定、审查、运用证据时，应当严格依据刑事证据程序和标准。

五是让监察权在阳光下运行。监察机关应当依法公开监察工作信息，接受民主监督、社会监督、舆论监督等各渠道监督，进而为形成科学有效的内部监督与外部监督有效结合的监察权规范运行的监督体系提供有利条件。

此外，学者童之伟建议应在法定形式的基础上创新监督方式：（1）在人大内部设立名为"监察监督委员会"的专门委员会；（2）在政协内部设立常设专门机构加强对监察委员会监察工作的监督；（3）在监察委员会下设立一个有广泛代表性、有足够实权，能够相对独立地活动的监察审查咨询委员会；（4）公民广泛行使和维护基本权利对监察机关权力的制约[1]；（5）诉讼监督。这些建议都代表了未来对监察权运行监督的拓展方向。

---

1. 童之伟：《对监察委员会自身的监督制约何以强化》，载《法学评论》2017 年第 1 期，第 5—6 页。

第二节
内部的监督制约

一、监察机构专业化和监察官职业化

（一）必要性和紧迫性

监察机关作为维护国家法律执行的专门机构，在全面推进法治建设进程中，担负着监督执纪问责的重要职责，既是国家权力制约监督体系建设的重要组成部分，又是深入开展反腐败斗争的重要保障，加强监察机关及队伍自身建设，显得尤为重要和迫切。加强对人员队伍的严格管理不仅是为了适应监察工作的新形势新任务，提高监督执纪问责质量和水平，更是强化自我监督、自我约束的重要方面：

一是从监察对象上看，其监察对象呈现执政骨干集中、权力责任集中的特点，掌握着政策制定、行政审批和监督检查等重要权力。各级权力机关是党代表人民执掌政权的重要阵地，肩负着从宏观上管理国家经济、政治、文化和社会事务的重要职能，是维护中央权威、确保政令畅通的第一道关口。纪检监察机关承担着维护党纪政纪、推进反腐败斗争的重要职责，如果监察人员素质不高，专业性不够强，就难以对这些权力实施有效的监督，很容易发生腐败问题和不正之风，同时在各行业各战线产生深刻影响。建设忠诚干净担当的队伍是监察机关的政治责任的必然要求。只有首先从严管好自己，严防"灯下黑"，才有底气和自信履行好职责，才有底气和能力把党风廉政建设和反腐败斗争不断引向深入，为新时代反腐败斗争不断巩固压倒性胜利提供坚强保障。

二是反腐败斗争形势的客观要求。通过梳理 2013 年至 2018 年全国纪检监察机关审查调查有关数据可以看出，反腐倡廉永远在路上。2013 年，全国纪检监察机关共立案 17.2 万件，处分 18.2 万人。2014 年，全国纪检监察机关共立案 22.6 万件，处分 23.2 万人。2015 年，全国纪检监察机关共立案 33 万件，处分 33.6 万。2016 年，全国纪检监察机关共立案 41.3 万件，处分 41.5 万人。2017 年，全国纪检监察机关共立案 52.7 万件，处分 52.7 万人。2018 年，全国纪检监察机关共立案 63.8 万件，处分 62.1 万人（其中党纪处分 52.6 万人）。从 2013 年至 2018 年的数据来看，立案总数连续五年增长，年增长率分别为 31.4%、46%、25.2%、27.6%、21.1%。2018 年的立案件数比 2013 年增加 46.6 万件。处分人数连续五年增长，年增长率分别为 27.5%、44.8%、23.5%、27%、17.8%。2018 年的处分人数比 2013 年增加 43.9 万人。由此可见，反腐败斗争形势严峻复杂，任务艰巨，责任重大。[1] 因此，必须加强监察机关自身的队伍建设，以严明纪律提升监察组织的凝聚力和监察队伍的战斗力，才能取得反腐败斗争这场"持久战"的最终胜利。

三是解决了老问题，一个可能的新问题就会出现——监委会权力"膨胀"，不受制约。监督机构的较大权力和权威是一把双

---

1. 中央纪委国家监委网站：《从 6 年 6 组数据看保持惩治腐败高压态势》，http://www.ccdi. gov.cn/yaowen/201902/t20190221_188965.html。

刃剑，用得好可以有效地打击、遏制腐败，但如果缺乏监督，就会成为新的腐败源头。十八大以来查处的中央纪委第四纪检监察室原主任魏健，广东省纪委原副书记、监察厅原厅长钟世坚，山西省人大常委会原副主任、山西省纪委原书记金道铭等纪检干部违纪违法案件就是监督权力缺乏监督的后果。防止新问题产生的措施之一，就是要切实加强监委会的自身监督。

（二）加强的重点及路径

"徒善不足以为政，徒法不足以自行。"确保国家监察权属性，使之运行不偏离法治轨道，不仅需要完备的法律制度体系，也需要高效的法治实施体系，而法治实施的核心和主体在于"人"，在于执行监察法律规定的监察主体。监察权具有较强的政治属性，是一种集合式的、专司监督的专门性权力，监察工作因此也是一项政治性、专业性、综合性很强的工作，需要高素质的干部队伍。监察官作为国家监察权的行使主体，其职业素养直接关系到国家监察权的统一高效运行。

由于监察工作人员涉及监察事务的领域包括经济、建筑、法律、审计等，这就对监察工作人员的专业素养提出了较高要求。如在美国等国家，监察长在任命和雇佣下属的时候，不仅要求具备相关的专业知识，而且注意从有关部门内部雇佣人员，如联邦调查局、会计局、财政部等，这些单位的人员大多具有监督调查的丰富经验。[1]具体来说，对监察机关队伍建设有以下几点要求：

---

1. 刘明波：《国外行政监察理论与实践》，山东人民出版社 1989 年版，第 224 页。

第一，加强政治道德素养的要求和培养。道德定力是政治定力的基础，"职业伦理越发达，它们的作用越先进，职业群体自身的组织就越稳定，越合理。"[1]正如习近平总书记强调，执纪者必先守纪，律人者必先律己，要求纪检监察干部做到忠诚坚定、担当尽责、遵纪守法、清正廉洁。在组建新的纪检监察办案队伍过程中，需要以更高更严的标准、更科学管用的方法来遴选办案人员。所谓"私德不修，公德不彰"，应加强对道德品质考察的权重和培养的力度。[2]对新进人员严格核查档案、要求本人作出守法守纪承诺，对不适合从事纪检监察工作的，坚决不予录用、不予选调，把那些政治上靠得住、群众公认、敢于监督、善于监督、勇于担当的优秀纪检监察干部选用起来。对新任用提拔的监察干部，个人报告事项"凡提必核"、干部档案"凡提必审"、信访举报"凡提必查"。

第二，新进人员严把专业入口关。提高监察官执业准入，在学历背景、专业知识、工作经历、年龄层次等方面提出更高更严格要求。畅通从政法学院、行政管理学院毕业生中挑选优秀学生充实到监察队伍的机制；吸收一批谙熟经济、法律、金融、微机管理等方面的专门人才。实践证明，通过司法一元化的严格考试制度及司法研修制度，保证了法官、检察官和律师法律等职业群体具有高度的法律专业素养。应将通过法律职业考试，取得法律

1.〔法〕爱弥尔·涂尔干：《职业伦理与公民道德》，渠东、付德根译，上海人民出版社 2006 年版。
2. 传承中国古代产生言官、监察官的方法，对纪检监察办案人员延伸考察其对待父母孝敬、对配偶忠诚及对子女管教等方面的有关情况。

职业资格作为新进办案监察人员的准入任职条件，这是全面提升监察机关办案专业水平，全面防止冤假错案和权力滥用的必要条件。[1]

第三，注重专业素养提升，盘活人员"存量"。国家监察权的监察手段需要由专业人员来实施监督、调查和处置，需进一步明确任职条件与任职资格。[2]可根据职务犯罪侦查需要建立一支具有刑侦专业知识和财会、计算等技能的专业队伍。[3]通过建立定期到纪检监察学院接受专业培训的制度机制，系统轮训各级监察机关领导和培训各类专门监察人才，加强对监察人员政治素养、业务知识学习及业务技能的训练尤其是调查处置能力素质的培训。同时注重优秀人才的引进。为了保障监察工作的专业性水平，应当把尤其是法律、财会、审计、金融、公安等领域的精英吸收到监察官队伍中。保障优秀人才"留得住"，夯实根基利长远，在政法学院的法学学科下设置监察法方向、在管理学院的管理学科下设置监察学方向，加大监察专业人才的培养力度。

第四，强化现代公职人员激励理论的运用。香港廉政公署的各级专员大多自行招聘，以灵活的合约方式雇用各类高水平的专

---

1. 2015年，中共中央办公厅、国务院办公厅印发《关于完善国家统一法律职业资格制度的意见》，将司法考试改为"法律职业资格考试"。这一变更意味着该考试的适用范围已经由法院、检察院、律师这一"司法共同体"，扩大至其他与法律有关的职业。对于监察委员会而言，职务犯罪调查权原本就来自检察权，反贪局、反渎局转隶之后，这一职业要求应该继续保留。因此，可以预见，未来监察委员会监察员（或调查员），必须通过国家统一的法律职业资格考试。
2. 王孟嘉：《法治轨道上的国家监察体制改革论思》，载《暨南学报》（哲学社会科学版）2017年第11期，第81页。
3. 谢登科：《论国家监察体制改革下的侦诉关系》，载《学习与探索》2018年第1期，第76页。

业人才，其经济待遇高于政府部门同级公务员。新加坡对进入反贪污调查局的人员也实行严格的准入制度，具有公正不阿、不徇私情、铁面无私而又精明强干的品质，虽然属于国家公务员，但其工资高于政府其他部门同级公务员。香港廉政公署重视对职员进行专业培训，有自己的训练学校，也派人到政府部门或外地受训，每年都有与海外同类机构互派人员交流的计划。应当吸收借鉴激励理论的先进成果和域外有益经验，通过内在激励与外在激励、物质激励与精神激励、正面激励与负面激励的有机结合等有效的制度安排，切实把优秀人才吸引到监察队伍中来，让人才在监察岗位上受到尊重和重视。建立和完善体现监察机关特点的绩效考核、领导干部考核评价办法，建立健全纪检监察干部队伍特色文化激励机制，增强监察干部对监察事业的自豪感、责任感、使命感和对纪检监察工作的职业认同感。

第五，需加强监察官立法。"小智治事，中智治人，大智立法。"[1]法律是治国理政最大最重要的规矩。监察官制度作为社会主义法制体系的重要组成部分，同样须通过立法的方式予以规范，为监察官行使国家监察权提供根本性的制度保障。考虑到《监察法》的容量和立法的科学性，上述关于监察官的选任问题可考虑通过制定专门的《中华人民共和国监察官法》来解决，不用全部体现在《监察法》中。《中华人民共和国监察法》第十四条规定，国家实行监察官制度，依法确定监察官的等级设置、任免、考评和晋升等制度。

1.《习近平在中共十八届四中全会第二次全体会议上的讲话》(2014 年 10 月 23 日)。

从职业立法来看，国家制定了《法官法》《检察官法》，司法改革确立了法官、检察官单独职务序列、工资、福利与退休制度。实践证明这有利于保障法官、检察官的职业尊严和职业荣誉。[1] 应借鉴《法官法》《检察官法》的立法技术和司法体制改革的经验，制定统一的《国家监察官法》，推进监察官监察规范化、专业化、职业化建设。中央纪委今年将研究起草监察官法，依据监察法的基本规定，对监察官履职的政治、道德、廉洁等要求作出明确规定。[2] 实现监察官权力、责任、义务、担当的有机统一。可以想见，《国家监察官法》将立足我国的历史文化传统，在吸收国（境）外有益经验的基础上，适应当下深入推进国家监察体制改革和反腐败工作的现实需要，为形成具有中国特色的监察官制度体系提供强有力的法律制度保障和支撑。

二、内部合理分权形成相互制约

（一）职能分离原则

2018 年 3 月 28 日，习近平主持召开中央全面深化改革委员会第一次会议并发表重要讲话，强调"要强化自我监督，在内部形成相互制约的机制，把权力关进制度的笼子"[3]。国家监察体制改

---

1. 徐汉明：《国家监察权的属性探究》，载《法学评论》2018 年第 1 期，第 24 页。
2. 瞿芃，孙灿：《今年将研究起草政务处分法监察官法》，载《中国纪检监察报》2019 年 2 月 15 日，第 1 版。
3. 央视网：《深化国家监察体制改革，习近平这十句话意蕴深远》，http://www.xinhuanet.com/2018-12/15/c_1123857931.htm。

革前的纪检监察室"既有对领导干部的日常监督权,还有发现问题线索后的立案审查权、立案后的调查取证权",集多种权力于一身,容易使纪检监察室干部成为被利益集团"围猎"的对象,进而滋生腐败问题。[1] 党的十八大以来,党中央高度重视对纪检监察机关内部组织结构的创新及调整,在推进纪检和监察体制改革的同时,同步探索内部机构改革,创新组织制度,调整内设机构。[2] 由此可见,建立权责明晰、运转高效的组织制度和工作机制,是强化对监察权的内部制约、促进监察机关依法履行职责的有效方式,也是纪检监察体制、机制改革的一个重要方面。

将纪检监察机关各部门的职责分开,建立监督、审查、案件审理等各环节相互协调、相互制约的工作机制,是改革的基本思路。建立这一工作机制的目的在于解决"权力过于集中"的问题,通过将监督权分散于不同部门,形成彼此间既分工、配合,又相互制约的关系,有助于强化对各部门的内部监督及控制,防止出现私存线索、串通包庇、跑风漏气、以案谋私等"灯下黑"问题。《监察法》明确规定,监察机关应当建立问题线索处置、调查、审理各部门相互协调、相互制约的工作机制。

监察机关各部门应当各司其职,相互配合。这彰显了职能分离原则,该原则的法理基础是分权理论。分权一方面指的

---

1. 颜新文:《探索执纪监督和执纪审查部门分设——建立健全内部协调制约机制》,载《中国纪检监察》2017 年第 12 期。

2. 王岐山:《推动全面从严治党向纵深发展 以优异成绩迎接党的十九大召开——在中国共产党第十八届中央纪律检查委员会第七次全体会议上的工作报告》(2017 年 1 月 6 日),载《人民日报》2017 年 1 月 20 日,第 4 版。

是国家权力分属不同的国家机关行使，另一方面是指在同一国家机关内部，不同的机构、人员分别行使不同的权力，如调查权、审查权、裁决权的分离等。按照《中国共产党纪律检查机关监督执纪工作规则》第十一条规定，市地级以上纪委监委实行监督检查和审查调查部门分设，监督检查部门主要负责联系地区和部门、单位的日常监督检查和对涉嫌一般违纪问题线索处置，审查调查部门主要负责对涉嫌严重违纪或者职务违法、职务犯罪问题线索进行初步核实和立案审查调查；案件监督管理部门负责对监督检查、审查调查工作全过程进行监督管理，案件审理部门负责对需要给予党纪政务处分的案件审核把关。

监察工作的各个环节由不同部门负责，即无需固定联系某一地区或部门，能够避免长期接触从而产生利益瓜葛。以浙江省为例，作为最早的试点省份之一，浙江省在省市两级纪委、监察委的机构设置上，积极推进"执纪监督和审查调查职责分开、部门分设"；改革后，省纪委、监察委共设 13 个纪检监察室，"其中 7 个为执纪监督部门，6 个为审查调查部门"[1]。按照监督、审查分设的思路，北京市纪委、市监委机关设立 17 个纪检监察室，其中 8 个室负责执纪监督，8 个室负责执纪审查，第 17 纪检监察室负责追逃追赃和防逃工作。[2] 执纪监督部门负责联系地区和部门

---

1. 张磊：《改革，不止于挂牌——浙江开展国家监察体制改革试点工作纪实》（下），载《中国纪检监察报》2017 年 6 月 14，第 1 版。
2. 杨红：《被监察者的权利及其保障研究》，载《行政法学研究》2017 年第 6 期，第 74 页。

的日常监督工作，执纪审查部门负责对违纪违法线索的初步核实和立案审查，没有固定联系地区和单位，实行"一事一交办""一案一受理""一次一授权"的办事原则，是职能分离原则的贯彻落实和生动实践。

（二）设立案件监管部门

为了进一步加强对监察机关各部门的监督，《监察法》第五十五条明确规定，要设立专门的案件监督管理部门，负责对调查、处置工作的全过程进行监管。结合本条规定，实践中，案件监督管理部门主要承担以下几方面的协调、管理职能：

一是履行线索管理的职能。案件监督管理部门负责对问题线索实行集中管理、动态更新和全程监控，线索来源包括信访部门移交的报案或举报信息、领导批示或交办的案件线索，以及其他职能部门按照规定移送的案件线索等。案件监督管理部门要履行好此项职能，关键是要忠诚、勤勉履职，严格依照规定的权限和程序开展线索管理工作。

二是履行监督检查的职能。为规范监察机关的调查、处置工作，案件监督管理部门应当对其他部门履行法定职责、遵守办案程序、处理涉案财物和保障监察对象合法权益的情况进行监督。目前，各地监察机关都十分重视发挥案件监督管理部门在提高案件处置效率、强化机关内部监督等方面的作用。例如，2017年，湖北省纪委、监察委的案件监督管理室共"收到问题线索拟了结件601件，初次审核未同意了结116件"，经过重新核实，有多人被立案审查。通过对承办部门建议了结的问题线索进行严格审核，有效地提高了管理质效。[1]

三是履行督促办理的职能。监察机关的案件监督管理部门对于上级监察机关交办的案件、领导批示交办的与案件有关的事项、根据批示需要转交下级监察机关或派驻（出）机构办理的案件，以及其他需要督办的事项，可以通过电话、发函、现场指示、约谈通报等方式，督促有关机关和部门严格按照规定的时限及要求办结相关案件和事项。

四是履行统计分析的职能。该职能主要是对案件及有关专项工作的情况进行统计分析，如对查办案件的数量、内容、形式、特点等进行分析，该项工作由案件监督管理部门归口管理、统一负责，分级汇总、逐级报送。

此外，除了上述四项主要职能外，监察机关的案件监督管理部门还具有其他职能，如有权对下级监察机关和派驻（出）机构的案件监督管理工作进行业务指导。

（三）机构职能分工

首先，由日常监督部门承担监察的反腐败监督职能，即监督依法享有公权力的单位的公职人员遵守廉政规范情况的职能。职能为对公职人员（公共单位）执行法律法规的情况进行监督，这部分主要承担原有党政风监督室的纠风职能。鉴于现代科学技术在监督检查中的广泛运用，日常监督部门发现违反廉洁纪律的问

---

1. 张家洪：《新形势下如何全面加强案件监督工作——落实监察法对案件监督管理工作的新要求（之一）》，载《中国纪检监察报》2018 年 3 月 28 日，第 8 版。

题线索后，统一移送给案件监督管理部门，涉及职务犯罪的问题线索由案件监督管理部门交由调查部门进行调查。

其次，由调查部门负责具体行使案件调查职能，即通过调取证据查明公职人员是否存在违反廉政职业规范的问题，以证明违纪违法问题是否存在，简言之就是"调取证据、查明事实"。这部分包含了改革后整合入监察机关的职务犯罪的部分侦查权。监察部门作为集中反腐败的专门部门，监察权作反腐败权，其调查权限应覆盖腐败任何阶段的问题，应享有从违反廉政纪律案件到腐败刑事犯罪案件的完整调查权。作为履行调查职能的核心部门，负责对廉政纪律的公职人员问题进行调查，承担现行纪检监察部门的纪检监察室和被并入的检察机关对职务犯罪的侦查权，按照调查问题性质的不同可内分为违纪案件调查室及涉嫌腐败案件调查室。调查部门立案调查终结的案件，移送给案件监督管理部门，再由案件监督管理部门交由审查部门进行审查。

最后，由审查部门负责对调查部门调查终结移送的案件进行审查，根据监察法律以及刑事诉讼法，确定是否给予纪律处分以及给予何种处分，并负责对违纪事实认定、违纪犯罪取证内容及手续、处理意见是否合法合规合理等进行审查并进行把关。对于涉嫌刑事犯罪立案调查的案件，经审查后决定是否移送检察机关审查起诉。在处分过程中，注意被处分对象的合法权益的保护，一是严格依法监察，严格依据法律法规对违纪违法问题进行适用；另一方面是对调查职能履行情况进行实质性审查监督，审查调查事实是否清楚、证据是否确凿、程序是否合规合法，对认为事实不清的可以退回调查部门补充调查，对事实清楚、定性不准

的可以直接更改处理决定以确保调查的公正性，保护被调查人的
合法权益。

（四）监察权规范运行的内控机制

从微观运行层面，应当围绕线索管理、初步核实、案件调
查、谈话提醒、责任追究等各个环节制定细密科学的工作流程和
操作规范，《监察法》第五十七条至五十九条，围绕利益冲突规
则，规定了相关的制度机制。

1. 利益冲突审查制度

利益冲突，指政府官员公职上代表的公共利益与其自身具有
的私人利益之间的冲突。这里的利益，不仅是经济利益，还包括
专业利益、个人声誉等。目前我国各个领域普遍存在利益冲突问
题，已成为引发腐败问题的重要根源。防止利益冲突被多数国家
视为有效预防腐败的前瞻性策略。此次监察法制定中引入防止利
益冲突原则，将积极推进廉政建设的总体成效。

在加拿大、美国、英国等国家反腐败立法中都引进了利益冲
突规则，针对官员财产申报、资产处理、回避、礼品和馈赠、离
职后的就业、经济投资活动等容易引发利益冲突的事项，进行了
严格、详细的规定。比如加拿大政府颁布《利益冲突章程》，并
针对现任和退休的公职人员制定了《公职人员利益冲突与离职后
行为准则》；美国的《利益冲突法》是一部刑事法律，规定了相
应的罚金刑和有期徒刑；英国针对高级官员制定了一项"利益声
明"制度，要求官员在参与决策之前首先说明拟决策事项是否关
联到个人利益。

我国从 20 世纪 90 年代开始，先后颁布了数十项具有防止利益冲突功能的规定，多以党内法规形式出现。如 1984 年《关于严禁党政机关和党政干部经商、办企业的决定》、1997 年《关于领导干部报告个人重大事项的规定》、1998 年《关于中央党政机关与所办经济实体和管理的直属企业脱钩有关问题的通知》、2007 年《关于严格禁止利用职务上的便利谋取不正当利益的若干规定》、2009 年《中华人民共和国刑法修正案（七）》，其中明确规定了国家工作人员的近亲属、离职的国家工作人员受贿的刑罚问题。2010 年 2 月 23 日中央颁布的《中国共产党党员领导干部廉洁从政若干准则》中，多处提出"公共利益发生冲突"的概念。在《公务员法》《审计法》《证券法》等涉及公务员行为规范的法律法规中，也有关于禁止利益冲突的规定。据统计，中央和国家机关涉及防止利益冲突精神的法规和规范性文件大致有229 件。[1]

利益冲突审查制度构建的基础利益是公共权力的非公共使用，包括公共权力的递延化和期权化，是公共权力发生腐败的重要根源。[2] 基于防止利益冲突对预防腐败的重要影响，在监察委员会体制下，可以考虑在日常监督预防部门中设立"公职人员行为合规审查处"，专门负责对一定级别以上或重要岗位、重要职位的公职人员的利益冲突状况进行审查。作为一项常规性的年度审

---

1. 中共中央纪委办公厅：《中央和国家机关各单位关于防止利益冲突的法规和规范性文件目录》，载《中纪办通报》2012 年第 13 期。
2. 庄德水：《公共权力腐败的利益冲突根源》，载《中共中央党校学报》2011 年第 8 期。

查制度，主要审查内容包括：一是财产及财产性利益审查，包括公职人员及其主要家庭成员的年度收入、资金交易、收受馈赠、重大资产变更等情况；二是与利益有关的外部行为审查，包括公职人员的兼职、配偶、子女就业、处理亲属关系等；三是离职后的从业限制审查；四是职前的从业审查。经审查发现存在利益冲突的，应当要求公职人员在规定时间内说明理由并消除利益冲突状态，否则启动调查程序，由调查部门进行全面审查，并作出相应处置。[1]

2.办理监察事项报告备案制度

《监察法》第五十七条规定了办理监察事项报告备案制度，加强对调查工作的过程监管，通过监察人员之间相互监督及知情人的社会监督，防范调查权的滥用，从源头上、从制度机制上防止出现跑风漏气、办私案、办人情案等问题，将监察人员在监察工作中的违法风险防患未然、抓早抓小，这从某种程度上也体现了对监察干部的严管厚爱。登记备案制是党的十八大以来纪检监察工作的经验教训、借鉴相关有效做法而创设的一项制度。调查人员与被调查人员、涉案人员及其特定关系人是同学、朋友或者曾经是同事的，本人应当主动报告，符合回避情形的按要求主动申请回避；其他监察人员发现调查组成员存在上述情形的，应当及时向审查组组长、审查部门主要负责人等相关负责同志报告并登记备案，备案应当进行编号，备案的目的在于督促监察人员依

1. 钱小平：《监察委员会监督职能激活及其制度构建——兼评〈监察法〉的中国特色》，载《华东政法大学学报》2018年第3期，第47页。

法履责。有了这一制度作为保障，一方面，监察人员在办理监察事项时将更为谨慎小心，公平公正；另一方面，也利于监察人员排除一切非法干扰，不偏不倚、客观公正地履行职责。

3.办理监察事项回避制度

回避制度在我国有较为悠久的历史，宋代就系统建立了专门针对监察职务的完整细密的回避任职制度，其中包括了避宰相之亲（新宰相上任前经他推荐的或其亲属担任监察官职务的，必须调离监察岗位）、避同台之亲（在御史台、谏院、监司等机构内部上下级之间存在亲属关系的，只能一人留任，其他人员必须调离）、避台谏之亲（各监察机构内部有亲属关系的人，不能同时分别在御史台、谏院任职）的避亲制度及避监司之籍（作为地方监察官、监司及其各级属官，不得由本地人担任）的避籍制度。[1]

任职回避。按照世界各国普遍立法经验，为防止利益冲突都实行任职回避制度。有地缘回避，如古代郡守、县令等地方长官不得到原籍任职的制度；也有亲缘回避，即在一定范围内的血亲及姻亲之间特定职务关系中的回避。各国公务人员管理立法中都普遍确立了回避原则，一般对有夫妻关系、直系亲属及三代旁系亲属血亲及有利害关系的姻亲的官员，不得形成上下级之间的直接领导关系，或若其中一方是监察工作、财务工作、审计工作的负责人，对另一方具有监督权、财务监管权的情况下，不得将另一方安排在同一个单位工作，甚至还有国家规定议员应在涉及

---

1. 参见王正：《监察史话》，社会科学文献出版社 2011 年版，第 109—110 页。

与个人利益具有直接关系的表决时进行回避。除任职回避制度之外，同样，岗位轮换制度的意图在于避免公务员在一个部门时间长了形成利益冲突及利益固化从而影响监察中立性、公正性原则的问题，有的国家立法规定在政府机关特别在一些重要的、有实权的岗位一定任期期满后要进行岗位交流。

公务回避。监察人员在办理监察事项中，对与案件处理相关监察事项相关的如监察对象、检举人及其他有关人员存在亲缘或其他利害关系的，需退出相关工作以防止事项的不公正处理，从而维护监察工作的公正性和权威性。我国《公务员法》《刑事诉讼法》《行政诉讼法》相关条款都对公务回避作出了规定，相对于人事回避，公务回避是短期的。

自行回避与申请回避。自行回避是指办理监察事项的人员在接受承办案件任务时或承担调查工作过程中，发现自己存在规定需回避情形，主动向有关部门或负责同志提出不参加或不继续参加查办本案的请求。申请回避是指监察对象、检举人及其他有关人员发现参加办理监察事项的人员符合回避条件，应当回避而不自行回避时，有权以口头或者书面方式向有权机关或负责同志提出申请，要求其回避的一种方式。这里的其他有关人员主要指被监督人、被调查人、被处置人、检举人、证人以及与案件的处理结果可能有某种利害关系的其他人员。

国家监察法第五十八条规定了四种需回避的情形：一是监察对象或者检举人是近亲属的，二是担任过本案的证人的，三是本人或者其近亲属与办理的监察事项有利害关系的，四是存在某种影响案件公正处理的其他关系。其中，回避制度的核心为利益冲突规则的运用，值得注意的是，调查工作是决定查清案件事实及对案件定性的关键环节，关涉到被调查人监察对象应当承担何种责任、受到何种处置的重大事项，因此，适用回避制度的监察人员主要是指调查人员，但线索处置、日常监督、审理等各部门人员如果存在可能影响相关工作等情形的，也应当主动回避。监察人员回避后，不得参加有关调查、讨论、决定，也不得以任何形式施加影响。对于监察人员应当回避而拒不回避的，属于违反法定义务的行为，监察机关应当对其进行提醒教育，情节严重的，应依法依纪进行严肃处理。

4. 脱密期管理制度

"脱密期管理"是指在一定期限内，从就业、出境等方面对离岗离职涉密人员采取限制措施。监察工作尤其是对公职人员职务违法、职务犯罪调查的工作涉及大量国家秘密和工作机密时，要严格防范监察人员工作中接触的秘密因人员流动而流失造成不利影响，脱密期管理可使保密责任与不因监察人员离岗离职而消失。脱密期中的相关人员要严格遵守保密法律和纪律，在脱密期内自觉遵守保密承诺及就业、出境等方面的限制性要求，责任部门和单位也要切实加强对离岗离职后涉密人员的教育、管理和监督。

5. 离职、退休后从业限制

监察人员掌握监察权，不仅要对监察人员在职期间的行为加以严格约束，而且也要对监察人员辞职、退休后的行为作出一定的限制，避免监察人员在职期间利用手中权力为他人谋取利益换取辞职、退休后的回报，或在辞职、退休后利用自己在原单位的影响力为自己谋取不当利益。为增加反腐败合力，此次国家监察体制改革整合了原有的行政监察及司法工作中职务犯罪侦查权等权力，机构和人员也涉及相关整合，因此，对监察人员辞职、退休后从业限制的范围不仅限于监察工作，还包括与司法相关的工作，就是为了对整合前从事司法工作的相关人员也进行从业限制，防止遗漏。因此，监察人员应当履行谨慎注意的义务，在辞职、退休年内，如果打算从事的职业与监察和司法工作有关且可能引致他人怀疑与原工作内容产生利益冲突的，应当事先征求原单位意见。

除以上监察权规范运行的内控机制外，监察立法细化、深化的方向包括但不限于：一是围绕执纪审查相关的关键环节，建立健全重要问题线索集体研讨排查与处置结果集体讨论制度；二是实行案件办理调查与审理分离，随机抽取案件调查小组成员进行临时组合；三是谈话效果定期不定期考察并动态监控；四是对认定不构成违纪行为决定不予查处、构成违纪行为但依纪依规可免于处理案件，实行严格的报批制度，案件审查实行回避制度等。

第三节
社会监督

一、依法公开

"阳光是最好的防腐剂"是民主政治的一条"铁律"。党的十九大报告指出，要加强对权力运行的制约和监督，让人民监督权力，让权力在阳光下运行。"公开透明"是加强对权力运行制约监督、让人民监督权力的重要基础，也是外部各级各类社会力量开展监督的必要条件。

权力不仅要规范公正运行，还应当以"看得见"的方式行使，才能增强其公信力和说服力，也更能便于人民行使监督权，使民主监督成为现实。要让人民监督权力，必须保障参与这个前提，而参与的前提是公权力运行的公开与透明，"暗箱操作"从根本上排斥和否定了民主监督，公开化、透明化是现代政务活动乃至规范所有公权力运行的主流选择。

为更有效地监督政府及其公务员，很多国家推行"阳光"法案，也称为透明政府制度，要求政府活动公开化，办事具有透明度，便于社会进行监督。"阳光"法案主要有政府和官员的公务活动及个人活动、共同文件公开、公务合同签订的实情、土地信托，竞选资金、政府官员财产和收入公开等内容。即除少数涉及外交、国防机密等不宜公开的事项以外，一律将全部官方文件和公务事宜向公众开放，公开具体事项、程序和结果。

随着我国民主法治进程的推进，党中央、国务院日益重视政务公开、党务公开工作，出台系列信息公开政策法律保障信息公开工作的持续深入推进。2008 年 5 月，施行《中华人民共和国政府信息公开条例》，切实提高了政府工作的透明度，在促进依法行政，建设法治政府方面起到了积极促进作用。随着改革深入和信息化发展，针对难以满足公众不断增长的政府信息公开需求的现状及在实施过程中遇到的突出新问题，2019 年 4 月，该条例进行了修订，其第五条明确了"以公开为常态、不公开为例外"的原则，规定"除法律、行政法规另有规定外，政府信息应当公开"。2017 年 12 月 20 日起施行的《中国共产党党务公开条例（试行）》为做好党务公开工作提供了基本遵循，标志着党务公开工作全面走上制度化、规范化、程序化轨道。

监察工作信息公开利于推进整个民主政治制度的进程，对于监察职能的有效发挥具有非常重要意义。一是可以将监察机关及其工作人员的活动置于人民群众的监督之下，促使监察机关及其工作人员廉洁从政，公正办事，确保监察权的"阳光"运行；二是将监察的任务和困难"告诉"给人民，争取人民群众和社会各界的广泛支持；三是也可使更广大的被监察者从中受到教育，受到震撼，吸取教训，利于日常监督工作的有效开展。

下一步，应采取有效措施进一步增强监察工作信息依法公开制度，进一步建立健全监察工作信息发布机制，在主流媒体和主要网站第一时间发布监察工作信息，主动公开工作流程，自觉接受人民群众和新闻媒体监督。尤其是对于社会普遍关注、涉及人民群众切身利益的重大案件查办等工作，监察机关要严格执行信息公开规定，及时将有关情况公之于众，保障公民的知情权，及时回应社会各方关切。

二、民主监督

党的十九大报告强调，要改进自下而上的民主监督。民主监督主要指人民政协或各民主党派等主体对监察机关及其工作人员的工作进行的监督。指参加人民政协的各民主党派、无党派爱国人士，各人民团体和社会各界爱国人士，就国家和地方的重要事务提建议、意见和批评，其中主要是对执政的中国共产党和政府的监督，是民主监督、法律监督、社会监督中的重要力量，对权力运行同样具有制约监督作用。

党的十九大报告指出，加强人民政协民主监督，重点监督党和国家重大方针政策和重要决策部署的贯彻落实。人民政协的民主监督不同于一般的社会监督和舆论监督，其集中体现了中国特色政治民主和协商合作精神，是我国政治监督体系中不可或缺的重要组成部分。政协监督开展的依据为政协的章程，是民主监督的一种特殊形式，各民主党派的社会联系广泛，能反映各方面的真实情况，在履行监督职能的过程中充分汇集了来自社会各方面的不同意见，利于推动社会主义民主政治建设的进程。因此，依法积极保护政协委员的监督权利，扩大政协委员的知情范围和参与程度，创造宽松、和谐的环境，切实保障政协委员提出意见和批评的权利，利于有效发挥政协组织的监督作用。

民主党派的监督属于广义的民主监督范畴，主要通过批评、建议和提意见的方式来实现对中国共产党的监督。《中国共产党党内监督条例》第三十八条强调："中国共产党同各民主党派长期共存、互相监督、肝胆相照、荣辱与共。各级党组应当支持民主党派履行监督职能，重视民主党派和无党派人士提出的意见、批评、建议，完善知情、沟通、反馈、落实等机制。"政协监督与民主党派监督属于非国家权力监督，与其他国家权力监督相辅相成，保障了监督形式和监督渠道的多样性。在中国特色社会主义的法律体系下，我国的民主党派与执政党均以宪法作为根本活动准则，依法享有平等的法律地位。因此，各民主党派开展工作也具相对独立性。各民主党派的基本监督形式主要包括组织调研和受邀参与调研、提案、参事、特约员等。因此，应健全完善民主党派的监督机制，保障民主党派监督的规范化、程序化、实效性。

三、公民监督

公民监督主要是以行使宪法保障的公民的政治参与权与民主监督权为主的监督。有研究者认为，中国封建传统文化糟粕中存在着"贪渎文化"，这种贪渎文化的典型表现为"臭豆腐"心理，即"别人捞便宜，则臭；自己得实惠，则香"，这种社会心理和文化氛围的形成是一种对反腐不利的环境因素，使得公民对腐败问题的宽容心理和非理性认识增多。因此，反腐败还应提升全体公民普遍廉洁素质，营造整个社会的廉政氛围，引导民众强化"公私有别"、官员"克己奉公"的观念，提高公民监督的意识和能力。

按照宪法公民权利基本理论及原理，公民权利大致可概括为自由权、平等权、参政权、生存发展权、民主监督权及权益保障权这六方面。我国《宪法》第三十五条规定："中华人民共和国公民有言论、出版、集会、结社、游行、示威的自由。"言论、出版、集会、结社、游行、示威这类权利属于公民参政权。第四十一条规定："公民有对公共管理提出批评、建议的权利，有对国家公职人员的公务活动中的违法行为或不当行为进行检举、申诉和控告的权利。"批评、建议、检举、申诉和控告这类权利属于公民监督权。

公民监督权主要指的是根据现代政治契约和人民主权原则的原理,全体公民委托专门监察机关或上级国家机关监督下级国家机关,然后公民保留"监督者"的权利自己行使,只有公民作为"原始"和"最后"的监督者,才能从源头上堵住从政道德的风险和行为。因此,强化公民监督的实质在于通过激发人民群众监督的主动性和积极性,发挥人民群众在监督中的主体地位。

随着改革开放和现代化建设的发展,全面依法治国的进程将不断深入推进,公民的民主法治意识、对权利和利益的保护要求、对自身能力的发挥和自身价值的追求将不断提升。尤其随着市场经济的发展,社会多元化的形成和电子信息技术的突飞猛进,人民群众参与政治和民主管理的需求与能力变得越来越强劲。而党的十八大以来,各级纪检监察机关积极利用新媒体、新技术,不断畅通举报渠道,建立健全完善"一网一端一微"的立体化监督平台,有效发挥了群众监督作用。2013 年 9 月,中央纪委在官方网站开通"四风"问题举报直通车,此后举报量不断上升。在中纪委多次通报中表示"信访举报"是发现线索的主要渠道之一。

我国公民监督权利的有效实现过程,必将是一个中国民主政治不断发展和完善的过程。我国民主法治建设和国家监察体制改革积极主动地适应这一发展趋势,一方面,通过开展对公职人员行使公权力的监督,保障其在宪法法律设置的轨道上运行,维护好实现好发展好人民当家做主的各项法律权利。另一方面,通过畅通人民监督的渠道，汇集庞大的监督力量，使监察机关时时、事事、人人都受到监督，开启 24 小时全方位、全天候"探照灯"监督模式，真正使各种监察违法行为难有藏身之地，难以遁形。

有学者建议，在职务犯罪侦查权转移后，应考虑将人民监督员制度一并引入国家监察体制中，这既能形成对国家监察权的外部监督，又能拓宽公民参与权力运行渠道。[1] 在对人民监督员制度进行移植和改造时，需要关注人民监督员制度与监察制度的契合程度，确保与纪委的特邀监督员等制度有效兼容和整合。

四、社会组织的监督

有研究认为，从社会发展来看，由于中国目前缺乏一个相对成熟和强大的民间社会，以社团为代表的社会组织还不能在公共生活中发挥重要作用，因而，公共生活中无论大事还是小事几乎都需要政府出面，政府在公共管理中具有较高的地位和极大的权威。

《监察法》的出台确立了反腐败立法的基础性和统领性作用，反腐败刑事政策模式也面临着由国家模式向"国家·社会"双本位模式转向的必要性，虽然当前《监察法》明确了国家反腐的刑事模式，但在法律具体实施中可以引入当前社会力量，形成国家与社会反腐的合力，构建"国家·社会"双本位的反腐败刑事政

---

1. 参见王孟嘉：《法治轨道上的国家监察体制改革论思》，载《暨南学报》（哲学社会科学版）2017 年第 11 期，第 84 页。

策模式。[1]

为了增强社会反腐的合力，应充分发挥其他社会团体的监督作用。自从英国经济学家舒马赫提出"小的是美好的"这样的经济学原则以来，"小政府、大社会"逐渐成为限制政府权力膨胀的社会普遍共识和一项重要原则。"小政府"以最精简的国家机构进行国家事务的管理，许多社会自治能管理的事务应交回社会手中由社会来做。我国古代道家的"无为而治"和儒家的"政简刑清"也彰显了此种思想。20 世纪 90 年代以来，国家权力已不是唯一的权力源泉与统治社会、治理国家的唯一权力。与之并行或作为其互补互动力量的，还有非政府组织的社会权力（或社会强制力）。

众多利益群体与社会组织、政府机构并存，社会权力与国家权力互补，是现代民主法治国家"多元化社会秩序"的特征。应充分发挥工会、共青团、妇联、居民委员会、村民委员会等群团组织的作用，进一步完善信访、举报制度。可以建立监察与信访制度的信息共享制度。以信访为监察提供信息和素材，以《监察法》确立信息管理平台或者传输系统，必将有助于形成各相关部门之间的协调和共同治理的良好层面。

五、舆论监督

舆论监督是指社会各界通过广播、影视、报纸、杂志、网络

----

1. 杨建顺：《国家监察体制改革十大课题》，载《中国法律评论》2017 年第 6 期，第 55—79 页。

等传播媒介，表达意见形成舆论，对监察机关及其工作人员的工作进行道义上的监督。从实践效果看，舆论监督较好地起到了针砭时弊、激浊扬清、促进问题合理解决与顺利解决的作用。其优势在于：监督主体、监督客体的广泛性，监督主体存在于各种社会阶层、群体甚至全体公民之中，监督客体包括党和国家的一切政务、一切涉及公共利益的事务，乃至社会思想、文化、风尚等各种现象；普遍公开性，通过新媒体可以使相关信息在较大的受众对象范围内进行披露和公开，公开的对象面更为广泛；传播的及时性、时效性或迅速性，舆论监督主要是依靠新媒体传播，监督意见表达快，产生的效果也快，可以短时间甚至第一时间引起社会各方高度关注以形成舆论压力，利于涉及问题的迅速解决。

在信息时代，作为当代社会主流的报刊、广播、电影、电视、网络等形式构建了现代信息传播体系，统称为"传媒"或"舆论"，这股力量被视为与立法、行政、司法三权并驾齐驱的"第四种权力"。实践证明，"第四种权力"的力量在推进公权力的规范运行中具有重要作用。正如赫胥黎所言："只要观察一下我们的周围，就可以看出，对人的约束力并非人对法律的畏惧，而是对他们同伴的舆论的畏惧。"这种畏惧源于其对荣誉感的需要，这种荣誉感来自外在的评价，也即公众舆论。报纸、电视、广播等传统媒体及网络新闻等新媒体中，涉及权力腐败问题的通告信息常常会引起监察机关的注意而开展调查。通过新闻记者依法履行采访权、报道权、批评权，使其成为勇于揭露公权力腐败问题的强大威慑力。

2016 年 2 月 19 日，习近平总书记在党的新闻舆论工作座谈会上强调，新闻工作者要遵守《中国新闻工作者职业道德规范》，特别是在互联网和微博微信盛行的"人人都是记者"的时代，新闻舆论监督不能成为个别新闻记者宣泄私愤的途径，更不能成为个别记者谋取私利的工具，要纠正新闻舆论监督中的缺位、失位、错位和越位现象。因此，要在法律允许的范围内，采用法律允许的方式，对监督对象进行舆论监督。在保持其真实性的基础上加强新闻立法，适度、有效赋予新闻媒体对腐败行为进行自由揭露、曝光及对廉政典型进行大力宣传、报道的功能，发挥舆论监督在反腐倡廉中的巨大威慑力。

党的十八大以来，以习近平同志为核心的党中央高度重视党的新闻舆论工作，多次研究有关问题，作出重要部署。习近平在党的群众路线教育实践活动总结大会总结活动经验时强调要"加强舆论监督，注重对比宣传，既发挥先进典型示范引领作用，又发挥反面典型警示震慑作用"。随着通信卫星及网络技术的发达，大众传播新媒体的政治监督作用也越来越大，已经成为当今世界一支强大的社会力量。新媒体时代，强大的智能移动技术为新媒体反腐创造了良好的条件，新媒体反腐已经成为反腐败工作的重要分支，体现出不可替代的政治价值。中国社会科学院新闻与传播研究所发布的《中国新媒体发展报告蓝皮书（2013）》指出，新媒体正成为主要的反腐倡廉事件的首次曝光媒体，首次曝光数量远远大于传统媒介。例如，原重庆市北碚区委书记雷政富、原陕西省安监局局长杨达才、广安市委原副书记严春风均因网络媒体的揭露而被查处。

第四节
人大监督

一、人大监督的特点

人大监督也被称为立法监督、国家权力机关的监督，在国家的权力体系中，人民代表大会在整个国家机构体系中居最高地位、发挥主导作用。与西方国家"三权分立"政体不同，我国的政体是人民代表大会制度。人民代表大会制度是我国的根本政治制度，是坚持党的领导、人民当家做主、依法治国有机统一的根本政治制度安排。人民行使国家权力的机关是全国人民代表大会和地方各级人民代表大会。监察法根据宪法修正案将行使国家监察职能的专责机关纳入国家机构体系，明确监察委员会由同级人大产生，对它负责，受它监督，拓宽了人民监督权力的途径，提高了社会主义民主政治制度化、规范化、法治化水平，丰富和发展了人民代表大会制度的内涵，推动了人民代表大会制度与时俱进。[1]

人大监督具有民主性、权威性、全局性等优势，是宪法和监督法赋予各级人大及其常委会的一项重要权力。人大的监督功能发挥的强弱，直接反映了中国政治民主化的程度。[2] 在我国，民主

---

1. 中共中央纪律检查委员会法规室，中华人民共和国国家监察委员会法规室：《〈中华人民共和国监察法〉释义》，中国方正出版社 2018 年版，第 36 页。
2. 莫吉武：《当代中国政治监督体制研究》，中国社会科学出版社 2002 年版，第 144 页。

集中制是一个普遍适用于国家政治生活的重要和基本的原则，根据我国《宪法》有关于民主集中制原则的规定，作为国家机关组织需要遵循的民主集中制原则，其内容之一即体现为国家权力机关和其他国家机关的关系方面，其他国家机关要由民选的国家权力机关产生，对其负责，受其监督。[1] 监察机关与人大立法机关的关系上，则表现为监察委员会由人大产生，对人大负责，受人大监督。主要表现为人大对监察委员会有关人员的任免。[2]

二、如何处理人大与监委的监督关系？

人大是依据宪法规定乃国家权力机关，是人民行使国家权力的载体，也是彰显社会主义社会人民性的最为重要的机关，其权力核心地位无可撼动，必须居于政权治理结构的中心地位，行政权、审判权、检察权、监察权都由其产生，并对其负责。如果人大不能进行有力、有效的监督，其他机构更难以发挥监督和制约作用。只有使人大成为监察委员会最大的监督力量，才能确保将监察委员会的权力关到制度的笼子里。

人大代表能否成为监察对象和人大监督与监察监督的关系如何处理是国家监察体制改革中的焦点问题。有学者认为由监察委员会对产生它的民意机关进行监督无异于"儿子"监督"老子"

---

1. 参见蔡定剑：《宪法精解》，法律出版社 2006 年版，第 171—172 页。
2. 参见蔡定剑：《中国人民代表大会制度》，法律出版社 2003 年版，第 344—346 页。

的悖论。

监察体制改革通过整合监察权，重构国家监督体制和宪法权力结构，形成了人民代表大会制度下的监督国家机关和监督国家机关工作人员的"二元"监督体制。"二元"监督体制中监督机关与监督人员既相互衔接配合，又彼此交叠牵制。其中对人大选举或决定的官员、人大代表中的党政领导干部的监督不能超出人大制度和代表理论的框架。总的原则是必须尊重人民代表大会的宪制地位，人大代表不能简单地被视为公职人员纳入国家监察的对象，对于人大代表的违法违纪问题应该建立特殊的惩戒制度。

具体而言，国家监察机关可以对人大进行监督，但这种监督只能是对人大机关专职工作人员的监督，对人员、对个体的监督，非对组织和对集体的监督。同时，在对人大代表涉嫌职务犯罪采取监察留置措施时，必须恪守宪法、组织法规定的对人大代表的特殊保护法律程序。[1]可以考虑参照相关法律的规定，赋予人大代表人身特别保护权，如在立法中规定需要对人大代表实施留置等可能严重影响基本权利的监察措施时，在大会期间应当提交大会主席团批准，在闭会期间应当提交人大常委会批准。[2]行政机关公务员处分条例还规定了前置程序，针对给予地方各级人大及其常委会选举或决定任命的公职人员撤职或开除处分，即在处分

---

1. 秦前红：《国家监察法实施中的一个重大难点：人大代表能否成为监察对象》，载《武汉大学学报》（哲学社会科学版）2018 年第 6 期，第 139 页。
2. 马怀德：《再论国家监察立法的主要问题》，载《行政法学研究》2018 年第 1 期，第 10 页。

机关作出决定前，先由有关机关依法对其进行罢免、撤销或免除职务。《公职人员政务处分暂行规定》第十一条也有类似的前置程序规定。

三、人大对监委的监督及法定化

按照宪法及人大监督法规定，人大监督主要方式有：听取和审议政府、国家机关的专项工作报告；审查和批准决算，听取和审议国民经济和社会发展计划、预算的执行情况报告，听取和审议审计工作报告；法律法规实施情况的检查；规范性文件的备案审查；询问和质询；特定问题调查；撤职案的审议和决定等。关于监察机关接受人大监督内容和形式的设计，既照顾了监察机关工作和政治属性较强的特殊性，也考虑到增强对监察机关人大监督的实效性。人大对监察机关实施监督的法定形式为专项工作报告、组织执法检查、行使询问、质询四项。此外，十三届全国人大一次会议通过的宪法修正案，规定人民代表大会对本级监委主任有罢免权。

有学者认为，现行人大监督还存在着监督弱化、监督不力、监督效果不明显等突出问题，具体表现为人大及其常委会在行使监督权时，较多采用听取汇报、审议、执法检查、视察等程序性的手段，对于质询、特定问题调查、罢免等刚性监督手段运用较少。人大及其常委会的监督范围有限，往往限定于对本级"一府两院"及其选举、任命的国家机关工作人员，而对其他政府部门的监督不够。[1] 人大监督方式多属于后置型和程序性的，现实中使用频率较低。"要从科学立法、人事任免、听取汇报、询问质询等多重维度加强人大对监察委员会的监督功能，未来一大趋势是通过有效行使全国人大及其常委会的违宪审查职能，进一步强化权力机关对监察机关的监督。"[2]

国家监察体制改革后，将监察机关独立于行政机关设置作为代表国家实施监察权的专责机构，一定程度可以弥补人大职能虚化的问题。[3] 另一方面，在政治制度框架中，要明确人大是民意代表机关，是最高权力机关这样一个认识和定位，要保证人大执行自己的监督权限，诸如质询、罢免等权限，特别是质询权应该经常性地行使，对"一府一委两院"实行经常性的、强有力的监督。

《监督法》作为一部就各级人大常委会监督工作进行的专门立法，其中监督的方式、程序和内容皆有着相当具体的规定。《监督法》规定的对"一府两院"的监督方式大多可以适用于监察机关。此外，相较于"一府两院"而言，监察机关对权力机关负责，以及权力机关监督监察机关的方式并不包括向人大作年度工作报告。"报告工作"这一举措在我国的政治实践中常被采用。我国《宪法》规定各级人民政府向本级人大报告工作，在人大闭

---

1. 庄德水：《国家监察体制改革的行动逻辑与实践方向》，载《中共中央党校学报》2017年第4期，第80页。

2. 秦前红：《我国监察体系的宪制思考：从"三驾马车"到国家监察》，载《中国法律评论》2017年第1期，第181—182页。

3. 沈跃东：《宪法上的监察专员研究》，法律出版社2014年版，第261页。

会期间向人大常委会报告工作;《人民法院组织法》《人民检察院组织法》规定了法院、检察院需要向同级人大及其常委会报告工作。然而,实践中,司法机关,尤其是法院向人大及其常委会报告工作却衍生了出一些问题,如报告被人大否决后发生何种责任并不明晰。在"让审理者裁判,让裁判者负责"的司法改革思路下,人大否决法院工作报告后不仅无法确定审判责任主体,还有可能导致权责归属不明。[1]

欲使《监督法》规定的监督程序和监督方式得以有效运用于权力机关对监察机关的监督,尚需对《监督法》进行相应的修改,增加对监察机关监督的相关内容。[2] 由于监察工作政治性、政策性较强,也较为敏感,预计人大监督法在修改时将按照对监察机关的监督做针对性的规定,具体制度细节也可能在今后制定的监察法规中进一步明确。如按现行《监督法》的规定,常务委员会有权听取人民政府、人民法院或者人民检察院专项工作报告并提出审议意见。人民政府、人民法院或者人民检察院对审议意见研究处理情况,应向本级人民代表大会代表通报并向社会公布。而鉴于监察工作的特点,研究处理情况是否需要向社会公布,以何种范围、何种形式公布则可作出更具针对性的立法设计。

---

1. 张泽涛:《法院向人大汇报工作的法理分析及其改革——以十八大以来法院体制改革为主线》,载《法律科学》2015年第1期,第57页。
2. 秦前红:《我国监察机关的宪法定位——以国家机关相互间的关系为中心》,载《中外法学》2018年第3期,第555—569页。

第四节
司法机关及执法机关的制约

一、相互配合、相互制约原则

司法反腐作为反腐的最后一道"屏障"，是社会公平正义的终极捍卫者，处理好监察权与司法权的关系在反腐工作中体现为应当理顺纪检监察机关与司法机关职务犯罪惩处中的合作、衔接关系。[1]在宪法第五次修正案及《监察法》中确立了相互配合又相互制约的原则。2018年修正的《宪法》第一百二十七条在确定监察独立原则基础上，界定了"监、检、审"三机关分工、配合、制约的宪法关系。制约和配合是一对矛盾统一的哲学范畴，在权力制约原则下相互配合是有限度的，配合是一种相互制约基础上的相互配合。《监察法》第四条第三款规定："监察机关办理职务违法和职务犯罪案件，应当与审判机关、检察机关、执法部门互相配合，互相制约。监察机关在工作中需要协助的，有关机关和单位应当根据监察机关的要求依法予以协助。"在十九届中纪委第二次全体会议上的工作报告中，中纪委书记赵乐际也指出，要"加强监察机关与审判机关、检察机关、执法部门的工作衔接，形成既相互配合又相互制约的体制机制"。

---

1. 参见马怀德：《预防化解社会矛盾的治本之策：规范公权力》，载《中国法学》2012年第2期，第51页。

相互配合又相互制约的体制机制的前提是二者具体依法、相对独立的地位。在反腐败工作中应当首先明确纪检监察机关与司法机关之间是协调与配合而非领导与被领导的关系，监察权与检察权都有各自相关独立的法定职能及法定权限范围，一旦监察机关调查结束认为构成犯罪移送司法机关以后，应当尊重和支持司法机关行使对犯罪行为的检察权和审判权，检察机关应当按刑诉法规定进行独立、自主的侦查起诉工作；法院进行独立、公正的审判。[1] 当然，从工作环节形成反腐合力角度上看，二者应当在权力行使时在职能配合和工作程序方面进行有效衔接，按照我国刑事诉讼法规定，行政机关在行政执法和查办案件过程中收集到的相关证据材料，可以在刑事诉讼中作为证据使用，改革后的监察机关更是如此。

此外，二者既相互配合又相互制约的关系还体现为当二者的管辖权发生冲突、重叠时的管辖主次原则。《监察法》第三十四条规定："被调查人既涉嫌严重职务违法或者职务犯罪，又涉嫌其他违法犯罪的，一般应当由监察机关为主调查，其他机关予以协助。"有学者认为，《监察法》第三十四条规定的管辖以"监察机关优先管辖"为原则，并不妥当。以主罪来确定管辖有利于案件的高效办理，是比较科学合理的，主罪和次罪的区分标准包括罪名、法定刑、犯罪情节等综合标准。

职务犯罪侦查权与起诉权在相互配合和相互制约中形成了一

---

1. 参见陈光中、龙宗智：《关于深化司法改革若干问题的思考》，载《中国法学》2013 年第 4 期，第 8 页。

种双向监督关系。但是，相较而言，监察委员会因其可直接对检察官职务违法违纪或者犯罪行为进行调查，对违纪违法行为甚至可直接给予处分，对检察官的监督则力度更大。因此，需要对检察院、法院等司法机关人员的监察调查权予以适当限定和控制，从而更好地保障双向监督机制有效发挥。[1] 因此，应当树立监察机关与司法机关配合与制约并重的理念。有学者认为应根据不同情形来处理二者的关系，即当涉及干预公民基本权利时，则应突出互相制约的关系，而在与基本权利无涉的场合，则应强调各主体间的配合，预防所谓"监察中心主义"现象。[2] 以实现准确执行法律、有效惩治犯罪和充分保障人权为目标，以保障宪法所确立的分工、制约和配合原则落到实处。

笔者认为，对权力进行有效制约不仅是现代政治文明的必然要求，也是依法治国的核心要义，更是监察体制改革的根本目标。监察机关、检察机关与审判机关作为国家权力体系的重要成分，基于职权分工肩负着各自的职责，三者在职务犯罪案件的办理中既存在前后办案流程的协作配合关系，也存在职权衔接过程中的互相制约关系。为防止三机关的关系陷入配合有余、制约失衡的局面，应在职能独立、分工明晰的基础上，建立健全衔接一致的互相配合和有效科学的互相制约的制度机制。

---

1. 谢登科：《论国家监察体制改革下的侦诉关系》，载《学习与探索》2018年第1期，第77—78页。
2. 参见王戬：《检察机关审查起诉与监察委调查案件的程序对接问题》，载《国家检察官学院学报》2018年第6期，第118—129页。

二、检察机关的监督制约

随着国家监察体制改革的深入推进，检察机关是否还保留法律监督机关属性是个首先需要回答的问题。2018年3月11日第十三届全国人民代表大会第一次会议通过的《宪法（修正案）》并没有改变检察机关属于国家法律监督机关的宪法地位。监察体制改革中最引人关注的改革内容之一应是原隶属于检察机关的反贪、反渎和职务犯罪预防等部门划归至监察委员会。检察机关的监督对象包括国家机关行为和国家工作人员。国家监察体制改革后，检察机关侧重于对诉讼监督和行政执法过程中国家机关行为的合法性的监督，而监察委员会则侧重于对公务人员的廉洁性进行监督。检察机关享有的监督权侧重于对法律实施情况的监督，即对"事"的监督；而监察机关的监督职能侧重于对公职人员的监督，即对"人"的监督。

国家监察体制改革后，检察机关的法律监督主要包括三项职责，即立案监督、侦查活动监督和审查批捕。监察机关职务犯罪案件线索，在案件定罪量刑方面不能施以意见，以保障司法权的独立行使和法律的公正适用。因此，司法监督主要是一种程序性的监督，通过检察机关对监察机关提起逮捕申请的批准权及职务犯罪行为的审查起诉权及对法院涉及职务犯罪的审判的抗诉、再审权来实施，通过审判机关退回补充侦查权的实施来进行。"国家监察委员会移交给检察院的案件，如果检察院认为不构成犯罪，有权撤案或者不批捕，这就是一种司法监督。对国家监察委员会作出的决定或者采取的措施，检察院有权实施法律监督，这也是一种司法监督。"[1]

（一）破解"侦检合一"迷局

大陆法系多采用"侦检合一"模式，侦查机关与检察机关互不隶属，具有各自独立的法律地位，侦查和起诉分别由警察和检察官承担，检察官对警察侦查活动没有任何控制力。学界主流观点认为，我国刑事诉讼中的侦诉关系具有双重性，即大多数刑事案件采取"侦诉分离"模式，侦查由公安机关承担，起诉则由检察院负责；而在国家工作人员职务犯罪案件中则实行"侦诉合一"模式，以往检察院不仅是职务犯罪的公诉机关，也是职务犯罪的侦查机关，因而产生了检察院职务犯罪中同体监督的困境。为化解这一矛盾，检察院在其内部机构设置上予以适当分权，各级检察院分别成立职务犯罪侦查部门、侦查监督部门、公诉部门，让不同职权在检察机关内部相对分离和独立。以层级化审批方式实现对职务犯罪侦查权和起诉权的监督制约，结构上呈现出一体化倾向。[2]

监察体制改革将检察机关原有的职务犯罪侦查权等权力剥离后划归至监察委员会，为明确检察机关职能划分、建立以公诉权为核心的检察制度改革提供了契机。《监察法》的颁布建立健全

---

1. 马怀德：《国家监察体制改革的重要意义和主要任务》，载《国家行政学院学报》2016年第6期，第21页。
2. 谢登科：《论国家监察体制改革下的侦诉关系》，载《学习与探索》2018年第1期，第72—73页

了监察机关与审判机关、检察机关、执法部门互相配合、互相制约的机制。改革后，由监察机关承担职务犯罪调查权，由检察机关负责审查起诉，即从根本上破解了以往职务犯罪侦查、起诉中检察机关"既当运动员又当裁判员"的困局。检察机关履行对职务犯罪侦查的法律监督，法院负责司法审查，形成对监察机关调查行为的双重监督，不仅能彻底改变对检察机关职务犯罪自侦、自捕、自诉的不合理格局，也能发挥检察机关的侦查监督职能，从而整体增强司法反腐的公信力。

（二）"不起诉"和"退回补充侦查"

监察调查权以国家监察权为基础，而检察侦查权则分别以检察监督权和审查起诉权作为权力基础。[1] 审查起诉是人民检察院对犯罪事实是否存在、是否应当追究职务犯罪嫌疑人刑事责任的认定，检察机关对罪刑法定原则的恪守与监察机关追究职务犯罪的目的具有一致性。

检察机关通过审查起诉来制约监察机关职务犯罪调查，监察机关调查职务犯罪收集的证据，依照刑事诉讼法审查犯罪事实是否存在、证据是否充分确凿、是否存在非法证据、犯罪性质和罪名是否准确。犯罪事实清楚、证据确实充分依法应当追究刑事责任的，检察机关作出起诉决定，由此进入司法审判程序。

《监察法》规定了检察机关对监察机关的法律监督，对监察

---

1. 吕晓刚：《保留检察机关部分职务犯罪侦查权的实践价值与有效实施》，载《新疆师范大学学报》（哲学社会科学版）2019 年第 3 期，第 75—77 页。

机关移送的案件，人民检察院有权退回补充侦查。监察法规定的补充核实是对证据的补充或者完善。经审查后认为证据还不能达到确实充分标准，或者证据的构成要素缺失，可退回监察机关补充调查。2018 年 10 月《刑事诉讼法》修订后，第一百七十条规定："应当退回检察机关补充调查，必要时可以自行补充侦查。"检察机关得以对监察机关的犯罪调查进行"结果制衡"，促使监察机关在行使权力的过程中符合相应的起诉标准，进而实现对监察机关的制约。在这种情况下，如果退回补充侦查则对应监察程序，适用监察法；如果由检察院自行补充侦查，则对应检察院的司法程序，适用刑诉法。补充侦查程序也并不是我国刑事诉讼程序中的必经程序，而是为弥补侦查程序的不足而启动的程序。[1]

检察机关只有在"必要时"方可自行补充侦查，但对于何种情形属于"必要时"，立法则没有予以明确。自行补充侦查的范围目前还有进一步研究的空间，需要制定更为详尽、更具操作性的细则性规范，相关的司法解释也需要对这一问题进行一定程度的对接，以充分发挥两大机关的优势互补，提升有效控诉的质量。[2]

监察委员会不提起公诉率和退回补充侦查率一定程度反映出检察机关制约作用发挥的程度。经对香港廉署移送案件的检控数及被警诫数相关换算统计，发现香港律政司在 1986 年至 2015

---

1. 陈卫东：《职务犯罪监察调查程序若干问题研究》，载《政治与法律》2018 年第 1 期，第 24 页。
2. 王戬：《检察机关审查起诉与监察委调查案件的程序对接问题》，载《国家检察官学院学报》2018 年第 6 期，第 1127 页。

年这 30 年期间律政司每年对廉署移交的案件不检控率为 18.7%，不检控率最低的一年也有 7.1%。在 2011 年至 2015 年期间，香港法院对香港廉署调查案件的定罪率分别为 88%、85%、78%、85%、82%，平均定罪率是 83.6%，即平均无罪判决率为 16.4%。并且，在 1975 年至 2014 年这 40 年间，香港地区每年贪污案件的无罪判决率介于 15% 至 39% 之间。无罪判决率维持较高水平一定程度上表明香港司法制度以审判为中心，香港法院对香港廉署调查权形成了有力制约。[1]2017 年 1 月至 8 月，北京、山西、浙江三个试点地区监察委共向检察院移送 219 个案件，涉及 281 人次。上述案件中，只有 2 件 3 人次被退回补充调查。[2]这组数据一方面反映出监察委办案较为扎实，另一方面也反映出检察院可能在退回案件方面尚未形成比较清晰的标准和操作规程。

（三）加强检察审查

第一，应当坚持非法证据的排除原则。监察法为实现与刑事诉讼法的衔接，规定监察机关收集证据应当与刑事审判关于证据的要求和标准相一致，以非法方法收集的证据应当依法予以排除，不得作为案件处置的依据。这一规定表明，监察机关在调查处置职务违法和职务犯罪过程中，适用非法证据排除规则。人民检察院对职务犯罪案件审查起诉时，必须适用刑事诉讼法上的非

---

1. 阳平：《论我国香港地区廉政公署调查权的法律控制——兼评〈中华人民共和国监察法（草案）〉》，载《政治与法律》2018 年第 1 期，第 35—36 页。
2. 马怀德：《再论国家监察立法的主要问题》，载《行政法学研究》2018 年第 1 期，第 13 页。

法证据排除规则。人民检察院认为监察机关收集物证、书证不符合法定程序，应当根据刑事诉讼法第五十六条之规定，要求监察机关予以补正或者作出合理解释，如果监察机关不能补正或者作出合理解释的，对该证据应当予以排除。

第二，审查犯罪情节与罪名。对于监察机关调查终结移送审查起诉的职务犯罪案件而言，检察机关需要根据刑事诉讼法和监察法的规定，通过协商与沟通的方式作出相关决定，既保障刑事案件起诉的质量和适用法律的准确性，又需要考虑职务犯罪调查的特殊性。检察机关对监察机关的制约符合一定的限度，必须与监察机关充分沟通并且在作出不起诉决定时提请上一级人民检察院批准；检察机关在审查起诉阶段除适用刑事诉讼法外，还应当在程序上遵守监察法，并且不能在监察机关的职务犯罪立案调查阶段进行监督和制约。[1]

第三，人民检察院对退回补充调查的案件，经过核实后，案件的犯罪事实与证明犯罪事实的证据仍然不能达到刑事审判要求的，应当根据刑事诉讼法第一百七十五条规定，依法作出不起诉的决定。有学者认为，在《监察法》第四十七条在不起诉问题上也强调了职务犯罪案件的特殊性，认为相比其他的案件类型，即使是非常严重的犯罪如危害国家安全罪等，也并未有特殊规定，《监察法》和《刑事诉讼法》在不起诉问题上应当保持一致。[2]可

---

1. 朱福惠：《论检察机关对监察机关职务犯罪调查的制约》，载《法学评论》2018年第3期，第13—21页。
2. 陈光中，兰哲：《监察制度改革的重大成就与完善期待》，载《行政法学研究》2018年第4期，第9—10页。

考虑进一步细化作出不起诉决定的法定条件，可以规定退回补充调查的次数以两次为限，每次补充调查的时间以 30 天为宜。对于二次补充调查的案件，人民检察院仍然认为证据不足，不符合起诉条件的，应当作出不起诉的决定。

三、是否应建立针对监察行为的司法审查制度

（一）申诉权、申辩权

申诉权为我国《宪法》和法律确认的基本权利，公务员的申诉权，是指公务员对涉及其本人的处分，有权依照法定程序向作出处分决定的机关或者其上级机关提出要求依法重新作出裁决。按照相关法律法规规定，公职人员不能通过行政诉讼的方式对监察委员会对自己的处分决定提起行政诉讼，可以依照《监察法》向监察机关提出复审和复核的请求。[1]

《监察法》第六十条规定了监察机关及人员侵害被调查人合法权益的申诉制度，调查工作对明确被调查人是否构成职务违法或者职务犯罪行为至关重要，规定本条的主要目的是强化对监察机关及其工作人员调查工作的监督管理，保护被调查人的合法权益不受侵犯。根据《中国共产党章程》第四条第六项、第四十三条，党员在被给予党纪处分决定前有权说明情况、申辩，以及请其他党员作证和辩护。按照纪检监察一体化建设的原则，被调查

---

1. 朱福惠：《国家监察法对公职人员纪律处分体制的重构》，载《行政法学研究》2018 年第 4 期，第 24—34 页。

的监察对象也应当有类似的申辩权。

建立独立受理申诉的复议机构，是域外的普遍做法，如美国的功绩制保护委员会、日本的人事院、法国的公务员最高委员会、英国的文官申诉委员会和惠特利委员会等。[1]

（二）可诉性分析

要对监察行为或监察决定提起行政诉讼，需解决的一个关键问题即监察权是否属于行政权。最高人民法院在《对孙德金诉海南省监察厅行政赔偿一案应否驳回上诉的请求的答复》中就认为，行政监察行为属于内部行政行为，不属于行政诉讼的受案范围。当然，《监察法》中的监察机关成为一个独立于行政机关的国家机关后，内部行政行为理论是否还对其适用呢？这仍取决于监察权的性质。[2]

笔者认为，组织机构的独立并不必然意味着其权力性质的不同，同一种性质的权力完全可能交给相互独立的组织来行使，比如立法权，既可以由立法机关行使，也可以在一定情况下由行政机关即政府行使。再者，也涉及对什么是"行政权"的理解。"行政"历来有形式意义和实质意义的区分。前者是指只有行政组织的活动才能称为行政活动，而实质意义的行政权更为注重行政权的事先性、主动性、拘束性、公益性、目的性、具体性、层级性等内在特征。

1. 杨红：《被监察者的权利及其保障研究》，载《行政法学研究》2017 年第 6 期，第 76 页。
2. 王锴，王心阳：《如何监督监督者——兼谈对监察委员会的诉讼监督问题》，载《浙江社会科学》2017 年第 8 期，第 15 页。

从实定法来看，我国更多是采纳实质意义的行政概念。比如《行政诉讼法》规定，行政行为包括法律、法规、规章授权的组织作出的行政行为。由此可见，并非只有行政机关才能从事行政活动，即使是非行政机关的组织也可以做出行政行为。所以，即使监察委员会不作为行政机关，也不妨碍其成为行政诉讼的被告。同时，鉴于监察委员会实施的冻结、查封、扣押、留置等措施涉及对公民财产及人身基本权利的限制，如果不能对其提起诉讼将对国家公职人员的权利保护不利。[1] 况且，即使我们基于特别权力关系和内部行政行为理论排除国家公职人员对监察行为提起诉讼，也无法排除非公职人员或者公民对监察行为提起的诉讼。

（三）特别权力关系与法律保留原则

有观点认为监察主体与监察对象的关系非同公权力机关与公民之间的关系，而是一种另类的权力关系，即"特殊权力关系"。被监察的对象，他们与所在单位组织的关系属于一种特殊权力关系。

按照特别权力关系理论，基于国家体系功能之维系的需要，国家公权力机关可以对置身于该类特殊关系中的公民之基本权利施加特殊的、非法律性的限制。[2] 特别权力关系之重心在强调双方权利义务之不对等性，国家基于管理需要得于一定范围内，要求

---

1. 参见江必新，梁凤云：在《行政诉讼法理论与实务》(第三版)，法律出版社 2016 年版，第 438 页。
2. 刘志刚：《"双规"的合宪性》，载《法学》2005 年第 11 期，第 11 页。

相对人强制履行无定量之义务。[1]监察机关与公职人员之间的关系是一种行政组织内部的管理关系，其基础是公职人员与国家机关的内部的权力支配关系。《监察法》规定，监察委员会是行使国家监察职能的专责机关，依照本法对所有行使公权力的公职人员进行监察，这明确了监察机关与监督行使公权力的公职人员之间的特别权力支配关系。[2]

实际上特别权力关系并非排除监察行为司法审查的根本原因。一方面在于监察对象是公职人员，按照"权责一致"原则，有多大权力就应当承担多大责任，相应也应当承担多大约束。因此，公职人员因为公务责任受到更多约束和限制，这并不是对法治原则的违背，相反，这才是建设法治政府、责任政府的应有之义。

此外，在行政程序和刑事侦查程序中，不同监察措施的性质决定了不同的救济路径，应当具体情况具体分析。政务处分是对公职人员职务违法行为的处分。政务处分决定属于《行政诉讼法》规定的内部奖惩行为。监察机关依法查处政纪案件是行政机关的内部行政行为，根据《中华人民共和国行政诉讼法》等法律的规定，不属于法院的行政诉讼受案范围。[3]同时，按照法律保

1. 翁岳生:《行政法》(上册)，中国法制出版社 2009 年版，第 299 页。
2. 朱福惠:《国家监察法对公职人员纪律处分体制的重构》，载《行政法学研究》2018 年第 4 期，第 33—34 页。
3.《监察部关于政纪案件的被调查人是否可委托律师担任代理人问题的答复》(监法复字〔1992〕7 号)，载中华人民共和国监察部:《中国监察年鉴》(1992—1997 年卷)，中国方正出版社 2007 年版，第 548—549 页。

留原则，监察调查手段如在留置的运用中涉及公民基本权利的限制，必须有法律依据。[1] 按照有权利必有救济的原则，实施具有刑事侦查性质的特殊调查，对监察对象限制人身自由和财产权等基本权利的，属于外部监察范围，需要纳入行政诉讼救济的渠道。

（四）司法审查的范围及原则

司法是实现正义的最后一道程序，由于法律对于被监察对象如何获得救济缺乏明确的法律规定，虽然我们不能指望法院代行监察机关的监察职责，但我们认识到司法救济就是最终救济和最后的保障，[2] 司法审查制度的基本精神在于通过中立的司法权力制衡强势的侦查权力，救济弱小的私权利，最终达到防止公权力滥用、保障个人基本人权的目的。[3] 正如韩大元教授提到，"法院在审判工作中，对监察委滥用职权导致的案件行使审判权"[4]。

若将司法审查救济渠道关闭，受限于申诉和复核的内部性和不公开性，导致一旦产生错误决定就难以发现并有效纠正。公职人员权利缺乏司法救济途径由此带来对领导更加严重的人身依附的恶果，从而导致"官本位"的思想抬头蔓延，阻碍干部清正、

---

1. 王建芹：《强化监督制约权力——中国反腐败的理性思考》，中国方正出版社 1997 年版，第 183 页。
2. 有关公务法人行为的司法救济，请参见马怀德：《公务法人问题研究》，载《中国法学》2000 年第 4 期，第 47 页。
3. 孙长永：《通过中立的司法权力制约侦查权力——建立侦查行为司法审查制度之管见》，载《环球法律评论》2006 年第 5 期，第 538 页。
4. 韩大元：《论国家监察体制改革中的若干宪法问题》，载《法学评论》2017 年第 3 期，第 19 页。

政府廉洁、政治清明的廉洁政治建设。[1] 因此，在国家监察体制改革背景下，若涉及限制人身自由等强制措施的运用，将突破内部行为的范畴，需要考虑与行政诉讼制度的衔接。

　　笔者认为，基于监察机关权威性的保护及"权责一致"的原则，对被监察对象的在监察调查过程中、非刑事司法程序内的强制措施或对其公职进行了某种处理都不宜纳入司法审查的范畴，其理由基于以下几点考虑：

　　首先，监察调查强制措施的起因是为了查清以公职人员或国家工作人员身份与公权力不当行使的相关违法犯罪事实而进行的，而非因其作为一般违法或犯罪行为，具有巩固政权的政治意义，因此，对其采取的强制措施必须具有绝对的权威性，这才能保障对职务犯罪这种社会危害大、高智能化、高难度查处的特殊类型犯罪具备相当的侦查和突破力度。

　　其次，从处置类型来看，监察机关只能作出警告、记过、记大过、降级、撤职处分，这种处分的适用效力本身也是内部的，并且只是针对其公职权利而非公民基本政治权利的剥夺，将这种政治性权力运行的合法性纳入司法审查的范畴将会极大折损监察权的权威性和政治性。

　　虽然监察机关从性质上讲不是行政机关，但监察机关对公职人员限制人身、财产自由等行为具有广义行政行为性质，因此，监察对象对这类行为不服的，并且在穷尽行政系统内部救济途径

---

1. 参见陈洋庚：《强化行政监察，建设廉洁政治》，载《重庆大学学报》（社会科学版）2014年第3期，2014年第3期，第155页。

的情况下，应当允许其向法院提起这类诉讼以寻求司法救济。可行的做法是，有必要适当引入司法救济机制，即监察对象对于监察机关采取的限制人身自由的强制措施（如留置）、对财产的部分强制措施（如查封、冻结、扣押、搜查等），以及个别最严厉的行政处分决定（如开除公职）不服，国家监察法应赋予相对人向法院提起诉讼的权利。[1]

通过未来监察立法特别规定，可将特定范围的针对监察调查行为的诉讼纳入到行政诉讼的范畴。根据《行政诉讼法》第十二条第二款"人民法院受理法律、法规规定可以提起诉讼的其他案件"[2]的规定。以此条为依据加之今后监察立法配套以具体规定，将这类诉讼归入行政诉讼的范畴，在法理上是能够成立的，也是可能实现的。

（五）获得律师帮助权

我国《刑事诉讼法》第三十四条规定"犯罪嫌疑人自被侦查机关第一次讯问或者采取强制措施之日起，有权委托辩护人"，第三十五条到四十九条详细系统规定犯罪嫌疑人取得辩护的权利及保障。自国家监察体制改革以来，刑事诉讼法中关于辩护与代理的规定是否可以适用到监察活动中，一直是学界热议的问题。有学者认为，我国《刑事诉讼法》中对于比贪污贿赂犯罪更为严重的危害国家安全犯罪和恐怖活动犯罪的犯罪嫌疑人在侦查阶段

---

1. 姜明安：《国家监察法立法的若干问题探讨》，载《法学杂志》2017 年第 3 期，第 10 页。
2. 陈越峰：《监察措施的合法性研究》，载《环球法律评论》，2017 年第 2 期。

都有权聘请律师，并且调查活动本身就具有一定的刑事侦查属性，基于这两点考虑，职务犯罪应当允许律师介入。陈光中教授明确提出，对这一问题的重点在于探讨保障被调查人的权利，包括严禁刑讯逼供和保护辩护权等。[1]

随着《宪法修正案（五）》以及《监察法》的正式出台，这一问题已有正式的回应：监察机关属于行使国家监察权的专责机关，监察权也并非属于司法权。监察机关的调查权相较检察院的侦查权有差异，主要体现在：调查权更为常态化，更加强调过程预防和源头控制；侦查权则更为特殊化，更加侧重于后期追责。[2]所以既不能把调查活动等同于侦查活动，更不能通过比较二者相似之处就推断调查活动应当适用有关侦查活动的规定。《监察法》对律师介入并未作出规定，暂时排除了律师介入监察调查的可能性。因此，对于律师是否可以介入监察调查活动应当持审慎的态度，需进一步深入分析。

《刑事诉讼法》修正案（2018 年 10 月）将第一百七十条改为第一百七十三条，即"人民检察院审查案件，应当讯问犯罪嫌疑人，听取辩护人或者值班律师、被害人及其诉讼代理人的意见，并记录在案。辩护人或者值班律师、被害人及其诉讼代理人提出书面意见的，应当附卷。"根据这条的规定，如果在调查阶段排除律师介入，在人民检察院审理阶段就无法听取值班律师、

---

1. 参见秦前红，石泽华：《目的、原则与规则：监察委员会调查活动法律规制体系初构》，载《求是学刊》2017 年第 5 期。
2. 马怀德：《〈国家监察法〉的立法思路与立法重点》，载《环球法律评论》2017 年第 2 期。

被害人及其诉讼代理人的意见，意味着一方面剥夺了职务犯罪犯罪嫌疑人的获得律师帮助权，另一方面也会给检察院审查起诉材料、案卷材料的完整性造成不利影响。[1]

从国际视野和域外经验看，凡是被剥夺人身自由或者是财产上被搜查，一般都允许律师介入。联合国《保护所有遭受任何形式拘留或监禁的人的原则》第十一项原则规定："被拘留人应有权为自己辩护或依法由律师协助辩护。"我国香港《廉政公署（被扣留者的处理）令》第四条规定："被扣留者须获给予合理机会，以便与法律顾问通讯，并在一名廉署人员在场但听不见的情况下与其法律顾问商议，除非此项通讯或商议对有关的涉嫌罪行的调查或执法会构成不合理的阻碍或延迟。"同时，第十七条规定廉政公署在办案场所须张贴中文及英文告示告知被调查人前述权利。[2]

笔者认为，考虑到监察案件的特殊性和对监察调查过程中人权的保障，关注职务犯罪与普通刑事犯罪、刑事侦查和监察调查这两对概念的差异无可厚非，但长远看来，还应兼顾被调查人的基本权利和程序法治要求，不应当简单将律师介入视为"添麻烦"，而应当将其视为保障留置等监察调查措施的合法性与正当性的利器。

可在时机成熟时通过制定《监察法实施意见》方式对辩护

1. 参见赵晓光：《监察留置的属性与制约体系研究》，载《中国社会科学院研究生院学报》2018 年第 2 期，第 120 页。
2. 陈光中，兰哲：《监察制度改革的重大成就与完善期待》，载《行政法学研究》2018 年第 4 期，第 10—11 页。

律师是否介入以及何种情形下介入监察调查作出进一步规定。赋予被调查人和律师相应的诉讼权利，允许律师介入是保障监察调查对象尤其是被留置者权益的最优方式，是建立健全外部监督机制、塑造符合法治反腐需要的监察调查强制措施规则体系的重要途径。[1] 可选择在案件即将终结、证据基本成型的情况下允许辩护律师介入，因此时已不会对调查工作造成阻碍。可参照执行《人民检察院刑事规则（试行）》，规定辩护律师可以在监察调查终结前会见被调查人至少一次。[2]

四、公安机关的监督

公安机关是国家治安行政机关和国家刑事执法机关。它依法承担着普通刑事案件的侦查工作，具有调查收集证据线索的能力。它还拥有一定的武装力量，能够运用强制手段保障执法工作的顺利进行。监察机关与公安机关之间存在案件办理程序方面的衔接必要。明确公安机关在监察程序中的配合协助义务，理顺监察机关与公安机关之间的衔接机制，是当前实施《监察法》、落实国家监察体制改革精神的重要内容。

监察机关与公安机关之间存在互涉案件，理顺管辖问题是办理此类案件的首要前提，根据《监察法》第三十条第二款的规

---

1. 参见刘艳红：《程序自然法作为规则自洽的必要条件——〈监察法〉留置权运作的法治化路径》，载《华东政法大学学报》2018 年第 3 期，第 17 页。
2. 潘金贵、王志坚：《以审判为中心背景下监察调查与刑事司法的衔接机制研究——兼评〈刑事诉讼法（修正草案）〉相关条文》，载《社会科学研究》2018 年第 6 期，第 88—96 页。

定，被调查人既涉嫌严重职务违法犯罪，又涉嫌其他违法犯罪的，一般应当由监察机关为主调查，其他机关予以协助。据此，"监察主导"原则要求公安机关及时将有关线索移送给监察机关，有利于监察机关更好地践行职务违法犯罪调查处置。此外，按照《监察法》规定，公安机关还应配合监察机关执行技术侦查、搜查、调取、查封、扣押、发布通缉令、限制出境等调查措施。

当前监察法实施中存在的一个问题是，留置场所的设置问题。有学者认为应统一规定看守所为目前留置的执行场所，理由如下：一是利于公安机关的协助和配合，各地看守所不仅普遍具有较为完备的监控系统、硬件设施及较为合理的安全措施和监督投诉机制，这能满足监察机关临时限制被留置人员人身自由的要求，而且能在一定程度上保证被留置人员的人身安全。为了配合留置措施的适用，看守所应当设置留置专区。[1]二是看守所具有中立性，被调查人最后是否被定罪与看守所无利害关系。2017 年6 月 15 日公布的《看守所法（公开征求意见稿）》中第一条写明"尊重和保障人权"，并专节对讯问、提解、押解进行了规范，以限制办案机关的权力。三是被调查人在看守所内被留置有利于获得值班律师的帮助。[2]2018 年 10 月的《刑事诉讼法》修正案中增加一条，作为第三十六条："法律援助机构可以在人民法院、看

---

1. 参见林艺芳：《监察机关与公安机关配合衔接机制研究》，载《湘潭大学学报》（哲学社会科学版）2018 年第 5 期，第 50—53 页。
2. 2017 年 8 月 28 日两高三部联合发布的《关于开展法律援助值班律师工作的意见》第一条规定："法律援助机构在人民法院、看守所派驻值班律师，为没有辩护人的犯罪嫌疑人、刑事被告人提供法律帮助"。

守所等场所派驻值班律师。"职务犯罪的被调查人在看守所内留置期间也应当享有获得值班律师帮助的权利。[1]四是减轻监察委员会因单独设置留置场所所带来的人力、物力和安全保障负担，使监察委员会集中力量高效办理反腐案件。

随着监察机关各项基础设施的逐步完善，为了方便被留置人员的管理和保障被留置人员的合法权益，应当考虑建立专门的留置关押场所，并借鉴看守所设置相关的监控设备和制度条件。[2]公安机关也要及时适应我国监察体制改革的新形势任务，进一步理顺公安机关和监察机关的关系，按照下位法符合上位法的原则和精神，尽快做好相关规章和规范性文件的修改工作，在党和国家反腐败的整体布局中发挥更大更重要的作用。

五、国家赔偿制度

国家赔偿制度的依据是《国家赔偿法》，其具有保障公民、法人和其他组织合法权益的作用。依据《国家赔偿法》第二条的规定，监察机关及其工作人员，也应属于国家机关和国家机关工作人员的范围。对于监察机关及其工作人员在行使职权时侵犯公民、法人和其他组织的人身权或财产权造成损害的行为，国家应当承担赔偿责任。

---

1. 参见陈光中、姜丹：《关于〈监察法〉（草案）的八点修改意见》，载《比较法研究》2017年第 6 期，170 页。
2. 齐小力、陆冬华：《论公安机关和监察机关互相配合、互相制约》，载《中国人民公安大学学报》（社会科学版）2018 年第 3 期，第 1—6 页。

监察赔偿责任既不同于行政赔偿责任，亦不同于司法赔偿责任，而是一种独立的国家赔偿责任形式。对于监察机关的不当行为而引发的对监察对象权利的损害，应当设置专门的监察赔偿程序，与现有的《国家赔偿法》相衔接。

《监察法》第六十七条确立了国家赔偿制度，明确规定监察机关及其工作人员行使职权时，侵犯公民、法人和其他组织的合法权益造成损害的，在依法给予国家赔偿。该规定也是一定程度上对《国家赔偿法》的进一步修改、完善和拓展，但只限于原则性的原则和笼统的要求，对归责原则等问题的界定不够清晰，还需进一步完善。[1]

"国家赔偿中的归责原则是整个赔偿立法的基石，采用哪种原则不仅是由国家政治司法体制决定的，也直接影响赔偿范围，赔偿程序等问题。"[2] 根据当前国家监察体制改革任务目标和所处阶段，依据《监察法》规定，监察行为的国家赔偿制度应当分层次，将监察行为一分为二，行政性行为的赔偿适用行政赔偿程序，刑事性行为的赔偿适用刑事赔偿程序。同时，按照纪检监察合署原则下的党内监督行为的赔偿不适用《国家赔偿法》。

当前，《国家赔偿法》中并未规定监察机关及其工作人员行使职权致害赔偿的问题，因此探讨这一问题对于落实《监察法》、修改完善《国家赔偿法》，进而实现两部法律之间的衔接具有非常紧迫的意义。建议尽快修订《国家赔偿法》，设专章规定监察

---

1. 马怀德：《再论国家监察立法的主要问题》，载《行政法学研究》2018 年第 1 期，第 15 页。
2. 马怀德：《国家赔偿法的理论与实务》，中国法制出版社 1994 年版，第 103 页。

赔偿，明确监察赔偿的范围、监察赔偿义务机关、赔偿程序等问题。具体的制度设计还应考虑监察机关工作的实际情况。[1] 监察赔偿原则上应当采取以违法归责原则与结果归责原则相结合的归责原则。

---

1. 张红：《监察赔偿论要》，载《行政法学研究》2018 年第 6 期，第 77 页。

参考文献

一、著 作 类:

1. 陈国权:《权力制约监督论》,浙江大学出版社 2013 年版。

2. 陈国权:《政治监督论》,学林出版社 2000 年 2000 年版。

3. 陈宏彩:《行政监察专员制度比较研究》,学林出版社 2009 年版。

4. 陈金计、陈燕卿:《澳洲监察使制度之运作》,监察院出版 1997 年版。

5. 陈新民:《反腐镜鉴的新加坡法治主义》,法律出版社 2009 年版。

6. 陈永革:《廉政法治论》,四川大学出版社 1998 年版。

7. 陈哲夫:《监察与监督》,北京大学出版社 1994 年版。

8. 戴维新,戴芳:《公共权力制约与监督机制研究》,宁夏人民出版社 2007 年版。

9. 杜兴洋:《行政监察学》,武汉大学出版社 2015 年版。

10. 董瑛:《党内干部监督制度建设论》,人民出版社 2010 年版。

11. 杜力夫:《权力监督与制约研究》,吉林人民出版社 2004 年版。

12. 傅奎:《纪检监察概论》,中国方正出版社 2008 年版。

13. 范忠信,胡旭晟等:《近代中国宪政历程:史料荟萃》,中国政法大学出版社 2004 年版。

14. 高波:《走出腐败高发期——大国兴亡的三个样本》,新华出版社 2012 年版。

15. 宫晓冰:《贪污贿赂犯罪对策论》,法律出版社 1991 年版。.

16. 关文发,于波:《中国监察制度研究》,中国社会科学出版社 1998 年版。

17. 郭荔安,黄奕元,葉雅倩:《德国监察制度之运作》,监察院出版 2008 年版。

18. 过勇,宋伟:《中国县级纪检监察机关改革研究》,清华大学出版社 2014 年版。

19. 韩明德:《倚天之剑——反腐败法制机制研究》,河南大学出版社 1999

年版。

20. 侯志山，侯志光：《行政监督与制约研究》，北京大学出版社 2013 年版。

21. 侯志山：《外国行政监督制度与著名反腐机构》，北京大学出版社 2004 年版。

22. 胡宝华：《唐代监察制度研究》，商务印书馆 2005 年版。

23. 焕力：《中国历史廉政监察研究》，武汉大学出版社 2015 年版。

24. 黄百炼：《遏制腐败——民主监督的程序与制度研究》，人民出版社 1997 年版。

25. 黄百炼等：《"一把手"的权力与权力制约监督》，中共中央党校出版社 2006 年版。

26. 罗豪才：《软法的理论与实践》，北京大学出版社 2010 年版。

27. 贾育林：《中国传统廉政法律文化及其现代价值》，中国方正出版社 2007 年版。

28. 监察院国际事务小组：《阿根廷监察制度》，2002 年版。

29. 监察院国际事务小组：《安地诺区域各国监察制度经验比较》，2004 年版。

30. 监察院国际事务小组：《澳洲联邦监察使二十年》（1977—1997），2000 年版。

31. 监察院国际事务小组：《巴拉圭与西班牙护民官制度比较》，2006 年版。

32. 监察院国际事务小组：《巴拿马护民官制度》，2005 年版。

33. 监察院国际事务小组：《丹麦监察使》，2000 年版。

34. 监察院国际事务小组：《法国监察制度》，2007 年版。

35. 监察院国际事务小组：《芬兰监察制度》，2000 年版。

36. 监察院国际事务小组：《加勒比海国家监察制度》，2002 年版。

37. 监察院国际事务小组：《加拿大监察工作概要》，2003 年版。

38. 监察院国际事务小组：《纽西兰监察使》，2001 年版。

39. 监察院国际事务小组：《欧盟监察使 起源、设立、发展》，2011 年版。

40. 监察院国际事务小组：《欧洲监察工作》，2005 年版。

41. 监察院国际事务小组：《瑞典国会监察使》，2006 年版。

42. 监察院国际事务小组：《西班牙国家护民官》，2003 年版。

43. 监察院国际事务小组：《以色列监察与审计制度》，2009 年版。

44. 监察院国际事务小组：《英国及爱尔兰监察工作》，2003 年版。

45. 监察院国际事务小组：《世界监察制度手册》，2010 年版。

46. 揭明等：《中国廉政法制史研究》，中国方正出版社 2011 年版。

47. 李光明，寇学军：《权力监督与廉政法律制度建设研究》，经济日报出版社 2009 年版。

48. 李辉：《当代中国反腐败制度研究》，上海人民出版社 2013 年版。

49. 李秋芳：《反腐败思考与对策——中国社会科学院惩治和预防腐败体系理论研究论文集》，中国方正出版社 2005 年版。

50. 李文生：《腐败防治论》，中国检察出版社 2004 年版。

51. 李秀峰：《廉政体系的国际比较》，社会科学文献出版社 2007 年版。

52. 林伯海：《制度反腐与廉政文化建设的互动研究》，西南交通大学出版社 2010 年版。

53. 刘国栋：《纪检监察原理与方法精要》（第二版），中国方正出版社 2010 年版。

54. 刘明波：《国外行政监察理论与实践》，山东人民出版社 1989 年版。

55. 刘明波：《外国监察制度——国外是怎样反腐败的》，人民出版社 1994 年版。

56. 刘云虹：《国民政府监察院研究》，上海三联书店 2012 年版。

57. 陆奎明：《形式逻辑与纪检监察》，华东师范大学出版社 1998 年版。

58. 马国泉：《美国公务员制和道德规范》，清华大学出版社 1999 年版。

59. 马怀德，张瑜等：《扎紧党纪的制度笼子——〈中国共产党纪律处分条例〉释义》，人民出版社 2016 年版。

60. 马怀德：《法制现代化与法治政府》，知识产权出版社 2010 年版。

61. 马怀德：《中华人民共和国监察法理解与适用》，中国法制出版社 2018 年版。

62. 毛宏升：《当代中国监督学》，中国人民公安大学出版社 2003 年版。

63. 莫吉武：《当代中国政治监督体制研究》，中国社会科学出版社 2002 年版。

64. 聂辉华，仝志辉：《创新纪检监察体制，遏制"一把手"腐败》，中国社会科学出版社 2015 年版。

65. 彭勃，龚飞：《中国监察制度史》，中国方正出版社 1997 年版。

66. 彭勃:《中华监察大典》(法律卷),中国政法大学出版社 1994 年版。

67. 彭勃:《中华监察大典》(人物卷),中国政法大学出版社 1994 年版。

68. 彭勃:《中华监察大典》(思想卷),中国政法大学出版社 1994 年版。

69. 钱穆:《中国历代政治得失》,生活·读书·新知三联书店 2012 年版。

70. 钱生之:《新中国第一任监察部部长钱瑛》,中共党史出版社 2014 年版。

71. 邱永明:《中国封建监察制度运作研究》,上海社会科学院出版社 1998 年版版。

72. 全国"七五"普法统编教材组:《公务员以案释法读本》,法律出版社 2016 年版。

73. 人民日报社评论部:《"四个全面"学习读本》,人民出版社 2015 年版。

74. 任建明:《反腐败制度与创新》,中国方正出版社 2012 版。

75. 薛保勤:《监督体系建设与职务犯罪防治研究》,西北大学出版社 2015 年版。

76. 沈跃东:《宪法上的监察专员研究》,法律出版社 2014 年版。

77. 盛美军:《法律监督运行机制研究》,中国检察出版社 2009 年版。

78. 舒扬,莫吉武:《权力市场化与制度治腐问题研究》,中国社会科学出版社 2008 年版。

79. 斯阳:《反腐倡廉新思考:制度、科技、文化》,法律出版社 2014 年版。

80. 粟时勇,李忠昊:《中国历代文官制度——文官之监察》,国家图书馆出版社 2014 年版。

81. 陶百川:《比较监察制度》,三民书局 1978 年版。

82. 王宝明:《〈中华人民共和国行政监察法〉释义与典型案例分析》,国家行政学院出版社 2010 年版。

83. 王建芹:《强化监督制约权力——中国反腐败的理性思考》,中国方正出版社 1997 年版。

84. 王名扬:《法国行政法》,北京大学出版社 2007 年版。

85. 王名扬:《美国行政法》,中国法制出版社 2005 年版。

86. 王韶兴:《党的监督 理论·经验·思考》,山东大学出版社 2001 年版。

87. 王寿林:《权力制约和监督研究》,中共中央党校出版社 2007 年版。

88. 王永祥,杨世钊:《中国现代监察制度史论》,福建人民出版社 1998 年版。

89. 王勇飞:《中国行政监督机制》,中国方正出版社 1998 年版。

90. 王正:《监察史话》,社会科学文献出版社 2011 年版。

91. 翁岳生:《行政法》,中国法制出版社 2009 年版。

92. 吴珏:《民主革命时期中国共产党党内监察机制研究》,人民出版社 2012 年版。

93. 吴丕,袁刚,孙广厦:《政治监督学》,北京大学出版社 2007 年版。

94. 吴振钧:《权力监督与制衡》,中国人民大学出版社 2008 年版。

95. 夏赞忠:《中国廉政法律制度研究》,中国方正出版社 2007 年版。

96. 修晓波:《明朝巡视监察制度辑要——〈大明会典〉有关记载译注》,中国方正出版社 2016 年版。

97. 徐秀义,韩大元:《现代宪法学墓本原理》,中国人民公安大学出版社 2001 年版。

98. 许连纯:《新时期干部权力监督概论》,中共中央党校出版社 2001 年版。

99. 许宗力:《法与国家权力》,月旦出版有限公司 1993 年版.

100. 阳平译:《澳大利亚联邦公务员行为准则 澳大利亚 1976 年监察专员法 澳大利亚 1905 年禁止秘密佣金法》,中国方正出版社 2015 年版。

101. 杨旭盟,黄宝荣:《腐败与制度之笼:国外反腐败经验与启示》,人民出版社 2014 年版。

102. 姚兵:《纪检监察工作是一门科学 对建设纪检监察的思考与实践》,中国建筑工业出版社 2006 年版。

103. 易中天:《帝国的终结:中国古代政治制度批判》,复旦大学出版社 2007 年版。

104. 应克复等:《西方民主史》,中国社会科学出版社 1997 年版。

105. 应松年:《行政法学新论》,中国方正出版社 2004 年版。

106. 应松年,薛刚凌:《行政组织法研究》,法律出版社 2002 年版。

107. 尤光付:《中外监督制度比较》,商务印书馆 2013 年版。

108. 臧胜业:《提高反腐倡廉制度执行力》,中国方正出版社 2011 年版。

109. 张建明:《党内监督机制研究》,光明日报出版社 2008 年版。

110. 张晋藩:《中国监察法制史稿》,商务印书馆 2007 年版。

111. 张晋藩:《中国古代监察制度史》,中国方正出版社 2013 年版。

112. 赵宝云:《当代资本主义国家监督制约机制》,福建人民出版社 1995年版。

113. 赵贵龙:《中国历代监察制度》,法律出版社 2010 年版。

114. 治斌,董保城:《宪法新论》,元照出版有限公司 2006 年版。

115. 中纪委外事局,监察部外事局:《外国监督制度与实践》,中国方正出版社 1995 年版。

116. 朱钦胜:《中央苏区反腐倡廉史》,中国社会科学出版社 2009 年版。

117. 中央纪委外事局监察部外事局:《外国监督制度与实践——纪检监察机关国外考察报告专辑》,中国方正出版社 1995 年版。

118. 最高人民检察院《反贪污贿赂法》研究起草小组:《建国以来反贪污贿赂法规资料选编》,中国检察出版社 1991 年版。

119.〔法〕卢梭:《社会契约论》,何兆武译,商务印书馆 1982 年版。

120.〔法〕孟德斯鸠:《论法的精神》(上册),张雁深译,商务印书馆 1997年版。

121.〔古希腊〕亚里士多德:《政治学》,吴寿彭译,商务印书馆 2013 年版。

122.〔美〕斯特劳斯,利罗波西:《政治哲学史》(上),李天然等译,河北人民出版社 1993 年版。

123.〔瑞典〕本特·维斯兰德尔:《瑞典的议会监察专员》,程洁译,清华大学出版社 2001 年版。

124.〔新西兰〕杰瑞米·波普:《制约腐败——建构国家廉政体系》,清华大学公共管理学院廉政研究室译,中国方正出版社 2003 年版。

125.〔英〕阿克顿:《阿克顿勋爵论说文集》,侯健、范亚峰译,商务印书馆 2001 年版。

126.〔英〕弗兰克·斯特西:《瑞典监察员制度——同英国议会专员的比较研究》,潘汉典译,载《法学论丛》1984 年第 2 期。

127.〔英〕约翰·洛克:《政府论》(下篇),叶启芳、瞿菊农译,商务印书馆 1982 年版。

二、论　文　类

（一）中文论文及报刊

1. 《全国人大常委会关于在北京市、山西省、浙江省省开展国家监察体制改革试点工作的决定》，载《人民日报》2016 年 12 月 26 日，第 4 版。

2. 阿计：《走出权力的怪圈——行政监察法立法侧记》，载《政府法治》1997 年第 10 期。

3. 白平则：《论中国古代地方监察体制与监察权运行的关系》，载《理论界》2012 年第 6 期。

4. 卞建林：《监察机关办案程序初探》，载《法律科学》2017 年第 6 期。

5. 蔡宝刚：《法治反腐之道——由"偶然反腐"转向"必然反腐"》，载《学习与探索》2014 年第 5 期。

6. 蔡宝刚：《法治思维和法治方式下的反腐路向论纲》，载《法学杂志》2013 年第 11 期。

7. 曾祥华：《近年来各国行政监察制度的完善及其借鉴意义》，载《行政与法》2006 年第 7 期。

8. 陈邦达：《推进监察体制改革应当坚持以审判为中心》，载《法学科学》2018 年第 6 期。

9. 陈辉，汪进元：《论"监、检、审"三机关间的分工、配合与制约关系》，载《南京社会科学》2018 年第 5 期。

10. 陈光中，姜丹：《关于〈监察法（草案）〉的八点修改意见》，载《比较法研究》2017 年第 6 期。

11. 陈光中，兰哲：《监察制度改革的重大成就与完善期待》，载《行政法学研究》2018 年第 4 期。

12. 陈光中，龙宗智：《关于深化司法改革若干问题的思考》，载《中国法学》2013 年第 4 期。

13. 陈光中，魏晓娜：《论我国司法体制的现代化改革》，载《中国法学》2015 年第 1 期。

14. 陈国权，周鲁耀：《制约与监督：两种不同的权力逻辑》，载《浙江大学学报》（人文社会科学版）2013 年第 6 期

15. 陈国权：《行政监察领导体制研究》，载《浙江大学学报》1991 年 12 期。

16. 陈宏彩：《从行政监察体制改革审视我国行政监察专员制度的建立》，载《四川行政学院学报》2009 年第 4 期。

17. 陈洪兵：《我国贿赂犯罪体系的整体性反思与重构——基于法治反腐的使命》，载《法治研究》2014 年第 12 期。

18. 陈瑞华：《论监察委员会的调查权》，载《中国人民大学学报》2018 年第 4 期。

19. 陈卫东：《我国检察权的反思与重构——以公诉权为核心的分析》，载《法学研究》2002 年第 2 期。

20. 陈卫东：《职务犯罪监察的理论探讨与实践问题》，载《中国人民大学学报》2018 年第 4 期。

21. 陈卫东：《职务犯罪监察调查程序若干问题研究》，载《政治与法律》2018 年第 1 期。

22. 陈洋庚：《强化行政监察，建设廉洁政治》，载《重庆大学学报》（社会科学版）2014 年第 3 期。

23. 陈永革：《论香港廉政公署制度的特色及其对内地廉政法治的启示》，载《清华法学》2003 年第 2 期。

24. 陈泽宪译：《瑞典的监察官》，载《法学译丛》1992 年第 4 期。

25. 陈振：《我国纪检监察体制改革评析》，载《中共天津市委党校学报》2013 年第 6 期。

26. 崔炳善，司空泳浒：《政府规制与腐败》，李秀峰译，载《国家行政学院学报》2002 年第 5 期。

27. 崔扬，高丽华：《关于行政监察法的若干问题与完善思路》，载《人大研究》2001 年第 5 期。

28. 邓联繁：《时代呼唤"廉洁中国"与"廉洁监察法"》，载《检察日报》2016 年 1 月 12 日，第 5 版。

29. 董宝香：《我国行政监察制度问题研究》，硕士学位论文，吉林大学 2008 年 10 月。

30. 董瑞丰，李洁：《反腐法规制度建设高悬利剑》，载《瞭望新闻周刊》2016 年第 35 期。

31. 段凡：《建国以来公权力及其体制的历史变化与现实启示》，载《上海交通大学学报》（哲学社会科学版）2016 年第 6 期。

32. 樊曼莉：《西方国家行政监察制度的特点及其启示》，载《西安政治学院学报》2006 年第 5 期。

33. 范依畴，范忠信：《三大法律传统共塑新监察体制的法治省察》，载《国家行政学院学报》2017 年第 6 期。

34. 冯俊伟：《国家监察体制改革中的程序分离与衔接》，载《法律科学》2017 年第 6 期。

35. 冯铁拴：《中国监察体制改革论析：过去、现在与未来》，载《甘肃政法学院学报》2018 年第 2 期。

36. 扶松茂：《从瑞典、英国议会行政监察看中国的行政监察专员制度的创制》，载《云南行政学院学报》2002 年第 6 期。

37. 高志卿：《从民主反腐到法治反腐——对党的三代领导核心反腐败思路的比较研究》，载《理论探索》2004 年第 4 期。

38. 龚祥瑞：《西方国家的议会监察员的作用》，载《法学杂志》1986 年第 5 期。

39. 郭道晖：《权力的多元化与社会化》，载《法学研究》2001 年第 1 期。

40. 郭瑞：《论"四类"监察制度模式的异同和启示》，硕士学位论文，华中师范大学 2013 年 4 月。

41. 过勇，宋伟：《中国地方纪检监察机关改革模式分析》，载《政治学研究》2014 年第 5 期。

42. 韩大元：《认真对待我国宪法文本》，载《清华法学》2012 年第 6 期。

43. 何英：《我国行政监察体制改革研究》，硕士学位论文，电子科技大学 2012 年 12 月。

44. 洪宇，任建明：《国家监察体制的历史演进与改革方向》，载《理论视野》2017 年第 7 期。

45. 胡沧泽：《唐代监察体制的变革》，载《福建师范大学》（哲学社会科学版）2001 年第 3 期。

46. 胡锦光：《论国家监察体制改革语境下的宪法修改》，载《北京行政学院学报》2017 年第 5 期。

47. 黄晓辉：《法治反腐——党的十八大报告的一大亮点》，载《廉政文化研究》

2013 年第 1 期。

48. 季卫东:《程序比较论》,载《比较法研究》1993 年第 1 期。

49. 冀睿:《审计权与监察权之关系》,载《法学》2018 年第 7 期。

50. 姜国兵,赵康:《行政监察学的学科构建与发展趋势》,载《高教探索》2015 年第 6 期。

51. 姜洁:《中办印发〈关于在北京市、山西省、浙江省开展国家监察体制改革试点方案〉》,载《人民日报》2016 年 11 月 8 日,第 3 版。

52. 姜金良:《乐观与谨慎:监察体制改革对反腐败形势政策的影响——以〈监察法〉出台为视角分析》,载《宁夏社会科学》2018 年第 5 期。

53. 姜明安:《论法治反腐》,载《行政法学研究》2016 年第 2 期。

54. 姜明安:《国家监察法立法的若干问题探讨》,载《法学杂志》2017 年第 3 期。

55. 姜明安:《论监察法的立法目的与基本原则》,载《行政法学研究》2018 年第 4 期。

56. 姜涛:《国家监察法与刑事诉讼法衔接的重大问题研究》,载《南京师大学报》(社会科学版)2018 年第 6 期。

57. 江利红:《行政监察职能在监察体制改革中的整合》,载《法学》2018 年第 3 期。

58. 江国华:《国家监察体制改革的逻辑与取向》,载《学术论坛》2017 年第 3 期。

59. 江国华,何盼盼:《中国特色监察法治体系论纲》,载《新疆师范大学学报》(哲学社会科学版)2018 年第 5 期。

60. 金国坤:《组织法定主义视野下的国家监察体制改革》,载《新视野》2017 年第 5 期。

61. 李波:《中国反腐败法律体系构建研究》,硕士学位论文,东北师范大学2013 年 5 月。

62. 李景平,赵亮,于一丁:《中外行政监察制度比较及其启示》,载《西安交通大学学报》(社会科学版)2008 年第 2 期。

63. 李景平:《中外行政监察制度比较及其启示》,载《西安交通大学学报》(社会科学版)2008 年第 4 期。

64. 李柯玖:《论我国行政监察机关的职权》,硕士毕业论文,中国政法大学法学院(宪法与行政法学)2007年9月。

65. 李孔怀,陈永明:《汉唐明三代行政监察制度比较》,载《复旦学报》(社会科学版)1994年第4期。

66. 李阔:《新中国成立以来我国反腐制度体系构建历程及启示研究》,硕士学位论文,吉林大学2016年5月。

67. 李亮:《行政监察法修改:亮点与难题并存》,载《浙江人大》2010年11期。

68. 李森:《国家监察委员会职权的立法配置与逻辑思考》,载《首都师范大学学报》(社会科学版)2017年第5期。

69. 李世锋:《用留置取代两规是法治反腐的转型》,载《新疆师范大学学报》(哲学社会科学版)2018年第2期。

70. 李小晓:《浅谈我国行政监察体制的不足与完善对策》,载《行政与法》2002年第11期。

71. 李晓明:《法治反腐——反腐败机构的整合与重构》,载《法治研究》2016年第6期。

72. 李永忠:《监察体制改革的三强三弱》,载《中国民商》2016年第12期。

73. 李永忠:《三省试水为深化反腐探索路径》,载《检察日报》2016年11月29日,第8版

74. 李永忠:《制度反腐才能治本》,载《北京日报》,2016年8月22日,第16版。

75. 黎敏:《国家统治条款体系化解释面临的困难——从〈监察法(草案)〉合宪性之争揭示的政治哲学问题谈起》,载《行政法学研究》2018年第5期。

76. 林鸿潮:《公共危机管理问责制中的归责原则》,载《中国法学》2014年第4期。

77. 林来梵:《规范宪法的条件和宪法规范的变动》,载《法学研究》1999年第2期。

78. 林雅:《中国封建监察制度及其得失评析》,载《法学评论》2004年第4期。

79. 林艺芳:《监察机关与公安机关配合衔接机制研究》,载《湘潭大学学报》(哲

学社会科学版）2018 年第 5 期。

80. 刘汉卿：《建国以来纪检监察体制的历史演进及其改革路径研究》，硕士学位论文，南京师范大学 2014 年 5 月。

81. 刘玫：《论监察委员会的调查措施》，载《学习与探索》2018 年第 1 期。

82. 刘宋斌：《土地革命战争时期中央苏区的监察制度》，载《江西社会科学》1989 年第 2 期。

83. 刘松山：《当代中国处理立法与改革关系的策略》，载《法学》2014 年第 1 期。

84. 刘小妹：《人大制度下的国家监督体制与监察机制》，载《政法论坛》2018 年第 3 期。

85. 刘晓玉：《中国古代监察巡视制度与国外监察特使制度比较研究》，载《湖北职业技术学院学报》2015 年第 2 期。

86. 刘艳红：《中国反腐败立法的战略转型及其体系化构建》，载《中国法学》2016 年第 4 期。

87. 刘艳红：《程序自然法作为规则自洽的必要条件——〈监察法〉留置权运作的法治化路径》，载《华东政法大学学报》2018 年第 3 期。

88. 刘艳红：《监察委员会调查权运作的双重困境及其法治路径》，载《法学论坛》2017 年第 6 期。

89. 刘艳红，夏伟：《法治反腐视域下国家监察体制改革的新路径》，载《武汉大学学报》（哲学社会科学版）2018 年第 1 期。

90. 刘莹莹：《论行政监察权的独立性》，硕士学位论文，吉林大学 2013 年 4 月。

91. 刘志刚：《"双规"的合宪性》，载《法学》2005 年第 11 期。

92. 刘忠：《读解双规侦查技术视域内的反贪非正式程序》，载《中外法学》2014 年第 1 期。

93. 龙宗智：《监察与司法协调衔接的法规范分析》，载《政治与法律》2018 年第 1 期。

94. 鲁路：现代行政法治在反腐中的作用，载《政法论坛》2016 年 7 月（上）。

95. 吕虹：《中国共产党在探索中推进反腐机制建设——评〈1921—1978：中国共产党反腐政治体系构建的历史实践研究〉》，载《北京党史》2016 年第

1 期。

96. 吕晓刚：《保留检察机关部分职务犯罪侦查权的实践价值与有效实施》，载《新疆师范大学学报》（哲学社会科学版）2019 年第 3 期。

97. 罗亚苍：《国家监察体制改革的实践考察和理论省思》，载《理论与改革》2017 年第 5 期。

98. 马怀德，张瑜：《纪律处分条例有必要修订》，载《学习时报》2015 年 6 月 8 日。

99. 马怀德，张瑜：《修订纪律处分条例应当注意的五个问题》，载《教育部高校智库专刊》2016 年第 21 期。

100. 马怀德，张瑜：《修改〈行政监察法〉改革国家监察体系的建议》，载《改革内参》2016 年第 20 期。

101. 马怀德，张瑜：《修改〈行政监察法〉、构建国家监察体系的建议》，载《要报》2016 年 7 月第 7 期。

102. 马怀德，张瑜：《通过修法完善国家监察体制》，载《学习时报》2016 年 7 月 14 日。

103. 马怀德，张瑜：《用好"纪律"这把尺子》，载《中国高等教育》2016 年第 2 期。

104. 马怀德，周惠：《问责观念转变与突发事件问责——基于突发事件应对的视角》，载《中国应急管理》2011 年第 2 期。

105. 马怀德等：《聚焦国家监察体制改革》，载《浙江人大》2016 年第 12 期。

106. 马怀德：《公务法人研究》，载《中国法学》2000 年第 4 期。

107. 马怀德：《公务法人问题研究》，载《法商研究》2000 年第 4 期。

108. 马怀德：《构建符合现代理念的制度体系，提升法治现代化水平》，载《人民日报》2016 年 1 月 24 日，第 5 版。

109. 马怀德：《国家监察体制改革的重要意义和主要任务》，载《国家行政学院学报》2016 年第 6 期。

110. 马怀德：《国家监察委：点燃政治改革的引擎》，载《中国新闻周刊》2016 年 11 月 21 日总第 781 期。

111. 马怀德：《全面从严治党亟待改革国家监察体制》，载《光明日报》2016 年 11 月 12 日，第 3 版。

112. 马怀德：《我国法治政府建设现状观察：成就与挑战》，载《中国行政管理》2014 年第 6 期。

113. 马怀德：《预防化解社会矛盾的治本之策：规范公权力》，载《中国法学》2012 年第 2 期。

114. 马怀德：《〈国家监察法〉的立法思路与立法重点》，载《环球法律评论》2017 年第 2 期。

115. 马怀德：《国家监察体制改革是事关全局的重大政治改革》，载《北京日报》2017 年 1 月 23 日。

116. 马怀德：《再论国家监察立法的主要问题》，载《行政法学研究》2018 年第 1 期。

117. 潘金贵，王志坚：《以审判为中心背景下监察调查与刑事司法的衔接机制研究——兼评〈刑事诉讼法（修正草案）〉相关条文》，载《社会科学研究》2018 年第 6 期。

118. 潘世钦：《完善我国行政监察制度的若干构想》，载《政治与法律》1993 年第 3 期。

119. 彭新林：《论腐败犯罪的侦查监督》，载《法学杂志》2016 年第 2 期。

120. 彭新林，毛勇：《论我国腐败犯罪特殊侦查措施之完善》，载《法学杂志》2014 年第 3 期。

121. 齐小力，陆冬华：《论公安机关和监察机关互相配合、互相制约》，载《中国人民公安大学学报》（社会科学版）2018 年第 3 期。

122. 钱锦宇：《依宪治国视域下国家权力的建构与控制》，载《环球法律评论》2013 年第 5 期。

123. 钱宁峰：《论国家监察体制改革的合宪性依据》，载《江苏社会科学》2018 年第 2 期。

124. 钱小平：《监察委员会监督职能激活及其制度构建——兼评〈监察法〉的中国特色》，载《华东政法大学学报》2018 年第 3 期。

125. 秦前红：《我国监察体系的宪制思考：从"三驾马车"到国家监察》，载《中国法律评论》2017 年第 1 期。

126. 秦前红：《监察体制改革需修宪保障》，载《领导科学》2017 年第 3 期。

127. 秦前红：《论党内法规与国家法律的协调衔接》，载《学术前沿》2016 年第 10 期。

128. 秦前红:《国家监察法实施中的一个重大难点:人大代表能否成为监察对象》,载《武汉大学学报》(哲学社会科学版)2018 年第 6 期。

129. 秦前红:《我国监察机关的宪法定位——以国家机关相互间的关系为中心》,载《中外法学》2018 年第 3 期。

130. 秦前红:《国家监察体制改革宪法设计中的若干问题思考》,载《探索》2017 年第 6 期。

131. 秦前红,刘怡达:《国家监察体制改革背景下人民法院监察制度述要》,载《现代法学》2018 年第 4 期。

132. 秦佩华,毛磊:《聚焦行政监察法修改》,载《政府法制》2010 年第 10 期。

133. 屈超立,慈海威:《留置措施的法治化研究》,载《理论探索》2018 年第 6 期。

134. 沈岿,冯之东等:《问责制度的课题报告》,http://www.360doc.cn/article/7544182_245311105.html。

135. 石柏林,彭帅:《论我国行政监察体制存在的问题及其对策》,载《行政论坛》2002 年第 5 期。

136. 司马念媛:《苏维埃社会主义共和国联盟人民监察法》,载《法学译丛》1980 年第 3 期。

137. 宋世勇,肖周录:《香港地区廉政法治教育的基本内涵及经验》,载《中共中央党校学报》2010 年第 6 期。

138. 孙长永:《通过中立的司法权力制约侦查权力——建立侦查行为司法审查制度之管见》,载《环球法律评论》2006 年第 5 期。

139. 孙成林:《论庞德法学理论中的系统论方法》,硕士学位论文,南京师范大学 2012 年 4 月。

140. 孙富海:《社会主义监督体制研究》,载《政治与法律》1996 年第 1 期。

141. 孙皓:《论检察权配置的自缚性》,载《环球法律评论》2016 年第 6 期。

142. 汤建华,宋晓辉:《中国古代监察制度的演进及借鉴意义》,载《求实》2002 年第 9 期。

143. 汤建华:《中国古代监察制度的演变及借鉴意义》,载《求实》(民主与法治)

2002 年第 9 期。

144. 童之伟:《宪法学研究须重温的常识和规范——从监察体制改革中的一种提法说起》,载《法学评论》2018 年第 2 期。

145. 童之伟:《对监察委员会自身的监督制约何以强化》,载《法学评论》2017 年第 1 期。

146. 童之伟:《将监察体制改革全程纳入法制轨道之方略》,载《法学》2016 年第 12 期。

147. 童之伟:《国家监察立法预案仍须着力完善》,载《政治与法律》2017 年第 10 期。

148. 汪海燕:《监察制度与〈刑事诉讼法〉的衔接》,载《政法论坛》2017 年第 6 期。

149. 王晨光:《建立权力制约和监督机制是法治中国建设的关键》,载《环球法律评论》2014 年第 1 期。

150. 王戬:《检察机关审查起诉与监察委调查案件的程序对接问题》,载《国家检察官学院学报》2018 年第 6 期。

151. 王锴,王心阳:《如何监督监督者——兼谈对监察委员会的诉讼监督问题》,载《浙江社会科学》2017 年第 8 期。

152. 王连昌:《建议重建国家监察机关》,载《现代法学》1981 年第 3 期。

153. 王孟嘉:《法治轨道上的国家监察体制改革论思》,载《暨南学报》(哲学社会科学版)2017 年第 11 期。

154. 王希鹏,胡扬:《中国腐败治理结构变迁与纪检监察机关职能定位审视》,载《河南社会科学》2014 年第 7 期。

155. 王希鹏:《十八大以来党风廉政建设和反腐败斗争工作的创新》,载《中国特色社会主义研究》2014 年第 4 期。

156. 王希鹏:《完善国家监察领导体制及推进纪检监察一体的思考》,载《湖南社会科学》2018 年第 2 期。

157. 王晓天:《中国古代监察制度发展的特点》,载《湖南社会科学》1990 年第 2 期。

158. 王岩:《行政监察立法的重要发展》,载《中国法学》1991 年第 2 期。

159. 王沿琰,黄维智:《监察办案与审查起诉程序衔接问题研究》,载《西南民族大学学报》（人文社会科学版）2018 年第 11 期。

160. 王瑛：《论行政监察法律制度的改革与完善》，法律硕士论文，对外经贸大学 2003 年 10 月。

161. 王迎龙：《监察委员会权力运行机制若干问题之探讨——以〈国家监察法（草案）〉为分析蓝本》，载《湖北社会科学》2017 年第 12 期。

162. 王勇军：《明代监察体制述评》，法律硕士论文，对外经贸大学 2004 年 2 月。

163. 王元峰：《纪检权力腐败防范机制研究》，硕士学位论文，中共上海市委党校 2015 年 6 月。

164. 魏昌东：《〈监察法〉与中国特色腐败治理体制更新的理论逻辑》，载《华东政法大学学报》2018 年第 3 期。

165. 魏琼：《我国监察机关的法理解读》，载《山东社会科学》2018 年第 7 期。

166. 魏晓娜：《职务犯罪调查与刑事诉讼法的适用》，载《中国人民大学学报》2018 年第 4 期。

167. 魏文松，覃晚萍：《国家监察权规范行使的程序构建与法律监督》，载《理论导刊》2018 年第 11 期。

168. 魏增：《论〈行政监察法〉中的检查制度和调查制度——兼论行政检查和行政调查的研究方法与思路的拓展》，载《行政法学研究》2011 年第 4 期。

169. 吴超：《中华苏维埃共和国监督制度研究》，硕士学位论文，湖南师范大学 2006 年 5 月。

170. 吴建雄，李春阳：《健全国家监察组织架构研究》，载《湘潭大学学报》（哲学社会科学版）2017 年 1 月。

171. 吴建雄：《国家监察体制改革的法理思考》，载《学习时报》2016 年 12 月 15 日。

172. 吴建雄：《刑诉法与监察法衔接的反腐逻辑与反腐理念》，载《新疆师范大学学报》（哲学社会科学版）2019 年第 3 期。

173. 吴远：《宋代监察体制述论》，载《聊城大学学报》2002 年第 3 期。

174. 伍劲松：《我国行政监察制度之缺失与完善》，载《学术论坛》年 2001 第 6 期。

175. 夏金莱：《论监察体制改革背景下的监察权与检察权》，载《政治与法律》

2017 年第 8 期。

176. 肖进中:《价值, 运行与启示——域外监察专员制度与中国》, 载《河北法学》2017 年第 1 期。

177. 谢登科:《论国家监察体制改革下的侦诉关系》, 载《学习与探索》2018 年第 1 期。

178. 谢庆奎:《中国政府的府际关系研究》, 载《北京大学学报》(哲学社会科学版) 2000 年第 37 期。

179. 谢元鲁:《论中国古代国家监察制度的历史经验》, 载《社会科学辑刊》2004 年第 3 期。

180. 熊秋红:《公检法的权力配置应继续改革》, 载《环球法律评论》2013 年第 2 期。

181. 徐汉明:《国家监察权的属性探究》, 载《法学评论》2018 年第 1 期。

182. 徐惠红, 闵昉:《纪检监察视域下的党纪与国法分离思考》, 载《人民论坛》2016 年第 14 期。

183. 徐理响:《现代国家治理中的合署办公体制探析——以纪检监察合署办公为例》, 载《求索》2015 年第 8 期。

184. 薛志远, 于泽瀚:《国家监察立法、城市治理与行政法开放性课题研究——行政法学研究会 2017 年年会综述》, 载《行政法学研究》2017 年第 6 期。

185. 姚建龙:《监察委员会的设置与检察制度改革》, 载《求索》2018 年第 4 期。

186. 姚文胜:《论〈行政监察法〉的立法缺陷与完善》, 载《深圳大学学报》(人文社会科学版) 2000 年第 16 期。

187. 杨红:《被监察者的权利及其保障研究》, 载《行政法学研究》2017 年第 6 期。

188. 阳平:《论我国香港地区廉政公署调查权的法律控制——〈中华人民共和国监察法（草案）〉》, 载《政治与法律》2018 年第 1 期。

189. 叶青:《监察机关调查犯罪程序的流转与衔接》, 载《华东政法大学学报》2018 年第 3 期。

190. 殷延威:《健全纪检检察体制机制研究——以系统权变模式为视角》, 硕士学位论文，华中师范大学 2015 年 5 月。

191. 应克复：《改进监察体制扩大监察范围》，载《民主与科学》1992 年第 3 期。

192. 余凌云：《对我国行政问责制度之省思》，载《法商研究》2013 年第 3 期。

193. 于学强，周浩集：《制度视野下纪检监察工作存在的问题与对策》，载《湖南师范大学学报》（社会科学学报）2014 年第 4 期。

194. 赵晓光：《监察留置的属性与制约体系研究》，载《中国社会科学院研究生院学报》2018 年第 2 期。

195. 张国安：《论中国古代监察制度及其现代借鉴》，载《法学评论》2009 年第 2 期。

196. 张翠翠：我国反腐败法律体系的构建研究，硕士学位论文，上海大学 2015 年 4 月。

197. 张红：《监察赔偿论要》，载《行政法学研究》2018 年第 6 期。

198. 张宏海：《国家治理与政治发展视角下的政治安全与廉政建设》，载《社会科学家》2013 年第 7 期。

199. 张杰：《当前推进反腐败国家立法的若干思考》，载《法治研究》2016 年第 3 期。

200. 张杰：《〈监察法〉适用中的重要问题》，载《法学》2018 年第 6 期。

201. 张晋藩：《中国古代监察法的历史价值——中华法系的一个视角》，载《政法论坛》2005 年第 6 期。

202. 张灵如：《当前我国行政监察问题研究》，硕士学位论文，华东师范大学 2010 年 5 月。

203. 张美：《党和国家领导制度的改革与邓小平政治体制改革思想的初步形成》，载《理论观察》2016 年第 8 期。

204. 张庆彬，郭云忠：《瑞典议会行政监察专员制度介评》，载《河北法学》2000 年第 1 期。

205. 张姗姗：《"厚禄养廉"思想对现代廉政法治的启示》，载《黑龙江社会科学》2016 年第 5 期。

206. 张维炜：《行政监察法修正"反腐"的法治布局》，载《中国人大》2000 年 3 月。

207. 张文显:《法治与国家治理现代化》,载《中国法学》2014 年第 4 期。

208. 张先昌,曲家莹:《唐监察法律文化论——以监察官员的管理制度为视角》,载《法学》2013 年第 5 期。

209. 张英伟:《党章中的党纪:七大党章把党的纪律建设推向新阶段》,载《中国纪检监察杂志》2015 年第 11 期。

210. 张泽涛:《法院向人大汇报工作的法理分析及其改革——以十八大以来法院体制改革为主线》,载《法律科学》2015 年第 1 期。

211. 张艺琼,冯均科:《监察体制改革下的国家监察与国家审计协作机制》,载《财会月刊》2018 年第 24 期。

212. 张咏涛:《留置措施的基本内涵与规范运行》,载《新疆师范大学学报》(哲学社会科学版)2018 年第 2 期。

213. 张瑜:《法治视野下的普通高校转学制度规划化建设》,载《中国高等教育》2015 年 11 期。

214. 张瑜:《改革背景下的公立高校自主招生权之法律规制》,载《国家教育行政学院学报》2015 年 10 期。

215. 张瑜:《加强民办高校党建的路径思考》,载《国家教育行政学院学报》2016 年 9 期。

216. 张瑜:《从"应然"层面解析国家监察体制相关概念及内涵》,载《行政法学研究》2017 年第 4 期。

217. 张瑜:《国家监察体制改革背景下高效监察制度模式设计探索》,载《国家教育行政学院学报》2018 年第 6 期。

218. 张瑜:《教育行政监察在监督权力运行中的功能定位》,载《黑龙江高教研究》2015 年第 10 期。

219. 郑传坤:《我国行政监察历史发展简况》,载《现代法学》1992 年第 1 期。

220. 郑曦:《监察委员会的权力二元属性及其协调》,载《暨南学报》(哲学社会科学版)2017 年第 11 期。

221. 周佑勇:《监察委员会权力配置的模式选择与边界》,载《政治与法律》2017 年第 11 期。

222. 周祖武:《论人大监督权法制之完善》,硕士学位论文,湖南师范大学 2007 年 4 月。

223. 朱程斌，李龙：《新时代的国家监察委：通过党内法规的政治机关法治化路径初探》，载《广西社会科学》2018 年第 3 期。

224. 朱福惠：《国家监察法对公职人员纪律处分体制的重构》，载《行政法学研究》2018 年第 4 期。

225. 朱福惠：《论检察机关对监察机关职务犯罪调查的制约》，载《法学评论》2018 年第 3 期。

226. 庄德水：《国家监察体制改革的行动逻辑与实践方向》，载《中共中央党校学报》2017 年第 4 期。

227. 庄德水：《国家监察体制改革试点的实践策略及其应用分析》，载《理论探索》2018 年第 4 期。

228. 纵博：《监察体制改革中的证据制度问题探讨》，载《法学》2018 年第 2 期。

229. 纵博：《监察委员会调查权运行法治化的若干问题探讨》，载《宁夏社会科学》2018 年第 5 期。

230. 左卫民，安琪：《监察委员会调查权：性质、行使与规制的审思》，载《武汉大学学报》(哲学社会科学版) 2018 年第 1 期。

231. 左卫民，唐清宇：《制约模式：监察机关与检察机关的关系模式思考》，载《现代法学》2018 年第 4 期。

（二）英文论文

1. Adam Graycar, Aiden Sidebottom. Corruption and control: a corruptioreduction approach [J]. Journal of Financial Crime, 2012, 19 (4).

2. Dokmanović Mirjana. Corruption as a 'white-collar crime': International legal instruments on public accountability of public officials [J]. Temida, 2009, 12 (4).

3. Fijnaut, C. J. C. F. (2002). Corruption, integrity and law enforcement. In C. J. C. F. Fijnaut, & L. Huberts (Eds.), Corruption, integrity and law enforcement. (pp. 3-37). Den Haag: Kluwer Law International.

4. Flora Sapio, "Shuanggui and Extralegal Detention in China", 22

China Information 7, pp24-25 (Feb.19, 2008)

5. Gordon Law. Action Research: Bottom-Up and Top-Down Approaches to Supervision. [J]: Transactional Analysis Journal, Vol. 37, No.2, Apri /2007.

6. Guilhem Fabre. Decentralisation, corruptionand criminalisation: China in comparative perspective [J] China report, 2002, 38(4)

7. Hussein Soliman, Sherry Cable. Sinking under the weight of corruption: Neoliberal reform, political accountability and justice. [J]: Current Sociology 2011, 59 (6): 735 -753.

8. Jamil Ddamulira Mujuzi. Legal pluralism and using foreign previous convictions or criminal records for the purpose of sentencing: implementing Article 41 of the United Nations Convention against Corruption in South Africa [J]. The Journal of Legal Pluralism and Unofficial Law, 2014, 46 (3).

9. John C. Bertot, Paul T. Jaeger, Justin M. Grimes. Using ICTs to create a culture of transparency: E-government and social media as openness and anti-corruption tools for societies. [J]: Government Information Quarterly 27 (2010): 264-271.

10. Jon S.T. Quah. Learning from Singapores effective anti-corruption strategy Policy recommendations for South Korea [J]: Asian Education and Development Studies, Vol. 6 (2017) Iss 1 pp. 17.

11. Leslie Homes. Combating Corruption in China: The Role of the State and Other Agencies in Comparative Perspective. [J]: Economic and Political Studies ol. 3, No. 1, January 2015, 42-70.

12. Ling Li. The Rise of the Discipline and Inspection Commission, 1927-2012: Anticorruption Investigation and Decision-Making in the Chinese Communist Party. [J]: Modern China 2016, Vol. 42 (5): 447-482.

13. Michael Johnston. Corruption control in the United States: law, values, and the political foundations of reform. [J]: International Review of Administrative Sciences 2012, 78 (2): 329-345.

14. Muhammad Masood Rafi, Sarosh Hashmat Lodi, and Nadeem Manzoor Hasan. Corruption in Public Infrastructure Service and Delivery: The Karachi Case Study. [J]: Public Works Management & Policy, 2012, 17 (4): 370-387.

15. Parkes Riley Ravi K. Roy Corruption and Anticorruption: The Case of India [J]. Journal of Developing Societies 32, 1 (2016): 73-99.

16. Peter Larmour. Anti-Anticorruption: Barry Hindess' Recent Work on Corruption. [J]: Alternatives: Global, Local, Political, 2011, 36 (1): 48-55.

17. Renu Rana. China's Information Disclosure Initiative: Assessing the Reforms. [J]: CHINA REPORT 51: 2 (2015): 129-143.

18. Steven Van Roosbroek& Steven Van de Walle, supra note 48. At 299-300; Marsha L Wagner, The Organization Ombudsman as ChongAgent, Vol 16, Issue 1, Negotiation Journal 99-114, 104 (January 2000).

19. Xiaogang Deng, Lening Zhang, and Andrea Leverentz. Official Corruption During China's Economic Transition: Historical Patterns, Characteristics, and Government Reactions. [J]: Journal of Contemporary Criminal Justice 2010, 26 (1): 72-88.

（三）博士论文

1. 曹明珠：《当代中国反腐倡廉制度创新研究》，博士学位论文，内蒙古大学 2014 年 5 月。

2. 陈伟：《行政管理体制改革视野下的行政监察权》，博士学位论文，武汉大学 2010 年 10 月。

3. 成雅贞：《习近平反腐倡廉思想研究》，博士学位论文，广西师范大学 2015

年4月。

4. 崔剑仑:《论当代中国行政监督》,博士学位论文,吉林大学2004年12月。

5. 董瑛:《苏共亡党对中国共产党权力结构改革的历史镜鉴》,博士学位论文,武汉大学2013年11月。

6. 韩兵:《当代中国法律监督权研究》,博士学位论文,吉林大学2013年12月。

7. 何爱云:《新时期廉政教育研究》,博士学位论文,中共中央党校2012年6月。

8. 焦利:《清代监察法研究》,博士学位论文,中国政法大学2006年4月。

9. 金道铭:《行政权力的制约和监督研究》,博士学位论文,武汉理工大学2010年11月。

10. 刘春海:《中国行政效能监察制度研究》,博士学位论文,吉林大学2008年4月。

11. 刘序明:《网络监督在反腐败中的作用研究》,博士学位论文,中共中央党校2012年5月。

12. 吕丁旺:《检察权论——以司法属性为中心》,博士学位论文,台湾中正大学,2011年7月。

13. 瞿郑龙:《当代中国法制的政治逻辑》,博士学位论文,吉林大学2015年6月。

14. 宋广奇:《当代中国反腐败模式转换研究》,博士学位论文,华东师范大学2011年4月。

15. 孙宗一:《国民政府监察院分区监察制度研究》,博士学位论文,南京大学2014年5月。

16. 汪庆红:《监察与制衡》,博士学位论文,中国政法大学2006年4月。

17. 王洪彬:《政治文明视野下反腐倡廉研究》,博士学位论文,大连海事大学2015年4月。

18. 王华:《基于政府治理的国家审计研究》,博士学位论文,西南财经大学2009年4月。

19. 王庭坚:《中国特色社会主义廉政文化建设研究》,博士学位论文,湖南师范大学2013年5月。

20. 王月明:《中国近现代监督权利研究》,博士学位论文,华东政法大学 2008 年 5 月。

21. 修卿善:《我国巡视制度的变迁及其模式创新研究》,博士学位论文,兰州大学 2011 年 5 月。

22. 徐德刚:《五权宪法监察权研究》,博士学位论文,武汉大学 2006 年 5 月。

23. 杨云成:《中国共产党制度治腐问题研究》,博士学位论文,中共中央党校 2016 年 7 月。

24. 朱庆跃:《中国共产党反腐败政治体系构建的历史实践研究》,博士学位论文,上海社会科学院 2012 年 4 月。

25. 张瑜:《国家监察法治研究》,博士学位论文,中国政法大学 2017 年 6 月。

（四）网络及新媒体文献

1. 刘彦:《监察委员会的一把手由谁来担任?》,http://mp.weixin.qq.comsw3HgQAFugxMf-NJG4ikiKght。

2. 刘彦:《成立监察委员会急需解答的三大问题》,http://www.360doc.comcontent1612130021052572_614197621.shtml。

3. 高一飞:《检察反贪部门转隶监察委员会有利于侦查法治化》,http://www.dffyw.comfaxuejietiss20161141743.html。

4. 穆风:《监察体制改革,请这样来得更猛烈一些》,http://view.inews.qq.coma20161213A08UTB00refer=share_recomnews

5. 吴建雄:《监察委员会必须有腐败犯罪侦查权——和马怀德教授商榷》,http://mp.weixin.qq.coms9d-shbXJdW1anw2。

6. 左凤荣:《苏共党内实行怎样的监督机制?》,http://history.people.com.cn/GB/205396/13537811.html。

7. 沈岿,冯之东等:《问责制度的课题报告》,http://www.360doc.cn/article/7544182_245311105.htm。

8. 张耀军:《监察委员会组织架构和职能配置方案》,http://www.92to.comshehui201612-0713995410.html。

后记

国家监察体制改革启动前后，姜明安教授、马怀德教授、陈光中教授、童之伟教授、吴建雄教授、秦前红教授等一批学者，开始关注并深入这一学术领域，以中国学者勇于担当的精神，为国家监察体制的改革发展献计献策，从宪法学、行政法学、刑法学理论方面进一步明晰了监察基本概念，厘清了监察法治中的主要法律关系，指明了国家监察法治改革中需要深入研究的重要问题，为深化国家监察法治研究凝练了方向、提供了强大的智慧支持。本书及时对以上的研究成果进行梳理和总结，以期"站在巨人之肩登高望远"。

笔者在博士论文的基础上，系统梳理了从2016年10月两年来核心期刊新近发表的所有涉及国家监察法治的近两百篇学术论文，就如何做好适应监察体制改革的需要而继续丰富完善的"后半篇"文章，不断深化研究程度、拓宽研究视野，力图将国家监察体制改革及监察法治相关研究往深里做，往细里做，往实里做。但限于能力和水平，纵使意再美，难免蜻蜓点水，粗陋浅薄之处，敬请方家指正。

本书的出版，首先要感谢本人最敬爱的导师马怀德教授，马教授以其大师级的渊博学识、虚怀若谷的高尚品质和中国知识分子强烈的担当精神，引领中国行政法治建设的未来发展，也引领本人在监察法治研究的道路上砥砺前行，痴心不悔，贡献出微薄的力量。

还要感谢中国政法大学法治政府研究院的王敬波教授的具体指导。感谢汤磊、覃慧、孔祥稳、王玎、王雨婷等同学、校友在搜集文献等方面给予的诸多协助。

本书出版得到外研社张薇薇、潘瑞芳老师的大力支持和帮助，在此一并表示衷心感谢！